谨以此书献给韩师

我与韩师的故事

王文科　著

暨南大学出版社
JINAN UNIVERSITY PRESS

中国·广州

图书在版编目（CIP）数据

我与韩师的故事/王文科著. —广州：暨南大学出版社，2017.10
ISBN 978 - 7 - 5668 - 2203 - 1

Ⅰ. ①我…　Ⅱ. ①王…　Ⅲ. ①韩山师范学院—校史　Ⅳ. ①G659. 286. 53

中国版本图书馆 CIP 数据核字（2017）第 238360 号

我与韩师的故事

WO YU HANSHI DE GUSHI

著　者：王文科

出 版 人：徐义雄
责任编辑：武艳飞　王　莹
责任校对：邓丽藤
责任印制：汤慧君　周一丹

出版发行：暨南大学出版社（510630）
电　　话：总编室（8620）85221601
　　　　　营销部（8620）85225284　85228291　85228292（邮购）
传　　真：（8620）85221583（办公室）　85223774（营销部）
网　　址：http：//www. jnupress. com
排　　版：广州市天河星辰文化发展部照排中心
印　　刷：深圳市新联美术印刷有限公司
开　　本：787mm×1092mm　1/16
印　　张：15. 5
字　　数：305 千
版　　次：2017 年 10 月第 1 版
印　　次：2017 年 10 月第 1 次
定　　价：48. 00 元

（暨大版图书如有印装质量问题，请与出版社总编室联系调换）

因为有感情，所以有文章

——王文科教授《我与韩师的故事》序

两年多前，王文科教授就退休了。某日，他突然给我发来了一份电子书稿，让我这个当院长的给写个序。

于是，我先睹为快，拜读了王教授的大作。然后，痛痛快快地给他回信："写序没有问题，同是'韩师人'，应该有同感可以表达。"

在阅读过程中，我深深地为王教授对韩师的深厚感情所感动。任何对韩师有感情、有帮助的人，我都怀有深深的敬意；任何对韩师有利的事，我都会尽自己绵薄之力加以支持。"秀才人情纸半张"，对一介书生来说，最直接的支持就是舞文弄墨了，写个序应该是属于这一类之列。所以，弘扬陈伟南先生无私奉献精神的文集《春风化雨　滴水涌泉——陈伟南与母校韩师》的序我愿意写，王教授此书前言中提到的毕业生谭支华和徐雪伟的散文集的序我也愿意写。王文科教授这本书，用蘸满了感情的笔触，写韩师的人文、韩师的故事、韩师的同事、韩师的学生。同是韩师人，当然也应该为之点赞推介！

甫到韩山师范学院，有熟悉学校情况的校外朋友打趣说，韩师里不但有潮勇，还有东北军、西北军、湘军……这当然是在开玩笑，但也反映了一定的事实：韩师的教师队伍里，来自东北、西北和湖南等外地的真不少，而且这些教师中不少还是学术带头人、学术骨干，或者中层干部。我对这种现象是持乐观态度的，有这么多的外地人才到潮州来一起建设韩师，说明韩师有吸引力嘛！而事实上，绝大多数的外地教师们，不管一开始是带着什么目的和原因来韩师，一旦融入了韩师，成了韩师人，就会"日久生情"。正如王文科教授所说："在这座美丽的校园里，无论是走进教书育人的课堂，还是沉醉于学术研究的书斋，伴随着我的始终有一种挥之不去的历史情结，我自觉不自觉地把自己一年一年的工作和生活，看作是与这所学校相融一体的存在。"

一旦对它产生了感情，你就会对它有归属感，就会热爱它，就不容得别人骂它半句。

于是，韩师的人和事，在王文科教授的笔下，都是好人和好事：好前辈

（陈伟南、饶宗颐等），好老师（黄景忠、马瑞君等），好学生（谭支华、徐雪伟等）；百年校庆、本科评估等，都是躬逢其盛的大事喜事。

一旦对它产生了热爱，你就会对它有责任感，就会在意它，就会把它捧在心尖上。

于是，王文科教授的笔下，详细地，甚至有些琐碎地记录了韩师的人和事。而有些章节所记录的人和事，真的像他所期望的那样，将弥补《韩山师范学院史稿》的缺陷，将成为韩师校史弥足珍贵的资料。因为他写的是"我所听说的、看到的、知道的韩师历史上发生过的那些人和事，以我的视角或写实描述，或提出疑问，或评价议论，或感受体会"，"讲述的是我真实的生活与韩师真实的历史"。我很佩服王教授平日里的细心，能把这些翔实又琐碎的资料记录、积累下来，成为史料；还用文学作为针线，把它们串成一串漂亮的珠宝。王教授不但用心写文章，还为本书画了20多幅素描作为插图，使本书图文并茂，增加了美感。

我最后还要点赞的是，作为一位外地莅潮的"新潮人"或叫"新韩师人"，王教授用他的满腔深情来写韩师，具有非常重要的意义。他说："我慢慢地在自己的内心深处，产生了一种油然而生的期许，我要用我的一个不是潮人的外乡人的视角，把我所知道的韩师故事写下来，讲我自己用心感受到的韩师故事。"东坡居士诗云："横看成岭侧成峰，远近高低各不同；不识庐山真面目，只缘身在此山中。"不少本地人习以为常、熟视无睹的事物，外地人往往能从不同的视角帮你发现它的新奇与美好。而且，通常具有更高的真实性和可信度。

上面拉拉杂杂写出来的，是我对王文科教授著作的读后感。同是韩师人，感同身受，所以为其点赞。而作为即将卸任的韩师院长，我还要感谢王文科教授和他的夫人王家芳老师为韩师发展所做出的贡献。王家芳老师在潮汕地区的知名度很高，因为王老师每次到邀请单位去讲学，都获得好评，被称赞："王老师的课讲得深入浅出，棒极了！"

我是不是写多了？就此打住吧，还是留出更多的时间，让大家读读王教授的美文。

林伦伦

2017 年 6 月 13 日凌晨

二号台风"苗柏"来袭之夜

于韩山师范学院傍山居

前　言

　　有一所学校，它地处粤东潮州古城之边，依山傍水，俯视韩江，并享受着来自江面上终日凝聚的温润湿气的滋润，无论春夏秋冬，都被笔架山麓常年生长的浓浓树木所荫蔽，夏日时节也不显得燥热，倒是沁人心脾的空气让人清凉爽心。

　　有一所学校，它有着深厚绵长的历史人文底蕴，传承着中华民族血脉中无尽的生机与活力。它以唐代大文学家韩愈之姓为名，以传道授业的师范教育为根。岭南词宗詹安泰、国学大师饶宗颐曾在此执教；国际摄影大师陈复礼、台湾书法大家陈其铨曾在此读书；著名爱国侨领陈嘉庚、抗战名将翁辉腾曾有过为学校慷慨赈灾的经历；著名戏剧作家郭启宏、北大名师陈平原作为客座教授长期在此进行讲学活动和学术研究。

　　有一所学校，它曾因突遇台风海潮而几近夭折，也一度遭受日军的战火蹂躏而岌岌可危，但它始终以顽强不屈的生命力，如凤凰涅槃，浴火重生，屹立粤东，坚守百年师范教育而不衰。由是之，这所学校有许多刻骨铭心的故事，洋溢着一个族群顽强的生命气息，诠释着一代又一代志士仁人倾情师范教育的情怀。

　　这所学校就是经历了中国师范教育全过程的韩山师范学院。

　　作为一所省属师范院校，韩师在广东并没有中山大学、华南师范大学那样有名，但是这所普通高校的历史并不简单，从最初的韩山书院演变而来的潮惠嘉师范学堂，到抗战时期被迫内迁到揭阳古沟灰寨办学的省立第二师范学校，到新中国成立后凝聚了潮汕人民心血的韩山师范学校，到改革开放后走进高等教育行列的韩山师范专科学校，再到今天拥有一万七千多名在校生的韩山师范学院，其发展历史波澜壮阔，曲折沉浮，可歌可泣。它成长的风雨历程，折射的是中国师范教育发展的一个缩影。

　　韩师有着厚重的历史和丰富的文化底蕴。当你走在韩师西区南坡的石板路上，当你走在韩师的校史碑廊旁，当你坐在校史馆楼的阳台上，当你走进韩师东区新图书馆里的古籍书库、陈其铨书道馆、陈复礼摄影馆，当你走在韩师的校园内，细数那些独具特色的楼宇雅称，你会深深地感受到它经历世纪铅华的内在深处，刻记着一脉相承的传统，沉淀着许多令人感动的历史故事。

2003 年，距离韩师百年校庆还有几个月的时候，我从遥远的北方省城哈尔滨来到位处南国之滨的韩师。金秋十月，我参加了韩师举行的百年庆典活动。初次经历那感人的场面，聆听到韩师不寻常的办学历史，我的心被震撼了。客观地说，一个学校能办学百年也可能不算很长，但对一个个体的人来说，却只可能赶上一所学校的百年庆典，这当然让我刻骨铭心，终生难忘。

自此，在这座美丽的校园里，无论是走进教书育人的课堂，还是沉醉于学术研究的书斋，伴随着我的始终有一种挥之不去的历史情结，我自觉不自觉地把自己一年一年的工作和生活，看作是与这所学校相融一体的存在，既然一切记起的都是过去，一切进行着的也都将成为过去。我要留下过去，就只有与这所学校同在，才得以汇入记忆历史的洪流之中。

当时只是感觉人生的路还很漫长，而今走过，再回首似乎仅是一瞬间。斯园、斯人、斯事，对我来说，都是生命中的珍藏；旧时光、新时光，对我来说，都是美好难忘的时光；潮州城、笔架山、韩江水，对我来说，都有我在其中的记忆。

我读过陈俊华老师主编的《韩师情　学子心——韩山师范学院老校友口述历史》（以下简称《韩师情　学子心》），由她率领的老校友口述历史项目组在校友办、校工会、受访校友及热心人的推荐下，曾采访过韩师 50 多位老校友，她们选择其中的 20 篇口述史稿，整理编辑出版了这本书，成为韩山师院珍贵的历史记录，其功可谓大焉。用林伦伦院长在此书序中的话来说："同一时期的亲历者，不同的身份会有不同的经历和感悟，从不同的角度和立场发出不同的声音，这给了我们多角度观察韩师历史的机会，扩大了我们研究校史的视野，有其独特的史料价值和学术价值。"我从中受到启发：历史，人们往往是容易忘记的，唯有不断有人续史，这历史才有可能不被忘记。

我也曾在韩师的伟南国际会议中心听过北大陈平原教授作的有关研究大学校史的报告，陈平原是与韩师十分有缘的著名潮人学者，他多次来韩师讲学，认为韩师虽然不大，但底蕴十足。而他本人虽不是校史专家，但对北京大学校史的写法有一些很好的论述。他虽没有编写过系统的北大校史，却挖掘出老北大的很多有生命力的历史细节。他对北大历史从何写起的探寻曾引起我的深思，他编写的《老北大的故事》《北大旧事》更使我从那些舒缓的叙述中感受到一所高等学府的魅力。陈平原说过："我曾经在十几年前写了好多这类的文章，比如《老北大的故事》，我想以此故事和传说，让一个大学在民间得以延续和传承，这是我想做到的。"

韩师还有许多学子，他们的生命轨迹中有一段属于韩师，因而有了那种选择韩师无怨无悔且愈系愈牢的情愫。如 2006 年毕业于韩师的谭支华在《窗前小集·韩师记》中感慨："昔韩师如陈酿之杜康，醇香透脾；今之韩师，比之尤甚。如晨中旭日，穿迷透雾，光芒万丈。"又如 2012 年毕业于韩师的徐雪伟在散文《筑梦》中谈及他对韩师母亲的感情："我坚信，冥冥之中，会有感应。这种感应，来自学院某一林遮树隐的山居，来自文祠内徐徐缭绕的烟气，来自埋头书海字潮之中的那种期待的眼神。在更为宏观的层面上，这种感应，将延伸到云天之间，到山水之际。"他们在用文字述说和追忆自己青春的同时，也在书写韩师，把母校的历史与人文精神绵延传续。一代代韩师学子，就像被一种无形力量捆绑在一起的簇簇无形的红线，连着韩师的过去、现在和未来，连着韩师生生不息的"勤教力学，为人师表"的精神。

韩师与我职业生涯的最后十三年紧密相连，我在 21 世纪最初的年代见证着她的变化与发展，虽然这只属于韩师漫长发展历史中的一段，却也有那么多足以成为历史一页的令人感慨的事件。如此，我愿意为她忆之，歌之。

我慢慢地在自己的内心深处，产生了一种油然而生的期许，我要用我的一个不是潮人的外乡人的视角，把我所知道的韩师故事写下来，讲我自己用心感受到的韩师故事。它虽不是韩师的校史写实，却是韩师百年历史上可以佐餐的边角配料。因为，这是一个把潮州当成自己的第二故乡，将韩师的经历看作自己人生最宝贵记忆的外乡人眼中的韩师。

我不是在编写韩师的校史，校史编写的规矩是要以编年体为体例，内容要进行分门别类，所述大事不遗漏，要有时间、地点、人物、过程、结果、结论、意义等内容并反复核实，以确保翔实。而我写《我与韩师的故事》只是在写我所听说的、看到的、知道的韩师历史上发生过的那些人和事，以我的视角或写实描述，或提出疑问，或评价议论，或感受体会。

我与韩师的故事也不是以韩师为背景写作的文学作品。故事作为叙事文学的一种，通常强调以虚拟的动人的情节取胜，更多的是通过高超的悬念设置和情节构思来达到作者创作的目的。而我讲述的是我真实的生活与韩师真实的历史。

我与韩师的故事更不是在写自己的"马可·波罗游记"，尽管我如同穿越时空的马可·波罗一样，作为异域他乡的外来人对此地充满着好奇与惊诧，为此要记下中国所有的不寻常之处，如无穷无尽的财富，巨大的商业城市，极好的交通设施以及华丽的宫殿建筑等。我不是匆匆忙忙的游客，更没有把韩师当成自己人生旅途的一个驿站，我只是一个想把自己的晚年安放在此地的归乡人，甚至更像一个正在寻找自己心之所依的朝圣者，因真心所爱，而发出自己的心声。我发现，一代代韩师人在历史的不同时期，都曾有过对韩师的可珍藏的文字回忆，但是总有一个共同特点，就是生活于潮地或长期工作在韩师的韩师人在写韩师。而外地人，特别是与南方习俗文化相距遥远的北方人来写韩师，就是凤毛麟角了。这原因，可能正是外地人把自己当成了马可·波罗，也可能是潮人从来就相信"胶己人"的自信在阻碍对外乡人的认同感。其实，"不识庐山真面目"概因"只缘身在此山中"，而我从来都认为，若想知平原的广阔，需要在高山处俯瞰；若想知高山的巍峨，需要在平原处远眺。对韩师，我的视角正如此。

其实，我是在用自己的挚爱之心写着我与韩师的故事，这故事里，有你、有我，还有他，因为我们都是韩师人。而且我们终会成为生命长河中的浴者，我们需要对自己生命的历史进行总结、感悟，努力前行，抬手溅起朵朵浪花，映出一片属于未来天空的瑰丽彩虹。虽然，它只是我在韩师经历和研读韩师历史的一段感受。仅此，作为一个有缘的韩师人，我已知足。

千年学府，百年韩师。

韩师从来就不缺名师校友，

缺的是记录名师校友的碑铭。

或许，他们的光芒令华丽的文字显得苍白无比；

或许，时间终会使人淡忘一切，

然而发生在其中的故事，

依然会被年华镀上一层夺目的光彩。

王文科

2017 年 5 月

目 录
CONTENTS

1 走进第二故乡

2003 年，我 49 岁，人生旅程走到一个新的驿站：离开生活了几十年的家乡哈尔滨，调入地处广东潮州的韩山师范学院任教。

这一走，便走来了我曾有过期许却不曾有过选择的第二故乡。

记得时在二月，北方依然冷风扑面，春寒料峭，我在原工作单位办好调转手续，简单地打点一下行囊，带上几本思想政治教育教学参考书以及需要送给朋友的一些见面礼物，便怀着走出去就可能回不了头的复杂心绪，登上拥挤的南下列车，向广东出发。

我南下之前的一个多月，听说广东出现了一种恐怖的致死传染病，当时网络信息传播不发达，而新闻联播都是全国"两会"胜利召开的重要新闻，因此民众并不知晓事态发展到多严重，只能通过亲朋好友发过来的短信、电话得到一些虚实掺杂的小道消息。听说是有一种病毒非常厉害，能在空气中传播，人一旦吸入肺部就会高烧不退，损伤肺脏细胞直至死亡。身在广东的钟南山院士正在研究这种病毒，但没有结果。医生们用治疗传统肺炎的方法却不奏效，因为它的高传染性与传统肺炎完全不同，于是将它命名为"急性传染性非典型肺炎"。

"非典"警报自广州拉响，一时间沸沸扬扬，各种传言加上谣言，从南到北弥散，比"非典"病毒传染的速度更快，竟然造成广州的口罩脱销，板蓝根售罄，白醋价格疯涨，上百元也买不着一瓶。谣言疯传导致民众抢购潮由广东向内陆迅速扩展，引发了全国范围的大恐慌。许多市民开始大批量地抢购和囤积大米、盐、食用油……据报道，当时的北京尤其"谈典色变"，往日人流如织的王府井大街、十分拥挤北京西客站等地，突然间变得空空荡荡，游人如同蒸发了一般，空气中弥漫着消毒液的味道；即使外出，人们也纷纷拉开距离，各自戴着口罩来去匆匆。

听说广州是"非典"的中心，既没去过那里也不熟悉潮州的我赶紧查看地图，发现目的地离广州还有五百公里之遥，也没听说当地有发病者，稍许安心。但它毕竟地处广东境域，那里安全吗？我还是有些紧张。后来接受友人的建议，不管是否有效，临行前预备了一瓶白醋，这是唯一可做的防范措施了。不幸的是，这瓶白醋后来在拥挤的火车上被碰碎了。我不得不带着一身酸溜溜的醋味，走进了韩山师范学院的校门。

走进潮州，最初的一切都很陌生，我的心里曾有些许不安，甚至多少有些后悔，产生逃避回头的念头。但是生活了一段时间以后，心开始稳定下来，并且有了因熟悉而生成的好感，到后来慢慢地对它有了不舍的依恋。

潮州地处中国南疆的广东省东部，有山有水，城边最大的山叫笔架山，山脚下则是一条向南奔流、名为意溪的大河，历史上因为水流湍急，人们出行受阻，又因鳄鱼在水中出没，常有伤人之事发生，当地人便又将其名为恶溪。想当年，唐朝大文学家韩愈因向宪宗递交《谏佛骨表》，反对皇帝在京城大费国帑，拜佛求寿。结果是"一封朝奏九重天，夕贬潮阳路八千"，当了潮州八个月的地方官。当然，韩愈就是韩愈。这八个月里，他兴办教育，开启民智，驱走鳄鱼，使潮州人务农兴学，把潮州改造成为文化、礼仪之域。潮州人为了纪念这位"功不在禹下"的当令刺史，就把笔架山叫成韩山，把恶溪改为韩江。这一山一水因韩愈而改姓，也就有了韩山师范学院这所粤东地区唯一的高等学校。

潮州是座有着两千多年历史的古城，还是一块天造地设的钟灵毓秀之地，就古城周边的地理来说，是一个左右有低岭岗阜的"青龙"和"白虎"围护的城郭：城北郊一座圆形小山叫金山，因形如复釜，又取汉字金形叫金城山。另一座小山叫银山，因山势倒卧像个大葫芦，又被人称为葫芦山。后方西北部则矗立着潮汕平原最为高大雄伟的"凤凰山"。这三山成了护着古城的天然屏障。古城有山相护，依水为邦，紧邻古城西线，还有一条岸阔水深流急的韩江。韩江长约 470 公里，自西北群山中逶迤南下，带着山川灵气，以弯月形状绕半个古城而过，又一波三折地流向浩瀚的南海。韩江西岸与古城相拥，东岸就是韩愈非常喜爱并常去休憩的笔架山，它秀逸而俊美，绵延起伏，形如贵人拱顾，有万马奔腾之势，俯身而来，与江西岸相斜坐落一处的金山隔水相望。人若站在韩山的高点上，便可俯瞰潮州全城。

若透过谷歌卫星地图去俯视潮州，会看见莲花山脉和从它两边伸出的大南山和南阳山脉，正好形成面朝南海、张开双臂的巨大"门"字形地势，紧紧地拥抱着潮州，将来自北方的寒气遮挡在背后，将来自台湾海峡和南海温暖的吉祥之气纳入自己的怀抱。因此当地气候温润，四季如春。

也因潮州地处南海之滨，每年都少不了与南太平洋上生成的台风打交道，这是潮州的不幸。但在不幸中又十分有幸，因为潮州天然地处于两条台风路径的分水点上，也成了它能够躲避台风的利器。常常发生的情形就是台风呼啸直向而来，其破城之势令人心惊胆战；但到接近城池之前，只要稍微偏斜一点，便会折向而去。就拿 2010 年太平洋海面形成的"凡亚比"台风来说，当时的气象预报部门通过观测，认定这一台风将要正面袭击潮州，当地人为此曾做了许多防范，甚至全市中小学都停课了，以避其锋芒。结果台风初来时气势汹汹，快到潮州时却突然拐了个弯，滑向西边去了。

潮州地处中国南海之滨，当地人说是省尾国脚，历史上多属交通闭塞不发达的蛮荒之地。像当年韩愈被贬而来时，就走了近三个月才到任。然而，这特殊的地理位置既是缺点也是优点，闭塞也曾使潮地成为人们逃避战乱的好地方。过去中原大地每当战火烽起，尤其是北方少数民族强势难敌之时，逃难者到此便无法再逃，追者至五岭之地也成强弩之末，难以打进潮州，这里就会成为中原人逃难的最后落脚之处。久而久之，这里就成了移民生息之地，进而成为吸引一批又一批的中原门阀士族竞相迁入的求生乐土。他们最终蛰伏下来，成了与当地畲族相融和睦而世代栖息的潮人，并把中原文化带到此地而衍成了潮汕文化。

在海内外，潮人是以虔诚信服风水闻名的一个族群。无论是创建村庄、庙宇、祠堂、住宅还是选择墓地，从选址到动土再到乔迁，无不聘请风水师指导规划。讲究风水的潮州人是如何看待自己家乡的风水呢？传说唐代，有位高水平的风水先生在当地转了几圈，突然发现这里是块有"金山迎来银山附，唯见韩江水直流"之势的地方，便断言"潮州风水富不过三代"。有人好奇进行实地验之，果不其然，如果站在韩江沙洲的凤凰台处向北远眺，发现面前左侧韩江西岸金山低矮，银山逶迤，但到南岩就忽然中断，再不见山了。风水先生说潮州是块适宜生财的风水福地，但这里又存在水留不住之势。于是潮人开始信奉"出生入死"的说法，要想追逐财富，就必须走出去，最好是到海外。

宋代时，传说又有仙人指路，证明潮州之地颇有凤缘，人们开始崇尚凤凰，当地州府就有了凤城的俗名，就有了凤凰山、凤凰塔等，在韩江分流处还建了凤凰台，还把远处的大山称为凤凰山。从凤凰台往正北面望去，可见远山层峦处有凤凰鸟髻，左成林，右笔架，一片连绵的绝佳风水延续到右侧后的丹山。丹山上的凤凰塔门联云："玉柱擎天，凤起丹山标七级；金轮着地，龙蟠赤海镇三阳。"

龙为男，凤为女，龙凤相对，而龙属阳，凤属阴，只要增加龙气，就会龙习凤舞，并行运行。于是潮人就特别看重孕养龙气，以至于形成了特别重男轻女有传统，唯恐阴盛阳衰。

又有传说，古有名士曾勘察潮州，认为此地脉有极为特殊的文武之相。以武论之，凤山为重，这凤山就是凤凰山；以文论之，东山为重。这东山即为笔架山，说来也怪，当年韩愈来潮任职时，这东山确实就是他常来小憩之地。后来，人们就把大文豪的纪念祠建于此。这可能是东山真的有不可多得的文脉灵气的缘故吧，韩山师院确实是坐落在它的脚下。

说潮州之地有武相之威，就是说潮州老城区地形似一把直柄大刀，刀尖即城南的海仔和青龙庙，刀刃即韩江和现存的城墙，刀背即环城南路和环城西路，刀镮即金山和银山（金城山和葫芦山），刀柄是北堤，柄末即将军楼和竹竿山。这柄大刀威力真是大，它可以一扫三州，即东面会威胁福建的漳州，西面可以应对更远的广东惠州，北面会震慑江西赣州，南面么，也能轻松地控制粤东海面，故古人认为潮州是闽粤赣咽喉。传说，为了镇住这柄大刀的杀气，人们才在刀尖处建了知府城隍庙（青龙庙又叫安济圣王庙），而刀镮前的金山南端至昌黎路这片地据说土质最重，因此历代握有实权的知府也就定址于此。

于是，有好奇者查阅历史，始知清顺治七年（1650年）九月甲寅日，郑成功从东、南、西三面围攻潮州不能得手，总是被当时的清总兵王邦俊击退。清顺治十五年（1658年）五月辛亥日，大将刘进忠欲配合郑成功反清复明，与清为敌。清军便组织兵力从东、西、南三面围攻潮州，结果均告失利，后来被迫采取下策破北堤，竟然一下子折了这大刀柄，得以破城镇住刘进忠。

后来人们发现，北伐时期的蒋介石和周恩来曾两次带领黄埔军校学生军东征，也都不约而同地选择绕过洪阳、控制丰顺后才成功拿下了潮州。叶挺、贺龙和朱德等领导的南昌起义军也是先占领三河坝而后下潮州，并打算到海陆丰与彭湃会合，而尾随追击南昌起义部队的国民党钱大钧部也是循三河坝至潮州的路线运动生势的。1939年6月27日，日军是从刀尖和刀刃进军（在外砂登陆后占赐茶、庵埠，再沿韩江和潮汕铁路进犯潮州，从古城墙的下水门进城）攻陷潮州的。但在掌握刀柄之前，日军在潮汕的日子始终不得安宁。国民党的一八六师和独九旅反攻城内和东面的笔架山。枫溪、意溪这两个城边的抗日据点也使日军如痛在背。只有在占领龙翔寨掌握刀柄后，日军在潮州的日子才算比较安稳，但这时他们已成了强弩之末，离彻底投降不远了。或者是巧合，新中国成立后，历来驻潮部队的兵营也都设在凤山、竹竿山一带。

有人认为潮州有文笔之形，这巨形笔杆就是横卧韩江之上的湘子桥，湘子桥的尾部直向潮州老城，那里自唐宋以来，就形成了浓厚的尚学好文之习，诗、词、书、画的风气颇盛，如今依然活跃着众多文人骚客。这巨笔笔头便是笔架山及韩文公祠与韩山师院，笔架山有书院遗风，韩山师范学院毗邻韩文公祠，正对笔尖，它以地灵之脉，沾沐韩公惠风，成为广东省内创办最早的学堂，也是历史连续性最长的师范院校。

韩江边做一刀，湘子桥像一笔，平行韩江的太平牌坊街如珠玉般缀成一个大算盘，这一刀一笔一算盘，代表着潮州的一文一武一商，写下了潮州的历史发展轨迹，对今天的城市规划布局也有着不可忽视的影响。

历史的发展进程总是那么相似，历史上出生在潮州的名人真是不少，从唐代到清乾隆年间，潮州史料记载的进士有460人，其中状元、榜眼、探花各 1 人，举人竟然有 699 人之多，在广东六大州府中名列第一。潮州古城内的太平路原有 152 座牌坊，现重修后立有 47 座牌坊，从所书内容中可以看出除有十位宰相来潮当官外，当地还出过礼部尚书、太子太保、兵部尚书、布政史、巡按御史、工部侍郎、户部侍郎等官员。潮州还有商界翘楚李嘉诚，他自 1999 年被福布斯评为全球华人首富以来，曾连续 15 年蝉联华人首富宝座。直到 2015 年，还以两千亿元财富位列富豪第二。文坛巨擘饶宗颐，更是著名的国学大师，2014 年 9 月获得了首届"全球华人国学奖终身成就奖"。军界武行领域亦有可书之处，统计资料表明，潮州曾出过武举人 1 512 人，广东历史上出过 3 个武状元，潮州府就占 2 个。特别是清代时有个名叫林德镛，其臂力过人，"能挽六钧之弓"，是受康熙皇帝赏识并且钦点授二品侍卫的武状元。还有嘉庆皇帝钦点的会魁武状元黄仁勇，也是十八般武艺俱精且力大无比。2005 年，我参观他家乡的旧宅时曾亲见他使用过的练武石，重达 300 多斤。

至于潮州的历史地理，似我这等外乡之人好像没有资格评说。事实上我来潮州前，对这座古城也真的知之甚少，直到今天，还听不懂潮汕方言，说潮州话更是"十窍通了九窍——一窍不通"。

长期以来，我身居潮地而不会说潮汕话，还是东北口音，有许多时候和学生们接触，他们会好奇地发问："老师，东北很低冷吧？为什么来潮州呀？"每每听到这一发问，我便顺口回答说："我喜欢潮州呀！"

喜欢吗？未曾了解，谈何喜欢。我的回答事实上并不能令他们满意，但是他们能欣然接受。而对我自己来说，真实的回答其实也很简单，那是人的生活价值观使然。

想 21 世纪初年，处于改革开放前沿的广东省高等教育正处于快速发展阶段，为解决师资紧张难题，政府给高校政策，允许面向全国招聘高学历、高职称"两高"人才。而我符合当时韩师的条件，自己在获得教授职称后，也想找机会去南方闯一闯。于是通过联系，两相情愿，就来了。

长期以来，我在生活方式选择上，喜欢通过闯世界来丰富自己的人生阅历，不太喜欢过一种"生于斯，长于斯，死于斯"的生活。我儿时对生命的想象就是人的生命历程应当在不断丰富生活阅历的过程中成就自己，人生就是要不断地有所体验和感悟。这就不怕走陌生的路，看陌生的风景，听陌生的歌，甚或在某个不经意间，邂逅另一个人，再相伴而行，从一个熟悉的地方走到一个陌生的地方，寻找流动的家园。就我而言，过去的生活是如此平常，为了家庭幸福而奔波的过程有过欢乐，但也存在着艰辛与苦难，谈不上多浪漫。直到有一天，我突然意识到，年近半百，不过是在我出生、生长的地方原地踏步，这才下定决心走到远一点儿的地方闯世界。

记得到潮州的头几个月里，我曾怀着好奇的心情，多次走在街上或者搭上人力三轮车，慢悠悠地穿行在古城街区，走过横跨韩江的广济古桥（那时它还没有修成现在这个完全仿古的样子，人们来回穿行其中还十分方便），漫步徜徉在 2 公里长的太平路牌坊街上。我曾有奇思遐想：我脚下的这片土地是唐代韩愈走过的地方吗？那口千年古井究竟是由哪个有实力的人家所建？我走进唐代就存在的开元寺，还到过宋代许驸马府与大文学家韩愈有关的叩齿庵……置身于这古城中心之地，似乎古韵之风拂面而来，仿佛受到了历史文化的浸染，在这有着厚重历史的古城街庙面前，我才感到自身的渺小和学识浅陋。

　　人啊，有时在一个地方居住久了，难免会产生感情，那里的风土人情就会在心中留下很深的印记；而一旦离开了那个地方，又会心存念想，时间久了，就变为一种深沉的思念，而这种思念是挥之不去的，有时是支离破碎的，有时是较为长远的。以我的体验，如果一个游者到过潮州，那只能了解它的表层，也难说对那里有真正的感情，但只有真正在潮州安定下来，才能说算是了解到它的深层，对那里的土地和人们才会有真正的感情。

　　我正是带着这种情结到韩山师范学院从事教学工作，直至退休的。因为有着不可割舍的感情，我把潮州当作第二故乡来看待并珍视它的存在。

谪郡巍巍起高楼，湘桥依旧廿四洲；
城头旗色千番变，韩水悠悠万古流。

玉林题，文科写

2　韩师源自师韩

我应韩师之召而来，因为韩师，我知潮州，而知韩愈与潮州的渊源。或许是心灵感应，我第一次走进韩师大门，心生的便是一种亲切的欣喜感。

韩师地处韩江东部，如果从空中俯瞰韩师，我想它一定会是一条扭动着硕大身躯的蛟龙。正对着湘子桥东口的老校区西门就像是对着韩江戏水的龙头，它的躯干则从西区伟南楼开始延伸，经过韩师行政楼才林楼、中南海教工宿舍、山顶运动场、陈伟南天文馆、新区图书馆、理科大楼、文科大楼下的校内通道逶迤延伸，经过进华楼和伟南楼，直至名叫水岚园的教师公寓楼群，在连接的尾巴处环绕着经年有水的东丽湖。连接在整体躯干的路径旁，有由笔花园引接出来的北坡教工宿舍群和由南华苑接续而成的南坡教工宿舍群，还有由音乐系、美术系所在地的东湖山庄以及学生宿舍群落，由这些建筑群落组成的一只只如莲花般的龙爪。

如此，一个汲水舞龙的巨大动态影像就映在潮州韩江以东的韩山周围。

韩师俯汲着奔流不息的韩江水，同静静矗立在韩江边的凤凰洲、凤凰塔相峙并立，又偎依在形如笔架的满目苍翠的韩山之中，尽收韩山书院那千年相袭的文风古韵。

我在读中学时，就特别喜欢唐代大文学家韩愈《劝学解》中的两句名言："业精于勤，荒于嬉；行成于思，毁于随。"后来成了大学老师，亦认为做学问搞研究，就需要像韩愈那样，有严谨和勤奋的治学精神，需要水滴石穿、不畏坐冷板凳的坚守，需要矢志不渝、勇于探索的求实态度。

刚来韩师，我被安排在东区的研究生公寓住，后来听人说紧邻韩文公祠的笔花园教授楼内有空房，便向总务处提出申请，自愿补近 2 万元的原住户装修费，调换到笔花园。两个月后，得偿所愿，离韩文公祠真的近了，近得只要站在自家的楼顶上，就能俯瞰韩文公祠内镶着嵌瓷的殿堂楼阁和开门后就可见的游人。清晨下楼，在门前花园小操场打完一套太极拳后，走进祠内，登上主殿前那象征着韩愈来潮时年龄的 51 级石阶，走向笔架山接近山顶处的侍郎阁，在这位文学家的大理石雕像前转一转，端详他那"肥而寡髯"的文公形象，与他那智慧有神的眼睛对视一番，再走下台阶，移步到文台阶下的碑廊，品读一下那挂有 41 块颂韩词碑的名家辞赋，沐浴先人遗风后，心清意朗地缓步离去。

韩愈世称韩文公，是唐宋八大家之一，与柳宗元合称"韩柳"。从唐代以来，韩愈的诗文广为流传，他在《师说》中提出的"文以载道"和"文道结合"的主张，坚持"传道、授业、解惑"的为师教育理念，是世人至今仍敬重的师道先祖。元和十四年（819 年），因为唐宪宗迎佛骨入大内，他以一己之力，上表力谏，因此被贬为潮州刺史。可以说这是他在政治生涯上最大的失意。这也使他在情感上受到极为痛苦的伤害，不仅自己被贬海疆，连年仅 12 岁的小女儿也惨死于他千里赴任的路上。痛苦之极，他曾写下了遗书般的诗句："云横秦岭家何在？雪拥蓝关马不前。知汝远来应有意，好收吾骨瘴江边。"然而，他并没有就此消沉，也没有遵循过去"大官谪为州县，簿不治务"的官场陋习，更没有因为前途未卜而自暴自弃，而是致力于开启民智的机制建设，做了许多有益于潮州当地民生的大事。

韩愈来潮州之前，这里远离中原，地处偏僻，交通不便，由此形成的是一个封闭性的地理文化圈，尽管到了唐代，中原文明已高度发达，但潮州大部分地区还处在蛮荒落后的状态之中。在韩愈来到潮州之后，潮州的社会历史才加快前进的步伐，文化教育的发展有了一定的规模。由此可知韩愈来到潮州之时，正是潮州需要文明火焰烧去蛮荒落后的关键时期，韩愈奋发有为，德化潮州，这也是他被潮州人民世世代代尊崇的历史因缘。

韩愈对潮州教育的贡献之一是开风气之先。虽然韩愈不是潮州乡学的创办者，但对潮州文化教育却有不可磨灭的功绩。被贬潮州后，他为开启民智，花大气力兴办乡校。办学缺少资金，这位刺史"出己俸百千，以为举本，收其赢余，以供学生厨馔"。据李翱著《李文公集》所载，元和末年，一斗米当时可折合五十钱，故百千可折合米两百石。如此算来，这百千钱可相当于韩愈八个多月的俸金。也就是说，这等于韩愈把治潮八个月的俸金全数捐给了学校。

韩愈对潮州教育的贡献，还在于他大胆起用当地人才，推荐地方隽彦赵德主持州学，这是一项意义重大、影响深远的决策。实践表明，赵德成为韩愈在潮州普及教育，推行儒学教化上功不可没的重量级人物，两人在短短八个月的共同工作中也建立了相互倚重的深厚情谊。如今韩文公祠主殿右边新建的天水园已有一组汉白玉雕像，再现的就是当年韩愈离开潮州前往江西袁州时和名士赵德依依惜别的场景。他曾力邀赵德一起到新地共事，但被赵德婉拒，赵德离不开潮州，潮人为此受益。

韩愈在潮期间起用赵德兴学，这大大影响着后来历代治潮者对自己行为方式的优化选择。潮州也有了林大钦等状元榜眼和一大批杰出的人才。从唐以来潮州教育发展的实践证明，尊韩崇韩，以兴学为首务，已成为韩愈之后历代莅潮官吏不约而同的一种执政观念。韩愈兴办学校，确实滋润了潮州人的群体性格。潮州之所以有许多如广济桥、牌坊街、许驸马府等历史文化遗产，显现出潮州人好学崇文的风气，追根溯源，都直接或间接得益于韩愈当年的兴学之举。

韩愈在教育理念上继承和发展了孟子的教育思想，兼收并蓄，形成了一套自成体系的教育思想体系。他勇为人师，在《师说》中提出"师者，所以传道授业解惑也"的主张。苏东坡在撰写《韩文公庙碑》中对韩愈的评价是"文起八代之衰，道济天下之溺"，韩祠中的楹联则高度评价他："济溺起衰，正道统于三百年来，心传上追邹峄；爱人驯物，施治化于八千里外，血食今遍瀛洲。"在北京的韩愈祠、梅州的龙川韩祠都有一副内容相似的楹联："起八代衰，自昔文章尊北斗；兴四门学，即今俎豆重东胶。"这些足以说明他在继承孔孟道统方面确定不移的传世之德。

康熙二十三年（1684年）的一天，清代两广总督吴兴祚一路向东，从广州来到潮州的韩文公祠。立马祠前，当他看到韩山如骏马奔腾而来，石阶似巨龙蜿蜒入云的景象时，不由心生感慨，便题诗勒石："文章随代起，烟瘴几时开。不有韩夫子，人心尚草莱！"因为这首诗，吴兴祚与他倾慕不已的文公韩愈一道被镌刻在韩文公祠的文化碑林。这足以说明韩文公的教化影响力，不仅成就了潮州"岭海名邦"的美名，更成为激励后代潮州人自强不息的精神支柱。正是因为韩愈兴学，潮州才得以形成其深厚的文化底蕴。一定地域的民俗事象及群体性格，一般沉淀着千百年历史的深厚文化资源，潮州这种人文传统和民情风俗，因遥接着韩愈当年以儒学兴学的古风，才真正得以流传。

潮州俗语说："好人好胶己。"这句话用在韩愈身上尤为贴切。韩愈的到来改变了潮州，潮州的山水也因韩愈而改姓，潮州人甚至把他称为韩爷。"韩愈来潮八个月，我们纪念八百年"，潮人对韩愈有着特殊的感情。我曾亲见一名上了年纪的游客带着家属登上韩文公祠，他虔诚地在韩愈塑像前上了三炷香，也让妻儿一起上香，当时他的脸上流露出来的对韩爷的怀念与敬仰之情是那样真切。

从宋代起，潮州就开始兴建韩文公祠，后来又在韩山建成韩山书院，祀贤传道，以纪念这位伟大的先贤。潮人以思韩之故，而有庙祀，而有书院，扁以韩山。庙学结合本是中国封建社会的教育规制，所以中国历史上的书院多以祀贤为第一要义。韩山书院的创建就体现了这种潮人祠祀韩愈与书院，并将二者紧密联系在一起的崇韩精神。

韩山书院是韩山师院的前身，据《重修韩山书院记》记载，韩山书院"适居韩山之半，韩公祠及陆公（陆秀夫）祠均附丽焉。院门前临清池，气象轩朗。院宇随山势为转曲，颇极涵蕴幽窈之致。入院摄层阶而上，江山之胜，揖于几席。三州人士读书其中，实足存养天机，蓄蕴奇伟"。

据历史资料记载，清代在韩山书院担任过山长、主讲的人士中，就有进士 15 名，举人 5 名。乾隆七年（1742 年），韩山书院所授课程除四书经文律赋等旧学外，也兼授西学。台湾著名爱国志士、诗人、教育家丘逢甲曾于光绪廿三年（1897 年）在韩山书院执教，主讲维新之学，对传播民主爱国思想、培育时代新人产生了很大的影响。他曾题联韩山书院："五载赋栖迟，看桑海婆娑，南珠正媚；三山忆俦倡，愿天风鼓落，北斗常依。"

自宋代以来，韩山书院迁建、重建、修葺达 20 多次，一直是粤东兴学育才、人文荟萃之地，始终占据着州、路、府、道之学的重要位置，对粤东地区文化的传播、教育的发展、民风的善化、经济的繁荣和社会的进步，发挥了重要的作用。

韩师吮吸着韩山钟灵之气，沐浴着韩愈的翰墨惠风。因为有了韩愈，而后才有韩山书院，又有惠潮嘉师范学堂、韩山师范专科学校，最后又名归为韩山师范学院。

当下，国人知道韩山师院的并不多，有些人因此觉得韩山师院的名字有歧义，以至于学校无法在国内外的教育平台上闪亮登场。他们认为一个学院的名称，影响着学校的知名度，因此主张把韩师改名为广东省第二师范学院，或改名为粤东师范学院，又或者叫潮州大学，以便提升学校的知名度。

如同人名仅是用来区分人的符号一样，校名也仅是用以区分学校的符号，并不影响学校的实质和办学水平。

然而，高校的名称不同，其所产生的价值的确不同。

过去高校是国家包办，学生入学受国家控制，毕业包分配，所以校名叫什么人们并不十分关心。有些高校，因为历史的原因，已名声在外，不会随意改名。例如美国的麻省理工学院，它的名字虽然只是一个学院，但因培养了众多对世界产生重大影响的人才并创造了许多卓著的学术成果而闻名世界，最后成为全球高科技和高等研究的先驱领导大学。它的名字反而成了一种财富。

韩师生来就不同，它是承师韩之风而建的学校，这在全国的高校中也可说是唯一的特例了。在不了解韩师名字的渊源时，人们常常有些疑惑甚至误解。有一次，我在上海参加一个中韩伦理学会的年会时，曾碰到一位老兄，初次见面，他问我在哪儿高就，我回答说韩山师院。他竟然露出吃惊的神色，说我出自韩国的学院，汉语竟能说得这么地道，真是不简单！我开始也吃惊他为什么这样认为，后来想了一下才醒悟过来，他是错把韩山师院当成了韩国学院，我因此变成会说汉语的韩国人了。

韩师是师韩的韩师，是以韩愈为育人楷模的师范院校，读懂它，也会因为不照常理出牌而展现出它的独特魅力。

韩师人以韩愈为师，并以此为荣。学校把韩文公祠作为爱国主义教育基地和德育基地，还曾多次在此召开全国性韩愈研讨会。韩文公祠后来成为全国的法制教育基地，我所在的政法系学习法律专业的学生也把这里当成法学的实践课堂，时常要到这里来接受法道先贤思想的文化浸染。那些韩师旅游管理专业的学生，也常常利用休息时间来韩文公祠，为参观游客做义务讲解。他们在传播韩愈文化的同时，也把莘莘学子无尽的渴望和追求，带到深入社会实践的平台上来。

2014 年，学院将一座韩愈雕塑建在东区的操场一侧。那由白色大理石雕塑出来的韩愈须发飘逸，从容淡定，令人仰止。在一千三百多年后为其塑像，既有莘莘学子对先师韩愈奋进坎坷而充满传奇色彩一生的缅怀，也充分表达了韩师人不忘师韩传统继往开来的情怀。

区区八月短，悠悠千岁长；
至今窥南斗，唯君一点光。

玉林题，文科写

同年年底，学院与深圳翔星影视文化传播有限公司签订合作意向书，决定拍摄电影《韩愈》，这个电影的剧本正是由韩师优秀校友、国家一级编剧陈韩星所作。陈韩星自 20 世纪 80 年代以来，一直潜心研究韩愈文化，发表多篇影响因子高的研究韩愈的学术论文，此前曾创作 18 集电视连续剧《韩愈传奇》，该剧曾获 1999 年第三届广东省"五个一工程"优秀作品奖。

那时正值紫荆花盛开时节，韩山师范学院举行影片《韩愈》合作摄制签约仪式，按剧组设计的方案，著名演员唐国强将饰演韩愈。这是我国改革开放以来，首部获得国家广电主管部门批准的拍摄韩愈题材的电影。韩师希望通过该影片，让韩愈文化得以传承和传播。

韩师的历史如长流不息的韩江，大浪淘沙，沉淀下来的是金子一般厚重的人文情怀。潮州文化的根在韩山，韩山师范学院与韩愈自然有着浓厚的渊源，在以往的办学过程中，韩师的师范教育曾深受韩愈教育思想、教育理念的影响和启示。韩师也一直在弘扬韩愈"百代文宗"风范和"尊师重教"的思想精神。在新时期，围绕"韩文公"这个潮州的符号，韩师人仍在深入学习和研究，力求把"潮州的韩师"建设成一个有着"师韩"传统的韩师、开放的韩师。

韩愈"延师兴学"的躬身实践，是对潮州的一大贡献。而"勤教力学，为人师表"的韩师校训与韩愈"传道授业解惑"为人师者的诠释是何等的一致。韩师正承载着韩愈的重托，凭着对师范教育的正确定位而努力前行。

3 扶大厦之将倾

台风是形成于热带或亚热带广阔海面上的热带气旋，而我的家乡东北地区属温带大陆性季风气候，只有东南西北风向之别，并没有台风。我来韩师前，对台风灾害只有耳闻，没有实际感受。

一个星期日，我们一家与杨玉林教授驾车去汕头市西郊的牛田洋。玉林是我的东北同乡，又同为韩师同事，我们前后相隔半年来到韩师。在此之前，我和玉林同在哈尔滨工作，但彼此并不认识，是韩师将我们变为好同事和好朋友。玉林是个热爱生活又会生活的人，自打他们把家从哈尔滨搬到潮州后，我们就是楼上楼下的邻居，常常一起出去，感受大自然的青山绿水、鸟语花香。玉林告诉我，在牛田洋那儿附近建有一座北回归线标志塔，是汕头八景之一。每到夏至，能看到一个奇异的"人站立不见影"的现象。我听后，便查了一些资料，方知牛田洋位于汕头榕江的西侧，那里过去是一片大海滩，潮涨时淹没，潮退时显出，面积足有万亩。20 世纪 60 年代初期，人民解放军响应毛主席的号召，开进牛田洋进行围垦造田，将其建成为一个农场。五十多年来，这片热土历经世事沧桑，既创造过当年围垦种植亩产粮食达 1 190 斤的奇迹，又有改革开放以来退田还渔两万多亩池塘虾欢蟹肥的当代传奇。

牛田洋在"文革"时期非常出名，因为毛主席就此处的解放军官兵围垦种粮所取得的成就发表了著名的"五七指示"。还因为牛田洋遭遇过历史上少见的强台风，发生了 553 名年轻战士和学生护堤捐躯的悲壮事件。

1969 年 7 月 28 日，强度达 18 级的"太平洋 3 号"特大台风来袭。狂风暴雨裹挟着大海潮，深黑色的海面陡立起来，将牛田洋覆盖。这是粤东气象史上最恐怖的一天，台风的风速超过了气象测量的极值。当时，驻守在汕头牛田洋军垦基地的部队和到部队锻炼的北京、广州等地的大学生们在台风到来之前，举行了庄严的战前誓师仪式，他们怀揣《毛主席语录》，怀着"下定决心，不怕牺牲""人在大堤在"的雄心壮志冲上海堤，手挽手用血肉之躯抗击台风。结果在台风的冲击下，人不在了，大堤也不在了，只有肆虐的飓风、海潮、暴雨。风灾过后，水里到处都浮着尸体，有 470 名部队官兵和 83 名大学生遇难。后来，人们在这里的一座小山包上竖起一座"七二八不朽烈士"

纪念碑，以纪念那段特殊的"战天斗地"的历史。

我们在那里驻足，感怀当年那些年轻人用血肉之躯所做的牺牲，不胜唏嘘，他们中的大多数来自中山大学、华南师范大学、暨南大学、华南农业大学，还有北京的一些高校和七级部、八级部下来劳动锻炼的。"五七"战士，如果没有这次台风，绝大多数会成为建设祖国的栋梁之才。特别是来自北京外交学院的一些高才生，如果他们能幸运地活下来，也有可能像当初逃过一劫后来任职外交部部长的李肇星一样，成为外交官。然而，人的生命历程没有假设，他们终淹没在狂啸的海浪之中。

"七二八"台风灾难，使当时被称为汕头地区工农师范学校的韩师受到了严重的影响，台风摧毁了学校的桃坑农场宿舍。处在"文革"中受到监管迫害的副校长郑川和校医郑惠缄被台风吹垮的房屋砸倒，当即身亡。职员罗伟珍重伤昏迷，不久后也辞世。另有两名职员受伤，其中一人终身残疾。

自那次去牛田洋后，我又在学校图书馆里读了陈树仁所写的《牛田洋灾难亲历记》，深受触动。我在惊讶大自然强大破坏力的同时，开始有意识地关注减灾、灾后重建等与自然灾害有关的问题，特别关注韩师教育的发展历史与潮汕地区自然环境之间的关系。

2013年，我在韩师也亲历了一次台风袭击，终于领教了它强大的威力。

那时距韩师110周年校庆还有一个月的时间，接到台风预报，说是当年第19号超强台风"天兔"将于9月22日在粤东沿海登陆，对粤东地区可能造成破坏。面对来势汹汹的台风，学院迅速启动防台风应急响应。台风登陆前，时任学校党委书记陈庆联带队到各单位，要求职能部门迅速行动，加强值守，及时发布台风预警信息，安排部署防御工作，做好现场检查和各项防护措施，尤其是人员密集的学生宿舍、教室、图书馆等地，要确保师生员工的生命和财产安全，力争将损失降到最低。在广州开会的林伦伦院长也不放心，打来电话，要求各职能部门按照地方政府有关部门和学院的统一部署，把防御台风的各项工作抓细抓到位，确保师生的人身安全。

9月22日，台风如约而至，它的风力如此强劲，伴随着呼呼的沉闷响声，把我所在的三楼办公室的窗户推成凸起状，玻璃几近爆裂，凶猛强悍的风暴刮了约两个小时。其间不知哪里的电线被吹断了，办公室顿时黑了下来，身处停电又停水的环境中，我一秒一秒地熬着时间，等待着"天兔"恶魔的离开。

台风过境后，资产管理处、学生处、保卫处等部门全面清点受灾情况：院内许多老榕树已被吹折倒地，在它们笨重高大的躯干压向的地方，车棚被砸坏，栏杆被压倒，一片狼藉。一些建筑物的玻璃碎了，灯柱纷纷倒下，拉扯着乱七八糟的电线。

据职能部门统计，因受超强台风"天兔"影响，学院的一些基础设施遭受严重破坏，直接经济损失多达 140 万元。其中部分照明设施、树木、保安门岗，以及陶瓷学院校门不能修复需更换；个别教室、宿舍门窗玻璃损坏；东区和山顶田径场绿荫棚、体育场馆，东丽 B 区停车棚等也有不同程度的受损。

台风过后，当我把第一次经历台风的感受说给潮州朋友们听时，他们多半抿嘴一笑，说我是大惊小怪。他们告诉我，这只是一般的台风而已，还有更可怕的台风，它们正面而来，风力达到 12 级以上，风眼过时，会使你产生天昏地暗、万物不存的感觉。他们许多人提到了 1922 年吹向潮汕地区的 20 世纪以来最大的那次台风，就是这样。

后来，我查阅了韩师的历史资料，才知道韩师的前身——广东省立第二师范学校，在它成立初期所经历的一次涉及生死存亡的重大事件，这就与台风有关。

那是在 1922 年 8 月 2 日，潮汕平原大地经历了历史上极其罕见的大台风。它曾瞬间使海水陆涨 3.6 米，致使沿海 150 公里堤防悉数溃决。据 1949 年修的《潮州志》记载："8 月 2 日下午 3 时风初起，傍晚愈急，9 时许风力益厉，震山撼岳，拔木发屋；加以海汐骤至，暴雨倾盆，平地水深丈余，沿海低下者且数丈，乡村被卷入海涛中；已而飓风回南，庐舍倾塌者尤不可胜数。灾区淹及澄海、饶平、潮阳、南澳、惠来、汕头等县市。……计澄海死者二万六千九百九十六人，饶平近三千人，潮阳千余人，揭阳六百余人，汕头二千余人，统共三万四千五百余人。庐舍为墟，尸骸遍野，逾月山陬海筮积秽犹未能清。"邓之诚考释文物的专著《古董琐记》则记有汕头"漂没房屋无算，居民死者万余人，陆续捞出尸骸二千八百具；旧潮属各县共死七八万人"的悲惨景象。

据当地气象台的资料显示，当天晚上 9 时当地风速增至蒲福风级 8 级，一直维持到翌日上午 9 时，即 8 级大风持续长达一天半，当中 12 级飓风更是持续了整整一天。

大灾之后必有大疫。据史料记载，风灾过后不到 10 天，汕头就出现霍乱大流行的现象，这一瘟疫的流行，又在当地造成约 20 万人的死亡。与它相比，1969 年 7 月 28 日的台风，强度相当，也是正面袭击汕头，死亡 1 000 多人，伤 9 200 人。只因此时政府已重视灾后防疫，没有出现疫病流行的情形。1922 年的这次台风，是中华民族进入 20 世纪以来死亡人数最多的一次台风灾害。

当时地处潮州的韩师名叫广东省立第二师范学校，学校直接隶属于省教育厅。有如此强的台风灾难，它自然也难逃遭受毁灭性打击的厄运。校史上记载当时的惨状是："校舍倒塌，几无完室，风雨无庇，校具损坏，图书仪器荡然无存，学生以作鸟兽散。"

关键时刻，当时新上任不到半年的校长熊退竟然被风灾吓倒，可能是自知复校无力，便借前赴省城汇报之机，不辞而别。成立仅仅一年的省立二师，因为那一场特大风灾，"已陷于不幸中矣"，一下子处于"几近停办"的绝境。

同年九月，当时的粤省教育委员会委任年仅28岁的方乃斌先生接任广东省立第二师范学校校长职务。

时值混乱的民国时代，身处军阀混战中的政府处于财政危机之中，再加上灾荒连年，拿不出足够的资金用于防灾、救灾，自然是对潮汕灾情力不从心。"八二"风灾发生后，省政务厅几乎未采取有效措施实施救灾。倒是民间义赈组织做出积极反应，分布于全国各地的潮汕同乡组织在得知家乡遭灾后，纷纷行动起来，关怀桑梓。在海外发展的华侨更是起到了重要作用。泰国典当业的领班郑子彬，海外著名潮商陈弼臣、谢意初等，他们一呼百应，捐钱捐物，从各个方面赈济家乡，支持家乡灾后重建工作。

灾后救灾，重在救急，就教育而言，却因为它非属救急的特殊性而受到掣肘。个中道理谁都明白，生存是人的眼前所需，而教育是百年大计的事业。社会传统的赈灾行动自然会选择重养轻教的做法，通常极少顾及灾后教育事业的发展。

但是，年轻有为的方乃斌却不这么想，对呼吁社会力量救省立二师充满自信，倾力要在"八二"风灾的赈灾上突破这一障碍，实现灾后的养教兼施。

方校长到任之时，接手的是省立二师负债累累的烂摊子，但他没有退缩，而是挽狂澜于既倒，扶大厦之将倾。到任后即刻鼓足勇气，组织全体师生开展校园重建工作。一面修葺教室，召集学生上课，一面在潮汕各地，奔走募捐，并胸有成竹地撰写出《劝捐韩山广东省立第二师范学校建筑校舍启》，向社会宣传"非振兴教育，不足以立国""大厦非一木所能支，钜材必众擎乃易举"的真谛，向社会各界、海外华侨、潮籍乡亲广泛募捐。

启书写道：

盖韩山为粤东名胜之区，师范尤属基本教育，苟得辉煌宏敞之校舍点缀其间，岂独壮一时之观瞻已哉？所望热心教育之家，资财丰裕之户，解囊捐赠，大笔标题。俾韩山省立二师学校复其旧观，再睹新制，庶莘莘学子，共沾长者之仁。渺渺鄙怀，克慰观成之愿，是为启。

方乃斌先生就像清朝不图名利，以赤贫之身行乞三十八年而兴义学之举的武训一样，为省立二师的重建几度奔赴东南亚，向海内外侨胞乡亲、社会贤达、慈善团体倾心求助。

1924年5月，方乃斌校长与谢贤明教务主任一同奔赴上海，求救于在上海的潮汕同乡，将筹集到的捐资用于学校的重建。后来因经费仍不足，又于翌年5月到7月，和舍务主任杜式谷（杜定功）一同奔赴新加坡、吉隆坡、怡保、槟榔屿各埠，另派舍监卢鸿恕、教员林安祜一同到暹罗；全校师生则数次到潮汕各地，向社会各界、海外华侨、潮籍乡亲广泛募捐。蒙海内外乡亲及热心教育人士鼎力相助，50天时间，便募得重建学校急需的捐银一万四千余元。

韩师校史资料载："每到一地，年轻的方校长就以真诚之举拜访当地贤达，发表学说，向他们通报二师受灾的信息，表示二师灾后重建的决心，并希望他们伸出援助之手，拯救几乎处于崩溃状态的二师。"

受到方校长办学精神的感召，海内外乡亲及热心教育人士都伸出援手，鼎力相助，曾在汕头创办了汕头大同中学的著名实业家和慈善家郑淇亭和郭子彬、后来成为抗日著名将领的翁辉腾、著名侨领陈嘉庚先生等人也在捐资者的行列中。经过4年努力，共募得银洋5万余元。因为有了这些善款，数年之间，在遭重灾的废墟上，新建教室十二间，宿舍两座，图书馆、校务室、会食厅、厨房、浴室、音乐亭各一座。同时，填筑操场，修筑校道，种植花木，添置校具图书，扩充班数，使办学初具规模，校容焕然一新，到后来，设有十六间的第一宿舍、科学馆、中山纪念堂等韩师代表性建筑也逐渐出现，矗立在韩园的绿树庇荫之中。

为了感谢海内外乡亲侨胞对灾后重建的无私支持，二师后来对捐银千元以上的翁辉腾、陈星帆、郭子彬、林连登、戴振顺、廖葆珊、郑先进等侨商，以他们的名字命名教室，并为其单独刻立由方乃斌亲书的方石碑，以志纪念。当时潮安县长刘候武也捐千余元用来重修韩文公祠，方乃斌校长也为之撰记。

时光荏苒，1922年的那次台风如今已过了九十多年，但韩师人并没有忘记那段历史，便在旧建筑不存的情况下，收集整理那些残存的碑石，集中镶砌在韩师的大理石校史碑廊之中，它们铭刻着的是韩师人永远不可忘却的历史记忆。

教育以一人兴，百年韩师历史上非方乃斌莫属，其功大焉。有他所坚持的培德育才的办学宗旨，五载经营拥大观，才使韩师未能中道夭折，半途而废，为未来发展求得生机。

前事不忘，后事之师，韩师的后来者应当感谢方乃斌。

方乃斌是广东惠来县惠城镇人，是粤东地区近代史上举足轻重的人物。他早年毕业于国立广东高等师范学校，在那个血雨腥风的年代，游走在国民政府的教育与仕途之间，继二师任校长五年后，又从事报馆编辑并任汕头市市长，后又到丰顺、博罗、普宁、阳春、潮阳、增城等县任县长，其间曾任汕头市第一中学和惠来县立中学校长。纵观他倾尽心力办韩师教育的过程，虽只五载，却可以成为一位能留在韩师百年史册上的教育家、文学家，客观地评价方乃斌，他也不是一个完人，那个年代的特殊背景，决定了他存在历史局限性的必然。

1927年，方乃斌辞职，把学校管理的大权交给了由省教育厅委任的在重建省立二师时立过大功的教务主任谢贤明。谢贤明宣誓就职后，所做的第一件事就是在新建的汝平亭后山壁处为方乃斌树功绩碑。

当年，方乃斌接受国民党广东省党部宣传部的指派，与董载泰、罗天马等三人组成《岭东民国日报》管理委员会，接管由共产党人李春源为社长所办的报馆。而后，他又主政成为国民政府的汕头市市长。也就在方乃斌离开韩师这年，蒋介石在上海发动了"四一二"反革命政变，疯狂屠杀共产党员和革命群众。在白色恐怖之中，因为当时任中共中央军委秘书的白鑫叛变投敌，国民党逮捕了潮汕地区的农民领袖彭湃。

石路石阶石墙，
林荫草绿花香，
岁岁书声伴鸟语，
年年硕果照秋阳。

玉林题，文科写

　　彭湃是中共早期重要领导人之一，杰出的农民领袖。他早年曾东渡日本求学，积极参加爱国运动；归国不久即脱下学生装，换上粗布衣，头戴斗笠，深入农村，从事农民运动，被广东农民称为"农民王"。彭湃被捕后，开始使用化名，此时，方乃斌已离开二师，成为汕头市市长，他认识澎湃，便到场当面指认，彭湃的真实身份因此暴露。后来，澎湃同杨殷、颜昌颐、邢士贞四人被国民党秘密杀害。

　　1949 年新中国成立前夕，方乃斌离开家乡去往台湾，后来居港台两地达40 年之久，其间，主要从事教授、搜集与研究词文，曾编辑出版《青山草庐稿》《词史大全（第一辑）》《葵庐词钞（沁园春百阕）》《葵庐词钞三百首》《历代三千家词》《葵庐文钞》等。

　　方乃斌于 1989 年借大陆开放政策和宽松的政治环境，选择叶落归根，回到他的祖居地广东惠来安度晚年，直至 1991 年于故乡长逝，年 96 岁，善终。

4 校史碑廊记忆

我来韩山师范学院时，薛军力任校长已一年有余，我最先与薛院长接触是为了解决爱人在韩师的工作问题，曾以为作为一所省属高校校长，事务繁重，工作对事不对人地按原则办，甚至与教师接触有些严肃是可以理解的。可是后来时间长了，经历过的许多事实却一再否定我最初的认知。薛院长其实不是待人严肃有余、热情不足的人。他认识问题深刻且细致，做事既讲究原则，又不失灵活，为人深明大义。就以师生情来说，常被人提及的便有这样的故事：那是他从院长位置卸任定居广州不久后，居住在北京的导师何先生家因原来保姆离开，新找的保姆接续不上而致使其生活困难，这时何先生打电话给弟子薛军力："你能来吗？"薛军力回答得非常干脆："能！"他和老师说：以前当院长，行政事务多，走不了，现在卸任了，自由了，随时可以陪先生。于是，薛军力从潮州直飞北京，在老先生最需要的时候，陪伴在身边，尽心照顾先生，践行了"师有事，弟子服其劳"的古训。

薛院长是天津人，历史学教授，在北京师范大学读历史学研究生时，师从著名史学家何兹全先生，攻读魏晋南北朝史。他从汕头大学来韩师任院长后，有较长的一段时间，在政史系开设了"三国史"选修课，所以相对于他系的老师，我们与校长接触的更多。

可能是历史专业出身，薛院长特别重视韩师的历史文化教育与历史资源的保护与积累、挖掘与创新，并为大学文化建设所用。他在任学院领导时，曾力主成立潮学研究院并自任院长，爱屋及乌，甚至对作为百年学府的韩师的史料收集也特别关注。

有一个有关薛院长寻找捐助韩师者翁辉腾石碑的故事，说来也是跌宕曲折。

与此石碑故事有关的人是汕头大学文学院的副教授李韧之博士。1998年，他赴比利时安特卫普大学留学，当时自己选择在安特卫普市的南郊租住。时间长了，自然而然地与房东菠琳·翁女士成了朋友。一天，他无意中在房东那里发现了中国抗日将军翁照垣遗留的一些资料，其中包含7本日记和12本生平回忆。巧合的是，他一问才知道这位翁女士就是民国时期翁照垣将军的孙女，而翁照垣在"一·二八"淞沪抗战中首战日军时是十九路军一五六旅旅长。

这一特殊的机缘，使李韧之博士对翁将军的事情多了几分关注，不经意间，竟然吸引他后来把研究翁照垣历史作为科研主攻方向。

2000年夏天，李韧之回汕头度假时，想到汕头市图书馆也许会有翁将军的资料，经汕大前党委书记黄赞发介绍和市图书馆郑可因副馆长的帮助，在市图书馆查阅民国旧报，果然有所发现，馆藏一张民国十二年（1923年）10月13日的《大岭东日报》第2版有一则鸣谢启事，从中得知翁将军在1923年曾捐赠一千银圆给韩师以重建校舍，韩师以此为一座教室取名辉腾教室表示谢意。

报纸上鸣谢启事原文：

鸣谢　敝校蒙翁司令辉腾捐银一千元建筑辉腾教室一座同人等感激靡既谨先登报鸣谢

韓山省立第二師範學校全體同人謹啟

原来，翁辉腾即翁将军的曾用名，他在1926年赴日本东京陆军士官学校留学时，才用了一个新名——翁照垣。

李韧之回比利时后，给他的故友——韩师院长薛军力教授写信询问"辉腾教室"之事，薛院长此时在韩师主持校政已有半年，作为北师大历史学博士，自然对历史问题很感兴趣。但他在韩师却从未听说过此事，就询问身边的同事和国内外韩师老校友。然而，虽然在20世纪20年代，翁照垣将军在汕头主持军政时，无人不晓，但是时过境迁，问来问去，也没有问出什么结果。薛院长并不死心，知道八十多年前报纸有明确记载，白纸黑字，说明韩师历史上确有其人其事，如今它在何方？他时时留意这件事，企图通过石头让历史说话。

常言道："无巧不成书。"2001年夏天，韩师整修校园时，在学院办公楼的才林楼旁的土堆里挖出一块长方形石碑，上面自右向左刻着"辉腾教室"字样。石匾额中央偏上方处有一"翁"字，熟悉韩师历史的人明白这是以"翁辉腾"命名的教室门上的石匾额。在场的人立即把这一消息报告给院长后，薛院长欣喜不已，一段被尘封和遗忘的历史就这样得以重见天日。

后来薛院长又做了进一步的求证，方知当年"辉腾教室"为砖木结构，位于原来省立第二师范学院中山纪念堂的南侧，东临第一宿舍，是当时校内仅有的两间大教室之一，这一建筑在20世纪50年代因年久失修早已被拆掉了。

翁照垣将军在1892年生于潮汕地区惠来葵潭圩一户贫困的石匠家，青年时入伍陈炯明部。1923年前后，他在粤军任支队司令并主持汕头市政，给韩师捐建"辉腾教室"正是在这一时期。后来他又过了十年军旅生活，北上抗日，在张学良的东北军一一七师任师长，调回十九路军后任福州城防司令，后来又到上海参加"一·二八"淞沪抗战。当日本军队进攻闸北时，时任十九路军旅长的他身先士卒，率领所属部队奋起抵抗，打响抗日第一枪，名震中外。后来，民国元勋、国学大师章太炎先生闻捷大喜，曾亲书"李广从来先将士，卫青未肯学孙武"一联赠给翁照垣。著名史学家和诗人常燕生曾为歌颂翁照垣而作长诗《翁将军歌》，其中有"将军奋身起南纪，志挽日月回山邱""将军长啸指须发，剑气喷薄如龙浮""祖怀白刃向前去，以血还血头还头"。

翁照垣还曾在1929年自己凑集两千块钱，前往法国巴黎摩拉纳航空学校学习航空技术，他的老师就是法国著名飞行员德脱拉野。翁照垣学习期间，胸怀报国之志，非常用功且十分勇敢，在一次飞行训练中，发动机马达发生故障，飞机失控自行降低飞行高度，慌忙中，他看准一块农田准备在那里降落，没想到快要降落时，却撞到路旁的电线，飞机翅膀折了，人被抛到了很远的地方。当时上海的邹韬奋先生听说后十分感慨，曾以"勇敢的中国人"为题，在《生活》杂志上写评论，大赞翁照垣的勇敢行为。

1945年抗战胜利后，翁照垣将军没有追随蒋介石去台湾，而是选择解甲归田，在家乡葵潭开办"奎峰农场"和"胡仔尾农场"，变成为一个一心务农的农民。1950年后定居香港，1972年因心脏病发作病逝。

如今，那块书有"翁辉腾教室"五字的石匾额就镶嵌在韩师校史碑廊里，成为韩师人讲述自己历史材料文本的组成部分之一。

一块石头，只是一块石头；一块写了字的石头，就不仅仅是一块石头了。

既然韩师过去的一些建筑已经没了，那么一些留有文字的石头也可以证明和记录这段历史。

想当年，二师为记住那些助学的仁人先贤，"兹将芳名勒石以资纪念而垂永远"。仅后来韩师收集捐款石刻残件中就有捐款人名88人之多。这其中有倾资办厦门大学的著名侨领陈嘉庚，有粤系军阀代表陈济堂，他们都因捐资三百银圆而被铭记在册。这应该不是全部，可能还有一部分人的名字没列在刻石上，列在其上的，也因刻石年久而成残损断缺之状，可惜这石刻芳名录，如今已不知原存于何处，何时为人所损坏，只是其中有首尾两件还能拼合成形，被嵌在新建的校史碑廊中，剩下的34块余件，只好收集在校史馆内。

历史不应忘记这些对韩师建设与发展伸出过援手的人，校史上应存载他们的功名。2001年，在韩师校史馆旁边，学校建了一座铭刻着韩师历史的校史碑廊。

如今，韩师校史碑廊墙上砌有近20块刻着捐建教室者名字的大理石，每一刻有名字的石碑背后，都有一段为人称道的故事，翻看这些尘封的历史，就会找到镌刻在上面的时光的足迹，比如"郭子彬教室"石匾额。郭子彬在1860年出生于铜钵盂乡，19世纪70年代奔赴上海谋生，其弟浚之在家继承父业行医并侍奉老母。后来，郭子彬经过数十年的辗转经营，成为在沪潮州帮的首富。

郭氏在上海经营棉纺织业近20年，成绩斐然，是当时热心于教育和公益事业的著名实业家。对当时上海民族纺织业发展做出了重要贡献。郭子彬有个堂侄叫郭任远，郭任远年少时曾在上海复旦求学，留美获博士学位，归国后到母校执教。1925年郭任远代理复旦校长时，想把心理学系扩充为心理学院，但苦于没有房舍，郭子彬就募捐五万银圆，亲自督工建造，建成后被复旦命名为子彬院。如今这座淡灰色的四层楼宇尚在，现已成为复旦重要的建筑遗产，其形雍容典雅，仪态万千，被复旦人戏称为"小白宫"。就在这座小楼里，造就了一批中国最早的心理学、生理学人才，如童第周、冯德培、胡寄南、徐丰彦、沈雾春、朱鹤年等。从那庄严的门廊下走出来的还有苏步青、陈建功、谷超豪、胡和生、李大潜、洪家兴等数学大师。子彬院不仅孵化人才，还孵化出了许多新的专业。复旦人说，子彬院是复旦理工科专业的摇篮。

作为潮商的郭子彬，为富有义，敢于担当，尤其不忘教育，为我国的教育事业做出了许多贡献，令人钦佩，更是今天潮商重教的楷模。

还有"陈澄初教室"，20世纪初期，祖籍潮州的陈澄初在堤岸（今属越南胡志明市）创设振兴隆中药行，销售各种中药，由于陈氏对各种中药的药性和效用较为熟悉，诚信为顾客服务，经营有方，所创设的中药行成为当时堤岸中药行业的中枢，他本人也成为当时南洋地区中药业的领军人物。

韩师当时接受捐款而后以捐者命名的教室还有许多，他们中有曾捐款1 500元（当时是银圆）的林连登，捐款1 000元的戴欣然、戴振顺、陈星帆、郑淇亭，捐款500元的郑先进、廖葆珊，以及尚不知捐钱数目的施以深、卢世珍等。

在人类历史的长河中，时间往往会销蚀一切。但总有一些人以自己的智慧、勇气成就了伟业，因而能被后人仰望并铭记，他们是人们心中不可磨灭的丰碑！

可是，自己的历史由别人书写，前人的丰碑是后人立成。这是因为前者需要社会旁证，后者依赖时间筛选。历史上曾有多少人或者是真的有功德，或者是自己认为有功德，为此想自己为自己立下功名碑，却多不能如愿，原因概出于哲学家叔本华所体会的那样："在生时被立碑的人，后代都不会相信这种评价，即使有人侥幸在生前看到了自己真正的荣誉，也多半是年老之时了。"

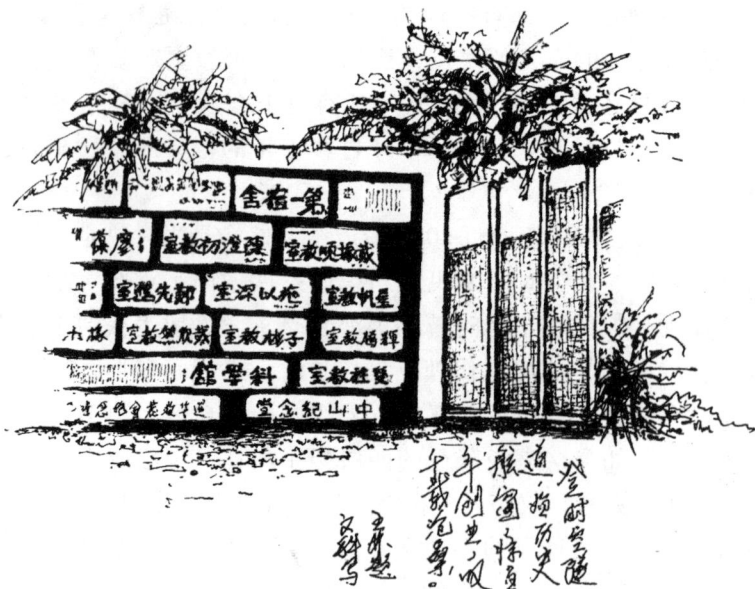

登时空隧道，临历史舷窗。
惊百年创业，叹千载沧桑。

玉林题，文科写

当然，那些当事人也并非只是为立成自己的功名碑而慷慨解囊。他们的心中一定藏着为民族教育、家乡教育、后代教育而努力的宏愿，为此伸援手倾全力，而成就自己的人生。后来人所能做和应当做的，是能通过收集留有他们印迹的承载着他们希望的实体物来记着他们，通过整理那些可以融进历史片段的信息来续成韩师历史并走向未来。

一座校史碑廊，一个不能忘记的灾后重建的史实载体。收集者、建设者与被收藏进历史的捐资者，他们对韩师功莫大焉。

5 古沟办学旧事

到潮州一年后的某天，我与同事去了古沟（今揭阳市蓝城区白塔镇广和村）。我之所以对这个没有什么风景而且交通比较闭塞的地方有兴趣，是因为老韩师人多次提到它。那是在抗日战争时期，韩师曾备受战乱侵扰，校舍损毁严重，后来又为躲避敌寇兵锋，被迫于1939年迁徙到地处揭阳的古沟，后又转移到灰寨乡去办学，其间接收来自潮汕及各地沦陷区的初高中学生，一时间，学校作为当时抗战后方的办学基地，成为潮汕地区乃至其他逃离敌占区的青年学生向往的学校之一。

此前，韩师老校友王兆南（1941年至1943年于韩师就读，曾任广西经济委员会总工程师、广西科学技术协会主席等职），以病榻之躯，应约为韩师百年校庆写过一篇回忆文章——《不屈不挠的民族精神：回忆古沟时候的韩师》，文中翔实叙述了他在韩师读书时的点点滴滴及那些令人难忘的往事，情真意切，感人至深。通过笔者文中的细致描述，我完全能感受到当时省立韩山师校办学的艰难以及莘莘学子对母校持久的眷恋之情。

那是一个晴朗的冬日，我们经熟人帮忙，找到当时已经年逾古稀的张如专老人。张老原是古沟村的党支部书记，少年时赶上战乱，遂就近在韩师附小读书，因此经历过那时韩师艰苦办学的岁月。我们在村中的办学旧址——张氏祖祠前，从早晨到午后，认真地听老先生向我们讲述韩师在古沟办学的故事。

从古沟回来后好长一段时间，我无法忘记张老那历经沧桑仍满是乐观的笑容，他所讲述的一个个故事，一次一次地激起我穿越历史，走进当时一探究竟的欲望。我开始尽力收集史料，找老校友访谈。因为感动，我还想把韩师在抗战时期古沟的悠悠岁月，留下真情从头说，一吐为快。

那是1939年春，日本不断扩大在中国向南侵略的范围，把战火一步步地烧至潮汕地区，开始是利用空中优势狂轰滥炸，搞得人心惶惶，不得安宁。到了当年5月，海边城市汕头沦陷。下一个将遭受蹂躏的对象，就是潮州（潮安）。为了躲避战乱，当时已从广州搬到曲江的广东省教育厅两次向韩师发来电令，要求学校保护师生安全，想法找地方将其搬迁转移。电令说："如无法觅地，即商省立梅师收容。"

　　在潮安县城沦陷前夕，为躲避日军铁蹄践踏，当时韩山师范学校作为潮汕地区硕果仅存的一所省立中学，在李育藩校长的主持下，决定做好准备举校搬迁到揭阳县智勇乡古沟新村水尾寨。在此之前，学校已用公函请求揭阳县政府支持，派出警力封存古沟当地祠堂及未使用的民房，暂时借用作为校址。学校领导也积极努力想办法，租用当地有名的张氏祖祠（聪训堂）作为临时教室和宿舍。安身之处落实后又向家长们发送开学通知书，告之潮汕面临日军侵占的严峻形势，要求他们支持配合学校的搬迁工作，准许子弟一同随往新校舍就读。韩师还向当地潮安县民船公会发函，敦请他们帮忙运送学校搬迁物资。接到请求，潮安民船公会立即行动，派来了 10 艘四肚帆船，载着学校教学用具、图书、仪器和行李，将其运送到揭阳。随后韩山师院校的师生大约有 200 人先后到达揭阳古沟。到了 6 月下旬，潮州城沦陷，潮汕沦陷区中学的一些老师和学生也陆续投靠韩师，到揭阳古沟借读。

　　在抗战时期，揭阳相对于汕头和潮阳，已经属于内陆地区了。而古沟位于揭阳县西北十五公里的半山区地带，它与丰顺城毗邻，远离城区。这在潮汕平原已经沦陷的情况下，是能暂时保证师生安全的好地方了。而且当地自然环境优美，周围处处苍山秀水，树绿草青，虽然当地人的生活水平较低，但是可以满足基本学习条件。

　　韩师租住的古沟张氏祖祠是一个俗称"五壁连"的建筑群落。它的中央是一座五开间三进厅加八柱拜亭祠堂，右侧为"朝阳厅""穆公厅"，左侧为"喜祖厅""佐庐"，都是二进厅、五开间或三开间的祖厅。这些祖厅后面还有"义公室""瑞朝公室""大扬公室"等祖厅和俗称"跪狮"（又称"下山虎"）的建筑物八座。祖祠后面还有"节孝祠"等建筑，祠堂前面有几百平方米的一片空地可供学生活动的空间。总体来看，它的规模较大，基本上能满足学校的校务处、图书馆、仪器室、教室、师生宿舍、厨房、浴室、厕所和操场等教学与生活需要。后因学生多了，学校又租得相邻的何厝围村一座"四点金"民屋以扩充校舍。其中相对较好的房屋，就做了图书馆、办公室、女生和女老师的宿舍。

　　当时的学校是因地制宜，因陋就简，租用十来座祠堂和民房作为教室，大多数祠堂是有窗户、无玻璃，且窗户少而小，光线严重不足，师生们就用一些木板固定起来作为书桌和座椅。教师和学生的宿舍，有的地方还与农户、神龛相处，学生们睡的是架床，分上下铺，有的学生在床头钉上一尺多长的木板，当作课后做作业的地方，晚上各自点带灯芯的油灯，光线暗黄又有黑烟，无论是睡觉还是做作业，上下架床都不方便。但此时正是国难当头之时，全国人民都处在水深火热之中，在这里还能有书读，可以说是十分幸运了，所以相互之间都能体谅。当时学校的要求十分严格，学习风气也好，每到晚上，有的同学还会自带油灯，到教室里面自修。

处于战时的韩师生活还是比较艰苦的，学生每天吃的是自备的米菜，粮多是蕃茨、芋头等杂粮，所谓的菜，则是离学校近的同学从家里带来的咸菜、菜脯，或者是沙茶、普宁豆酱之类的，这便算是菜了。每次吃饭时，学生自己想吃多少米，就往饭盒里放多少米，然后送到饭堂里，食堂的工作人员会拿去一齐蒸熟。教师可以领到省教育厅拨给的一定办学经费和战区膳食补助。但不稳定，有一段时期，每人每日只能领 2 斤白米抵作薪俸过活，常常是吃了上顿，没了下顿。有的学生饿得心里发慌，上课也打不起精神来，从日本回来的翟肇庄老师就会带一些米来接济特别困难的学生，帮他们度过那段艰难的日子。

战争时期，全校师生在抗日图存、民族解放的奋斗目标下团结起来，一边躲避战乱一边坚持教学、学习活动。为了方便当时处于沦陷区的学生前来借读，从 1939 年秋季起，学校除开办普通师范科、简易师范科之外，还特别开设了中学部，招收初高中学生，还根据省教育厅的指令，接收侨生插班就读。

由于汕头潮州为日军所侵占，揭阳作为战时的临时后方，很快成为整个潮汕地区的政治、经济、文化和交通的中心。在日军铁蹄的践踏与挤压之下，当时许多文化精英和教育界名流纷纷到此避难，被迫云集到古沟的省立师范学校任教。

当时的绘画名家黄家泽毕业于上海美专，师从刘海粟，他的一些国画作品曾参加过全国美展。王显诏更是声名俱佳，精通书画、篆刻、诗词、音乐，是潮汕著名的艺术家。1932 年，他还在上海有正书局出版了《王显诏山水册》，一时轰动了整个上海画坛。不少当世名流，像章炳麟、胡汉民、于右任、叶恭绰、蒋梦麟、刘海粟、陈树人、马叙伦、林风眠、沈尹默、冯友兰等近百人纷纷为画集题咏，其中曾任北京大学校长的名家蒋梦麟曾对他的画册评价道"众美集中外，寸毫含古今"。韩师还有早年担任《汕头日报》《星报》主笔和编辑的，当时已是年过半百，胡子和头发都花白了的许伟余先生，其学识渊博，精通古典文学，能把屈原的《离骚》倒背如流。学校里还有一些才华横溢的名家硕彦如张华云、孙裴谷、刘昌潮、罗尧范、郭笃士、林受益、林韬、黄家泽等，特别值得一提的是植物学家杨金书、翟肇庄夫妇，他们曾在 20 世纪 20 年代到日本留学，毕业回国后，翟肇庄又考上孙中山在北京创办的中国大学生物学系，读了四年后回到家乡，经名师王显诏的引见介绍，与丈夫杨金书一起来到韩师任教。虽然遇上战乱，学校迁到山沟里，没有了像样的实验条件，但是他们并不灰心，而是想办法借助古沟自然条件开展教学活动，经常带学生们去野外认识植物，采集植物标本和药材。这些后来都在接受饶宗颐先生的邀请，参与《潮州志·物产志三·药用植物》编纂中派上了用场。

韩师在古沟时期可说是特殊历史上的黄金时代。有人说:"教师为一时之俊彦,学生亦万选之青钱。"正是一些名家与有志于教育的知识分子的加盟,韩师在古沟时期的师资队伍十分强大。有段时间,各地的私立学校也纷纷迁至古沟,这些学校急需好的老师,就用重金吸引二师的老师"跳槽",希望促成"学生走公(二师属公校,收费低),教师走私"的潮流,然而二师的老师无一人为私立学校的钱财所动,宁愿守在一度每人每日只领得 2 斤米的二师。

当时,二师名师济济,他们有着丰富的教学经验,在当地极有名气,甚至这些身着中山装和长衫的知识分子形象,为一些学生所追捧,由此吸引着许多社会青年负笈担箧,前来就读,这其中不仅有沦陷区内的学生,还有揭阳、潮阳、普宁、惠来、丰顺各地的学生。这些学生中后来有许多成了潮汕地区教育界的精英,有的成为革命英才。

高中部的第三届学生林宽,曾连任两届副县长。简师第五届毕业生李世海,在校时是学生干部,毕业后以教师职业为掩护,参加革命活动,后为闽粤赣边纵队四支武工队长、十一团政治部主任、中共潮安县秋荣区委书记,新中国成立后曾任区委书记、副县长。

华侨学生丘志坚在解放战争时期曾任闽粤赣边纵队直属第五团团长兼政委,参加解放潮汕的主要战斗,屡立战功。1960 年以后任军事科学院研究部研究员、陆军第十七军副参谋长、河南省军区副参谋长。

张开明也是高中部第五届的学生,毕业后参加广东的东江纵队,1946 年任中共潮安县工委书记,1947 年被党组织派往台湾从事革命活动,1949 年任中共台中地区工委书记,1950 年在台湾不幸被捕,同年在台北被秘密杀害。1996 年,张开明被广东省人民政府追认为革命烈士。

韩师在抗日战争的环境中,却能将办学规模逐渐扩大。学校原来在潮州的学生人数还不足三百人,而在古沟办学时,由于潮州金山中学停办,经省教育厅批准,韩师同时开办高中和初中,学生就多了。1944 年下半年,韩师再次辗转迁往地处大北山区的原揭阳县灰寨乡下舆村,借崇正小学校址办学,令人稀奇的是在相当困难的条件下,学员人数非但没有减少,反而发展到了八百多人,加上后来又办的附属小学,学校已经达到了一千多人的规模,成为抗日战争时期潮汕地区规模最大的学校。后来,有人对韩师学籍档案资料进行概略统计,从 1940 年至 1947 年,韩师所培养出来的各类师范和高、初中毕业生约占新中国成立前韩师四十多年各类毕业生总数的 46%。

在那个山河破碎、国难当头,中华民族内忧外患的特殊岁月,全校师生积极认真地开展教学、学习活动,并且以极大的热情投入抗日救国的运动中去。因为处在社会动荡不安的特殊时期,韩师办学的重要教学内容之一就是

"战时教育"和"抗日救亡"教育，学校每周一上午第一节课就是举行升旗仪式和纪念孙中山先生的纪念周活动，此时校长或主任要讲政治形势以及一周以来学校的校务情况，有时也安排老师做思想教育专题讲话。许伟余老师就曾做过《从废除不平等条约说起》的演讲，当时他指出："国家需要奋斗，才能获得自由和平等，国家的将来需要我们青年作砥柱，我们如不努力，将来会有第二次不平等条约的来临。青年是黄金时代，一定要努力学习，需要有努力奋斗自力更生精神，力求德智体三育之健全，成为一个'文武兼资'的完善国民。"许老师讲话时慷慨激昂，给学生们留下了深刻的印象。

因战时环境所迫，"学要为战用"，当时学校把加强军事训练作为重点来抓，军训列入正式课程。军训课包括两个方面：一是全校性军事教育和训练，如在"纪念周"上宣讲军训应注意的问题。各班级普遍开军训课，每周四节课，进行基础训练。学生要过军训生活，每天都是天刚亮，听见哨声就得起床，到学校前区的操场集合，跑步早操，在寒冷的冬天，也照做不误。二是学生义勇军和军训团的集中训练。由学生报名参加，以内宿生为主，全校集中进行比较系统的军事知识和技术的训练，每周安排 10 多节课，有时还需要进行武装行军和实弹射击训练。

韩山师校在古沟期间，既坚持正常的教学活动，又根据战时形势与任务，加强战时教育和社会宣传工作。如结合战时形势，进行读书与做人的教育，动员学生努力学习，热诚地参加抗日救国活动；加强军事训练，把军训列入课程；在国难当头的危急时刻，学校成立了社会教育委员会，组织学生投身于如火如荼的救亡运动中，课余参加社会宣传工作。从 1940 年到 1944 年，韩师先后在古沟、何厝围、玉步、渔南、智勇、永睦等乡办民众学校 8 所，由韩师学生担任民校的教务主任和教师，开设的课程有读书、习作、尺牍、常识、算术、珠算、音乐和时事等，既帮助群众学文化，又发动群众参加抗日运动和社会宣传工作。

当时韩山师校作为文化救亡的主力，曾组织演出过大型优秀话剧《雷雨》《家》《愁城记》《夜光杯》《麒麟寨》《凤凰城》《结婚进行曲》《法西斯细菌》等。在韩师借住的金中中学等都成立了抗日宣传队、话剧团（社），此外，也有由工人、市民所组成的类似团体。他们纷纷走上街头，演出了《小黑子》《泪痕》《邓三》《流寇队长》《血洒晴空》《最后一计》《放下你的鞭子》等剧目，这在当时是爱国爱乡人士最活跃、成绩最显著的一项义举。一些爱国青年喜欢运用话剧这一最直接、最受群众欢迎的宣传方式来激发民众的斗志，使当地群众更热爱祖国、热爱家乡、热爱自由，增强杀敌勇气，在鼓舞广大人民群众抗日运动上发挥了巨大威力。

可以想象，在演出过程中，学生们收获的是真正的社会实践教育，这些经历教会了学子很多东西。那时候，物质生活艰苦，但韩师学生的精神生活却十分充实,正是在韩师,学生们知道了人生追求的价值目标与意义,获得了生活的动力,甚至收获了友谊和爱情。像长期从事教育工作的陈仲豪当时因为积极参加学校的抗日话剧演出,为此创作了充满革命激情的毕业歌曲:"别了古沟,到遥远的远方,看一片片白云在飘零。听黑夜里,有我们年轻的雄壮的歌声。满山遍野,燃烧着抗日的烽火。我们热血沸腾,挺着胸膛,走上革命征程……"

"疮痍满目是,此处独峥嵘。"1945年2月,战局紧张,揭阳县城宣告沦陷后,学校再一次大规模搬迁到灰寨村(现属揭西县)办学。因为灰寨距离县城有百里之遥,位于揭西县中部丘陵地带,周围都是山,不是军事要道,可以说是一个有战略优势的地方,而且当地人历来重视教育,韩师到这里来办学,他们自然是十分欢迎,把新建好的一部分灰寨中学校舍腾出来给韩师当主校舍。这些校舍大多被用作初中部和部分简师的教室,还有校长、主任的办公室,剩下的小部分校舍给教师当宿舍。

韩师在灰寨一直坚持到抗战胜利。到了1946年2月,学校雇用了30只尖头船搬运物资,全校师生顺水回迁到潮州城东笔架山麓的老校原址。

特殊的抗战时代,为什么韩师的老师成为一时俊彦,并且人才得以高度集中?联想同在中国抗战中的西南联合大学,那里也集聚了中国许多杰出的知识分子。虽然韩师的师资不能跟西南联大比,但是他们之间是否有一定联系呢?

我想那定与同一时代背景下国民政府办教育的理念有关。当时政府的态度是"战时即平时",大学教育不能停,只要学生还在读书,就表明这个国家的民族精神还在。所以,当时除了北京大学、清华大学、南开大学等中央国立大学,还有很多大学都是有组织地迁到西南、西北、内陆一带。最终,人才得以集中并被保留下来。生活在战乱中的大学,在相持阶段的"读书不忘救国"的环境之下,保存高校学术实力、赓续文化命脉、培养人才并开拓了内陆空间,这是多么正确的决策呀!

6　词园一脉花开

"韩山脉脉钟灵气，韩师岁岁尽芳菲。"

韩师历史上，曾有中国著名的古典诗词研究家、文学史家和书法艺术家詹安泰先生在此任教。又或者地灵乃人杰，正是韩江山水的雨露滋养、诗意的心性和专业的学养，最终成就了这位岭南词人。

早年，岭南词宗詹安泰曾应方乃斌校长之邀，在省立二师任文史教员，那时的他风华正茂，最先教授文史、诗词和近代文学等课程，后来又陆续讲授中国文学史、美术史等课。

当年在学生的眼中，詹先生的形象是："穿着一套丰顺汤坑产的夏布唐装，配一双薄底布鞋，衣着朴素，中等身材，清俊潇洒，精神饱满，虽然只有二三十岁，却显得老成持重，大有儒者风度。"谈及詹先生的教学风格，他鲜有对文章的逐句分析，多是大写意般的滔滔不绝的讲解，好像整篇课文的内容全部融进了脑子里，只要打开话题，就像泉水涓涓不息地流动。每讲到激动处，伴着喉咙里发出的高亢声调，他会声泪俱下，学生们的心也会随之跳起来，随着老师讲话的语气变化一起律动。

詹安泰先生在新学昌盛的 20 世纪执着于古典文学研究，潜心于词学方面的教学与创作，成就斐然。他与夏承焘、唐圭璋、龙榆生并称"现代中国词学四大家"。他精通古典文学，对戏剧散文也独握精要，亦是书法大家。在省立二师期间，课余之暇，他常常应约为亲友学生写书法条幅。当时在广州举办的名家书画展中，总少不了他的书法作品，甚至在中国北京、日本东京的书法展览中，也有作品被选中。因为在诗词歌赋、古典文学等方面的辉煌成就，詹安泰声名鹊起。1938 年，他被聘为广州中山大学的中文系教授，后又任教研室主任、系主任。

古今中外，师门之事从来都是大事，而且具有传统。像古希腊是先有苏格拉底，才有柏拉图、亚里士多德；中国古代是先有孔子，然后才有曾子、子思，再有孟子。如同日本藤野严九郎先生之于大文学家鲁迅，美国杜威先生之于中国大教育家胡适，优秀的教育家从来都以培育提携后生为本，教育才可能世代相袭。身为名家大师的詹先生也不例外，从省立二师到中山大学，詹先生一生未离教坛，对学生极尽关爱和呵护，不厌其烦地答疑解惑，常使学生茅塞顿开。他当年在中大的学生、后来的中大中文系教授黄天骥回忆老师时曾动情地说："他讲《诗经》，语言表达并不生动，潮州口音又重，但他旁征博引，爬梳剔抉，强烈地吸引着自己，由此爱上了古代文学。"

在省立二师，人们常常提起詹安泰先生慧眼识英才的事迹，正是他发现了后来名声远播于海内外的国学大师饶宗颐。据詹先生的长子詹伯慧回忆："父亲比宗颐先生长15岁，那时饶宗颐先生还是一位二十多岁的翩翩少年，但已经在其父的培育下饱读诗书，熟谙艺文，还能吟诗作对，是位有名的'潮州才子'。"因为有这样的情谊，詹安泰在省立二师时，曾因自己有事要办，向校长鼎力推荐饶宗颐代他讲国文课。据说当时初出书香世家的少年饶宗颐欣然受命，实践证明，这位少年果然不负詹先生所托，面对和自己年龄相仿的学生，讲起国文课来条理清晰，显示出良好的国文基础，受到同学们的热烈欢迎。饶宗颐这段代课经历，也为他日后有机会受詹安泰举荐，成为中山大学研究员铺就了顺畅道路。只可惜那一次，饶先生出行应聘多生波折。他到广州后，听说当时的中山大学因广州沦陷，已被迫迁往云南澄江，饶先生决定前往赴约。但是当时需绕道香港入滇。不料路途坎坷，因为途中生病被迫滞留香港，最终没有成行，竟然因此错过了与中山大学的情缘，在香港落脚直至晚年。

名师出高徒，有觉悟的先行者身也必有可传承衣钵的后来人。早在二师时期，詹安泰就培养出了自己的得意门生蔡起贤。

蔡起贤出生于潮安彩塘镇一个村落，年少时曾在省立二师读书。詹安泰先生对这位聪颖又勤奋好学的年轻人十分看重，有意纳入自己门下，悉心栽培，平时经常带他到自己家中阅看自己的藏书并破例任他借阅。有时，天色晚了不方便回去就留他吃饭。因受名师悉心指点，蔡起贤的词艺和学业大有长进。据说，当时詹安泰先生曾写了二十阕《浣溪沙》，学生蔡起贤亦能写出二十阕与老师相和。

蔡起贤20岁时经詹先生介绍，与同龄的饶宗颐先生结交，又有机会得以饱览饶宅丰富的藏书，并与饶老切磋学术与治学之道，耳濡目染，获益匪浅。他曾在纪念詹安泰先生逝世二十周年的《詹安泰纪念文集》中回忆说："当年詹老师的寓所在潮州城里的胶柏街，在五间平过的楼房楼上，院子很清幽。家中的设置很简单朴素，可是满目图书。靠右边最后一间房子，就是詹老师读书工作的地方。我在学校听课之外，常常是星期日到胶柏街詹老师房读学校图书馆没有收藏的书。詹老师对我是毫不吝啬的，我要读什么就翻什么。他曾说：'你珍惜书籍，不弄脏弄坏，我很放心，只要你读得懂或要读的书，都可随便取阅，也可带回宿舍，细心研读。'要是我偶然有一两个星期天没有到他家，他就打电话来唤我……詹老师的家，就好像我的家。"

　　1939年从省立二师毕业后，蔡起贤留在省立二师从事教学工作，又有机会涉猎省立二师图书馆的厚藏典籍，吮吸传统国学文化的乳汁，丰富自己的知识储备，为日后成为潮汕知名的学者、诗人打下了良好的基础。1946年抗日战争在全国胜利后，饶宗颐先生任潮州修志会主任，在主持纂修新的《潮州志》时，曾邀请蔡起贤担任修志会秘书，蔡起贤殚精竭虑地工作，最后果然不负老师之托。这一段经历，又让蔡起贤进一步积累了丰富的地方史知识。

　　斯人百年娇艳，必经雾雨雪风，蔡起贤的人生道路也曾多遇坎坷。特别是1957年那一场反右斗争，几乎把这位勤勤恳恳尽心教育事业的教书先生推上绝路。1966年开始的"文化大革命"，使他再次遭受折磨，将他珍爱的藏书、文稿及珍藏20年的詹安泰先生的书札、手书、词笺和诗笺等扫荡一空，这使他备受打击，近乎绝望。

　　党的十一届三中全会召开之后，蔡起贤的冤假错案得到平反昭雪。寒雪之后梅花开，他重返教坛，先后在汕头教师进修学院、汕头教育学院担任教职。75岁那年，潮汕历史文化研究中心成立后还邀请他"加盟"。年届花甲的蔡老又一次看到了"满目青山夕照明"的希望之光，这令他"马不扬鞭自奋蹄"。他凭借深厚的功底，先后写出几十篇有关潮汕文化溯源、潮汕先贤、文艺研究、史实辩证等几个方面的学术论文。他还对一些学术性强、难度较大的潮州前人文化成果，如《潮州诗萃》《蓝鼎元论潮文集》《周光镐诗文校注》等古籍进行选校审订，完成了许多年轻人无法完成的工作。

　　蔡起贤先生博学多才，博闻强记，在当时被人称为"活的百科全书"，他对潮汕的历史人物、史事、风物、民俗和掌故几乎无所不知。几十年前的旧事，他眼见的、耳闻的，甚至人物姓名，大都能滔滔不绝地讲述出来。不少学者在学术研究中碰到疑难，常常登门向他请教，得到的回答多是令问者满意的。有些一时间难以辩说清楚的难题，他会翻书阅卷找材料，绝不主观臆断。这种严谨治学的态度和诲人不倦的精神，深得同仁与学人们的赞誉。难怪研究中心有人说，蔡老像一座山，山里蓄积着许多宝藏。

　　蔡起贤主要以诗文名世，而他的书法因得詹先生的真传，深得工巧与古拙相融之妙，更好地体现了文人书家的特有情感与意趣。人们一般评价他的书法风格远接唐宋，直追魏晋，古朴内蕴的力度与文雅流宕的气韵融为一体，韵味隽永，自成一家。

　　1967年4月，人在广州的詹安泰先生因患淋巴癌不治，与世长辞。得知先生仙逝的不幸消息，蔡起贤心生痛悲，动身前往广州参加先师葬礼，将最后能为先生送行视为安慰。2002年是詹安泰先生百年冥诞，中山大学举行盛大的纪念活动。蔡起贤又一次应邀而行，以85岁的高龄来到广州，和与他同龄的饶宗颐先生以及当年同是詹安泰学生的陈伟南先生，相聚一起出席纪念活动。

岁月无情，2004年，就在参加祭奠詹安泰先生的百年冥诞活动两年后，蔡起贤先生也与世长辞。此前，潮汕历史文化研究中心已经意识到对老人的人本文化资源进行抢救性挖掘的价值与意义，曾商议派一位学者经常与蔡老联系，把他蓄积在脑海里的潮学知识记录并整理出来，可惜因种种原因未能落实，最终成为潮学文化研究中不可挽回的憾事。

为师者重在传道，詹安泰先生作为词学大家在中山大学任教时，以他自己的学识与人格魅力，曾深刻地影响了许多学生，后来成为韩师中文老师的陈新伟就是其中的一位。

陈新伟老师曾在纪念詹安泰先生的文章中提到先生对自己的影响："进入中山大学后的一个周末，朋友带我到西南区64号詹安泰先生的寓所，朋友把我的姓名告诉詹老师。隔着书案，他问我家在哪里、哪个学校毕业等。随后，介绍他正在为新同学串讲屈原《离骚》准备讲稿。"而后，陈新伟还在一些场合多次提到过老师詹安泰："记得先生讲授《离骚》时，经常以他最娴熟的词作为佐证。引用最多的是李煜、纳兰性德等大家名句。记得最深刻的有'离恨恰如春草，更行更远还生''旧恨春江流不尽，新恨云山千叠'。"

陈新伟老师是潮州本地人，早年就读于中山大学，毕业后曾被分配到江西景德镇工作十九年。1980年，一些高校师资短缺，求才若渴，纷纷出台优惠政策吸引人才。陈新伟老师在单位领导以"给房子、升工资"为诱惑的挽留中思前想后，最后还是回到潮州老家，到刚成立不久的韩山师专当老师直至退休，韩师成了他后半生精神文化相托的家园。陈新伟老师在中文系讲授"写作""古代文学""中国古代文学史""诗词写作"等课程。他给学生留下的印象是学识渊博，讲课风趣幽默，包罗万象，能道出中华文化历史的脉络与精髓，能用诗语写尽唐宋风流。在那个信息资源有限的时代，这让没有见过多少"世面"的大学生们听得如痴如醉。

陈新伟老师在韩师的三十多年里，经历了学校由师专升格为本科院校的全过程。虽然作为韩园里默默奉献的"园丁"，他平凡地走过一生的轨迹，却处处点染着作为教师不可缺少的"身正为师、德高为范"的价值追求。

2003年，陈老师到了退休年龄，本打算在家颐养天年，可是那年韩师中文大二班教古代文学史的一位外聘老师上了几节课就离开了。无奈之下，系领导请陈老师出山任教。他没有推辞，以七十多岁的老叟之躯站在当年曾站过的讲台上开启了新一轮的教学之路。

受詹安泰先生的影响，陈新伟和他的同窗好友郭启宏都比较喜欢古文学和古诗词。据陈新伟自己说，早年在学校读书时，唐诗宋词能背下来的就超过一千首，这种爱好自然也会融入他的教学过程中。他认为与其让学生分析某些作品，不如让学生直接写诗填词更好。先生曾说："我教学生写诗填词，作业就是写诗填词，首先是从填词入手。有一次我和郭启宏说起来，他学习诗词也是从填词入手的，跟我一样，那为什么要先填词呢？因为词是上通诗，下达曲，充乎其中。诗的格律与词不同，特别是在用韵上，词用韵很宽，可以选的字很多，诗则不然。我对学生的要求很严格，学生错一个字，我都要指出来，让他们自己改，我再来看。我不管文采，文采也就占几分而已。格律正确就可以，正确之后，写多了自然就成为你的习惯。"

当时，这位在学生面前已是爷爷辈的老师，在教学时还是那么认真。他戴着老花镜，与学生一起研读诗词格律的基本知识，教授学生如何查韵用韵。他还要求学生每周都要写一首词或一首诗，把作业交给他。他会一字不落地认真批改打分。如此一来，学生写诗填词的水平提高得很快。因为这样的诗词交流，他与一些学生也成了忘年之交。记得2005届学生毕业时，全体学生约有400人，他向这些学生承诺，要为每个人写一副对联或一首藏头诗，后来果然兑现了自己的承诺。后来许多同学回忆说，每周上课，学生最期待的就是老师为哪些同学写诗了，是否轮到了自己。遇到这样一位好老师，学生们爱好填词写诗就不足为怪了。

陈新伟擅写藏头诗，如他赠给庄秀君学生的藏头诗："庄园虽小善铺陈，秀木奇花景色新。君子国人才干伟，诗词歌赋最情真。"这诗中不仅含有学生的名字，还将自己的名字藏于其中。还有一学生陈彩绚曾作一首七律诗《春》："窗外天桃已报春，花团锦簇俱争新，微霜有意添纱簿，大雨无情却拂尘。滂沛韶华务爱惜，峥嵘岁月愈堪珍，有情须让情常纵，莫使空樽对月神。"陈新伟在批改时为其感动，便在批改时附了一首精彩的和诗："蜡梅乍绽已临春，缝隙初开意态新。经典常温养理性，小诗多作靡心尘。高山流水人间罕，习近德邻私自珍。倘有佳篇冀寄赠，可吟可和可怡神。"优美的词句中蕴含着循循善诱之情，爱生之心。

陈新伟多年和古典诗词打交道，追求唯美意境，是百年韩师的浑厚积淀，赋予了他写诗填词的灵感，诗成了他生命的组成部分。他曾为第七届国际潮学研讨会撰写对联，盛赞国学大师饶宗颐："潮撼五洲，着眼中外；学风十邑，立心古今。"此联大气磅礴，得到当时为中山大学文学院院长陈春声先生的嘉许，他见此联便眼前一亮，评价说作者具有国际眼光和博大胸怀。

韩师杰出校友陈伟南先生八十八岁寿诞时，陈新伟为其作赋二首，将"为陈伟南米寿赋诗"八字嵌入诗中。其中一首是："为究乡邦长夜天，陈蕃负笈二师研，伟奇骐骥当徒弟，南北沟通得上贤。米秕可厘参美政，寿夭有数善高年。赋才兴学芳桃李，诗咏菁莪续绵篇。"在诗中把陈老比作东汉时不扫一屋而扫除天下的大丈夫陈蕃，赞其志操高洁，兴学育人。

韩师另一杰出校友陈复礼先生九十岁生日时，陈新伟以"寿陈复礼九十华诞"八字藏头诗为其祝寿："寿民伟艺铸情耽，陈寔懿风传岭南。复旦河山万幅美，礼贤黎庶未心渐。九功渊识快门聚，十力宏才深赏醅。华问五洲称泰斗，诞英兰桂苗青蓝。"颂赞陈复礼先生像东汉有志好学的清正之官陈寔一样有爱民生之德，造福于民。

陈新伟先生一生总计写诗有两千余首，驰骋在诗词文园之中，他喜爱的是文人雅士的那种自我满足感。1997 年 7 月，当时赵松元老师作为班主任所带的中文系 9301 班毕业，感慨之中，曾为自己的学生毕业吟诵七绝留别："四年磨砺不寻常，终得骊珠奔大洋。天有风云宜放眼，好将浩气铸华章。"陈新伟得以先睹同仁之词，受其感染，即和诗二首，其中的一首是："相处数年缘岂常，古今文学比华洋。问君本领孰相识，乍破题儿第一章。"还有一年，同事黄景忠举行完婚大礼，他为之撰写贺联："景圣仰贤文瑰玮，忠诚敬业韵珑玲。"嵌字联中嵌入了景忠、玮玲伉俪的名字，字美意长。

时间消逝人渐老，岁月竟然无情多，陈新伟老师不得不离开他心爱的韩师讲台。2010 年 7 月 22 日，学生蔡凌燕登门拜访时，先生的听力已大不如前，为学生冲茶的手已有些颤抖，但他还津津乐道，说自己一直在读《全唐诗》，正读到 34 卷，还想着去给学生上课。他还说自己退休后，黄景忠处长曾请他为韩山师院的十多位领导同志题写藏头诗。那自豪之情，溢于言表，完全忘记了自己年老之态。谈兴之余，老先生又赠给蔡凌燕一首藏头诗："蔡邕有语抚弦陈，凌厉音清气韵新。燕子当如鸿志伟，翱翔横海显心真。"这里面不仅有蔡凌燕名字，还嵌入了自己的名字。

由于劳疾，陈新伟所患肝病已到晚期，最后的手术也没有能挽救他的生命，2011 年 4 月，带着还没有完成出版自己诗词集的遗憾，先生不幸仙逝。

长期以来，陈新伟借杏坛三尺，身体力行，教过许多学生。他以诗省世，以诗传文，同时教习韩师学子写诗填词，使词园一脉花开，其功大焉。诀别之际，他的弟子悠然曾用诗与词的方式悼念自己的恩师，其诗曰："一首拙词一首和，培桃育李醉吟哦。难违天命忽仙逝，太白宴君侃称魔。"

陈新伟与郭启宏有同门校友和同乡之谊，而且早年曾在韩师专门开设"郭启宏研究"课程。郭启宏何许人也？1961 年，他从中山大学毕业，后主要从事戏剧创作，曾任中国评剧院副院长、北方昆曲剧院副院长，后来调入北京人艺成为专业剧作家。在文学领域，郭启宏 20 世纪 70 年代因创作《向阳商店》而一举成名，代表作有京剧《司马迁》，昆曲《南唐遗事》，话剧《李白》等，特别是由濮存昕主演诗人李白的这一话剧，曾在人艺演出多年而不衰。创作并拍摄播出的电视连续剧有《白玉霜》《朱元璋》等。他还长期从事小说、散文、戏剧等的研究和创作，发表各类作品逾八百种，近一千万字，其中，获国家级奖的作品 30 部（篇）、京沪市级奖的作品 61 项（次）。戏剧界称郭启宏为中国当代戏曲创作"三驾马车"之一，有"北郭南魏"之说，曹禺曾集杜诗"读书破万卷，下笔如有神，白鸥没浩荡，万里谁能驯"以赠郭启宏，王季思称其是"兼有作家天赋和学者功力的才子"，"是一个有才、有学、有识的人"。

郭启宏自述经历也颇有雅趣：

粤之潮人，生于 40 年代初，从小听潮声，操潮语，食潮菜。居有书香，室无铜臭。自汕头金山中学至广州中山大学，风正一帆悬。50 年代中后期，父兄罹难，家道遽变，蒙袂辑屦，日夕潜读于校图书馆。恩师王季思先生不拒曲士，金针度人，每有教诲，必三复斯言，自此学业精进。60 年代初，毕业分配来京，初文化局，次评剧院，次昆曲剧院，80 年代末，落籍北京人艺。数十年来百味半尝，追思谈笑，往往佳趣，一入毫端，未免断肠。想来从政无能，经商不敏，此生唯与文字交。或读或写，生命不息，读写无穷期。

陈新伟曾写过《不随大流的郭启宏》颂文称赞自己的同窗好友，述说他写就誉满京华的代表作《司马迁》，以《南唐遗事》步入被誉为"百戏之祖"的昆曲领域，引领了全国几十个剧团竞演南唐戏的新潮流；并以满票获得戏曲创作领域最高桂冠的文华奖。郭启宏还以古希腊悲剧为素材，糅制成既合乎外国风情又具备中国韵味的《武拜城》，在雅典和哥伦比亚戏剧节演出，交出了一份场场爆满的答卷。陈新伟夸赞他一人能拿出五十部作品，在话、昆、京、越、梆子、评、莆、潮等十余剧

词园一脉花开

种间纵横驰骋；从自己的视角上提出一种戏剧理论。并将此成就归结于独辟蹊径、不随大流、自我超越所取得的成功。

陈新伟先生为同窗的卓越成就而骄傲，曾为其填十二阕《双红豆（长相思）》词为贺，其中第一首曰："曲文狂，破天荒。半百锦篇南海香，挑灯佐玉觞。图文镶，韵蔷扬。话越昆京百戏场。剧坛无冕王。"词中表达了对校友

的由衷赞叹。他还著诗直言相颂好友："独辟径蹊途不平，艺超自我赖营营。潮流辨识趋违别，成就铮铮郭启宏！"

人之别世，挚友心凄，在北京的郭启宏听到潮州故友来电告知陈新伟已去世的消息，悲不自胜，复作一首悼诗，电传给陈新伟之子阿笙，以悼新伟陈兄："役役终身祇识书，杏坛三尺一鸿儒。谈经论道心趋古，孤往迳行性近迂。教习诗词功莫大，掀翻腹笥意犹初。惜乎伯乐不常有，便跃檀溪骏也驽。"

韩师诗坛文学之园花开不绝，这是进入 21 世纪韩师人的骄傲。

7　动荡时期的师专

　　21 世纪初的韩师，在山顶田径场旁有一块门球场地，它占地空间不大，却因地处高台，在婆娑起舞的树影之下，暑不过热，闹不极喧，是一个健身活动的好地方。只要是在清爽的清晨，或是在晴日好天气，就能看到十几位老人在挥杆玩门球。他们多是年逾古稀的韩师老职工，这令人心轻气闲的健康环境，足以使他们静下心来享受属于自己的生活。他们挥杆瞄准时不紧不慢，观阵时又极为专注，时常为了能打进一球，几个人凑到一起商量，再由一个人上前起杆，负责准确地击球入门。如果出现击球入门的精彩一杆时，老人们还会给队友掌声以激励。

　　他们是韩师第一缕晨曦照耀下的充满怀古韵味的跳动音符，是最后一抹晚霞映衬出来的木棉和红叶。

陋室只因木棉美，危楼全倚韩山高，
放眼能穷千里目，遐怀可登万丈霄。

玉林题，文科写

　　我在早上锻炼时，有时也会特意向东区方向转一转，跑过有着长长上坡的近二百米的石板路后，驻足在门球场地，就着歇脚小憩的机会，来看那些老人玩球，如方便，还会与他们聊上几句。时间长了，便认识了几位，如张惠璋老师、郑爱珊老师等，还有陈启泉老师和他的老伴。他们就住在笔花园内，这么说来，我与他们还是邻居。我在晨练时，会看见他们一同携手出门，上班时又时常赶上他们回来。晚上,时常看见他们坐在韩文公祠门前的花坛上,静享夏天落日后的清凉。

我从他们那里听来许多有关韩师的历史故事,张惠璋老师与我谈得最多。说起韩师在新中国成立后的反右、"大跃进"、"三年自然灾害"那些特殊时期的历史,他们多能如数家珍,沉重的话语中又掺杂着经历沉浮、如鲠在喉的沧桑之感。

一段在艰难生存与发展中摇摆前行的历史大幕,总会掩着一些不可忘却的人和事,每打开一幕,都可说是令人心动的一章。

1946年春,因逃避战乱而到古沟办学的韩师搬回潮州原址。

当初日本人在控制潮州时,他们曾把韩师作为屯兵的营地,一些远征至此的黄皮大兵就选择在教室里面烧柴取暖,生火做饭,使已经受蹂躏的校舍更加破败不堪,加上后来长时间无力修复,这所学校已是风雨飘摇,不堪摧残。张惠璋老师回忆:当时学校门就是一个大斜坡,左边是破烂狼藉的操场,因为地势比校门还低,所以韩江一发大水,就把学校泡成一个大池塘,严重时甚至可以在校内划船。校内建筑中,所谓的大礼堂不过是一座用竹板架起来的大棚,学生浴室建在外面靠近江边的地方,也是个竹棚。围在韩文祠附近的教室和学生宿舍,都是木板房,在它前坡也盖满了许多简易的棚子。

劫后余生,校舍虽残破不堪,但是抗战胜利的喜悦还是鼓舞着韩师师生。老教师许伟余便是亲历这些磨难走过来的,他也是"人一动情就作诗"的性情中人。在他的诗作《别花(灰)寨》中写道:"来时雨霏霏,别时风肃肃。本自小溪来,还向小溪逐。流转复流转,何时才结束?即此悟人生,稽首礼白足。"到达韩山,还能在韩文公祠栖身,这已经是不错了,许伟余的心境自然也豁达得多。他还写下《韩山补壁》:"言从山中来,还向山中住。破壁不遮风,聊用新诗补。战祸虽云夷,生事犹良苦。一枝得暂托,意讵异赁庑。古哲亦何人,萧然环其堵。况兹迩韩庙,诗文窃宗主。门前甘棠亭,门外韩江浒。皆古之遗爱,于我咸无迕。聊此静厥心,经论试参伍。"

1946年,战后的韩师最为急迫的任务是重建校舍,为便于开展工作,韩师成立了修建校舍委员会,王显诏、蔡起贤等任委员,开始筹募捐款。但是时局很快发生变化,抗战虽结束,全面内战却爆发了,刚刚从日本侵略战争中解脱出来的师生又被迫卷入内战的旋涡之中。

战事日益严重,韩师苦苦支撑,断断续续地开展教学活动,尽力维持学校的正常秩序。身临黑夜盼天明,总算熬过了痛苦的三年战乱。

1949年初,国民党的败局已定,中国的前途命运已经十分明晰。此时韩师的各项教学工作已恢复正常,当年便开始招收新生。这是经历战争后的韩师所要做的一件大事。学校在招生启事中公开申明不收学费,校方每月提供36斤大米。听到这个消息,潮汕当地、梅州和汕尾等地的几百名青年应声而来，参加入学考试，学校为收录学生做足了准备，最终录取200多名学生。

学生入学初期，重要的任务之一就是参与清理校园的劳动，还要克服生活上的许多困难。如在吃的问题上，学校给学生的大米不是实物，而是发大米纸质单据，学生需要到固定的粮食加工厂以票换米。那个竹木搭成的大礼堂，开会时做会议厅，平时就成为学生们的餐桌，每八个人为一组围在一起吃饭。

社会动荡和环境恶劣并不能影响韩师办学的热情。韩师作为粤东教育的一方净土，依然是学生们所向往的乐园，特别是那些刚入学的学生，更是对韩师的校园生活充满憧憬。新生萧琦芳曾在其作文《我到韩师的第一天》中写道：

我到韩师的第一天，感到校内的情形和家中的大不相同。许多女同学的样子和男同学无一不同，觉得非常之感动，又感觉现在的女人们都有勇敢的精神。我想在这里读书，非常之好，因为野外的地方是很大。读书时决不会杂乱的，所以我就去到野外游玩。我看见这里的同学非常用心读书，又看见许多人在野外读英文，所以我就想到这里的英文程度一定是非常之高。

1949年10月1日，中华人民共和国成立。不久，国民党政府残余势力退出广东。10月23日，潮安获得解放。12月27日，粤东行署、潮安县军事管制委员会派郑淳作为军代表接管韩山师范学校，五个月后，任韩师校长。

郑淳1912年生于揭阳地都钱岗乡的一个富裕农家，他十分聪慧，从小学一直读到二师的师范科。九一八事变后，郑淳选择投身抗日救亡运动，与同学陈贤学等人，在校外办夜校，又暗中出版刊物《罡风世界》，抨击时弊，公开提出拥护苏维埃政权，利用夜晚在各教室散发。此举惊动了该校校长李芳柏，他对这些学生，既赏识他们的才情胆气，又担心他们的安全，便立刻找他们谈话，让他们马上收回已发期刊，并劝其回乡避难。但事情很快就被该校训育主任陈伟烈（国民党员骨干）报告给当地驻军李扬敬部。李校长认为这些学生有被捕的危险，便让他们立即远走避难。他叫来会计退还学生的膳食费，还资助每个人50元路费。时间紧迫，郑淳与陈贤学等人急忙乘船前往上海避难。待人走后，学校立即出布告开除他们。尽管做了这些努力，后来还是发生了军警围校，扣捕李芳柏校长和部分学生的事件。

郑淳逃离到上海后，继续参加革命活动。是年8月在执行领导布置的张贴传单任务时被捕入狱，在狱中待了三年后回到潮汕，从事教育的同时继续参加政治活动，成立党组织，任党支部书记，并参与普宁第三区区委和中心县委的工作。中华人民共和国在北京宣布成立时，他接受汕头党组织的指令，接管潮汕地区的揭阳第一中学，一个月后，又任军管会代表并接管了韩师。

郑淳在韩师时，看到学校党团组织力量不强，学生自己成立的"学生自治会"倒是影响很大。为使韩师尽快摆脱旧式教育的影响，把母校办成新型革命学校，政治性强且有着丰富管理经验的郑淳采取了一些有力的改革措施。

郑淳先是成立校务委员会，将其确定为学校的最高决策机关。学校重要事务都得在此讨论决定，实行统一领导，又把过去的教导处与教务处合为校务处，实行校务工作一体化。他还在课程设置上进行了改革，将过去的军训改成体育，军事教官改为体育老师。公民课改为政治课，还把文科教科书中反动的封建的章节删除，增加一些符合当时形势要求的革命内容。没有政治老师，就找思想觉悟较高的青年教师担任，有时还自己亲自上课，后来政治老师陈史坚的加入，使师资力量得以加强。

郑淳作为军代表，紧跟当时政治形势，组织师生投身于火热的政治斗争之中，开展各种有益的课外活动，如配合当时减租减息、清匪反霸、抗美援朝、"镇反"、"土改"等政治运动，这样既符合教育的政治服务，也实现了课内外相结合，它不仅提高了师生的思想觉悟，也锻炼了他们的工作能力。

1950年，中国人民开展"抗美援朝、保家卫国"的伟大斗争，为此学校也积极行动，成立了抗美援朝委员会，成员有郑淳校长、许雄定副校长和林绍翰。

林绍翰1914年生于广东饶平，年少时在二师读书，与郑淳是同学。他17岁便开始任小学教员，直至小学校长、公学校长。抗战时弃笔从戎，任南山抗敌同志会宣传副组长、国民党鸿海区党部书记、广东第五专区中心学校校长、第五专区党政军黄冈联合检查所总干事。抗日胜利后在饶平县政府任行政科长、看守所所长、警所巡官等职，直至1950年到韩师任教。

韩师将支持抗美援朝当成革命工作的重要一环，开始大造声势。有一次正在搞活动，操场上红旗招展，引来了国民党的飞机，他们在上空打机关枪，但在场师生却毫不恐惧，坚持把活动搞完。学校还在西湖广场上召开全校师生动员大会，林绍翰做了慷慨激昂的抗美援朝、保家卫国的动员报告，学生们热血沸腾，争先恐后地报名参军，经组织甄选批准后，便奔赴鸭绿江前线。

林绍翰班上的林海山应征入武，临出发前，林绍翰把当年受奖的一块挂表送给自己的学生，林海山就带着这块表上了前线。简师三班的吴为豪被挑选为空军，最后被安排做了地勤工作，后转业到企业里做了企业领导；同班的廖月婵是个女生，参军到了鸭绿江边。郑万智参军后做过师级干部。后来成为韩师政治老师的陈慈流老师当时也曾报名参军，第一年体重和身高偏低，没被批准。直至身高和体重达标，才实现了加入志愿军的愿望。入伍后参加军训，集训结束后准备参战，这时由于中美和谈成功，不需要军人入朝作战，陈慈流又一次错过机会，这成了他一生的憾事，每每遇人提起此事，他都会感慨一番。当时还有一个叫彭紫苏的女生，平时学习成绩非常好，几乎每科都是满分，当时就被抽调到中央人民广播电台对侨广播组。后来在给当时的政治教研组长姚世雄老师的信中，她把落款处写成"小牛"，取意鲁迅的"横眉冷对千夫指，俯首甘为孺子牛"以表达她当时投身抗美援朝的决心。

当时学校的全体师生同全国一样，积极投身于抗美援朝的伟大斗争中，特别是年轻教师，不能参军，就积极捐钱捐物，就在抗美援朝的捐献活动中，全校师生捐款共达 2 100 万元（旧币），这对当时生活困苦的师生来说是极难做到的事情。

1952 年 9 月，郑淳校长的带队任务还没有结束，就被派往北京师范大学举办的"学校教育专修班"学习。在京进修一年后，即被组织改派任省立金山中学校长。1957 年后到广州工作，先后任广州市文教办副主任、广州教育学院院长等职。1997 年，以 85 岁高龄在广州逝世。

郑淳校长走后的几年里，韩山师范学校有一段暂时的平稳发展时期，潮安县人民政府征用校门两侧民房宅基地，作为扩大学校建设用地，在校内建成第三宿舍楼。作为交换的条件，学校在潮州城内的 8 处铺屋交由政府代管。学校原在潮阳、澄海、饶平、丰顺等地的田园，在土改中由各地政府收公或分给了农民。学校的办学经费由国家负责从地方财政上拨款，办学条件得到了改善。

随着办学经费的逐年增加，进来的人才也多起来了，教学岗位上出现了一批优秀教师，如数学老师杨德润曾是解题高手；化学老师林士松，后来成为韩山师专化学系主任；音乐老师林克辉，后来成为潮汕著名的小提琴演奏家、作曲家；生物老师翟肇庄，曾是日本留学生，讲课精彩，名气很大；特别值得一提的是教导主任兼教地理课的陈史坚老师，曾做过地下党，有过辉煌的革命经历，在教学上也颇有所成，还出过《中国的地形》《中国的河流》两本书。陈史坚老师给学生留下的印象是：教课时戴着眼镜，手拿报纸，但从不看报纸，在礼堂里走来走去地给同学们讲时事政治。每天吃完饭，学生们一般会去他的宿舍，与他聊聊天，会获得许多知识。

那时学校紧跟当时的政治形势，大力开展"学英雄、争先进"活动。新创集体英雄主义教育，把师三（辛）班命名为"保尔·柯察金"班，把师二（甲）班命名为"马特洛索夫"班，把师一 503 班命名为"董存瑞"班。还有一个班全是女生，就起名叫"赵一曼"班。后来这些班里走出了许多优秀的师范毕业生。

然而好日子不长，"山雨欲来风满楼"，先是 1956 年开展全面的"肃清反革命"活动，全校师生到汕头市集中学习，对"反革命分子"进行清查围剿。到 1957 年，反右风暴又像太平洋海面上生成的台风，突然刮了起来。中共中央发出《关于整风运动的指示》的通知，当年 6 月，韩师按照党中央的指示精神，开始从事相关工作，在当时县委委员兼校长陈伟的领导下，各政治学习组和积极分子开展活动，逐渐地把最初的整风运动引向深入。

继反右斗争之后，"大跃进"运动又开始了。受其影响，韩师也要完成高指标，进入大办工厂、农场和教学改革的"大跃进"时代。该年秋，学校便改名为汕头韩山师范专科学校，扩大规模，面向惠潮梅地区招生。

当时汕头地委主管文教工作的副书记李雪光兼任韩山师专校长。

李雪光是个老革命，他 1918 年出生于普宁，早年就积极参与革命斗争，抗战时期投身抗日救亡运动，解放战争时期曾任中共普宁县五区区委书记、县宣传部部长、组织部部长、县委书记等职。新中国成立后调任为中共汕头地委副书记，因为主管文教战线，所以在汕头韩山师专成立后兼任校长达五年之久。在此期间，副校长像走马灯般地换来换去，他却一直没被换。后来，他从韩师调到广东省文化局任副局长、局长，后来又升为省人大科教文委、华侨委员会副主任。直至 1988 年 70 岁时才算是真正离开工作岗位，2005 年去世。

到了全国开展人民公社化运动的时期，韩山师专的教育经费相对充足，教学设施也有了一定程度的改善，学校新建了教学大楼和学生宿舍，还就近增建了两个农场。因为一切都要"大跃进"，当时师专的调子也是定得过高，基本建设要"大干快上"，结果在资金短缺时，还是"先生产，后生活"，有限的钱都用在教学设施上，教师的待遇急转直下，使原本就艰苦的生活每况愈下。政府每月给每位老师配 21 斤粮食，无油无肉无糖无水果，很多人三餐吃不饱，只有一些粗劣青菜佐食，因此常常饿肚子，一些年轻人甚至出现水肿状态。

"大跃进"后期，国民经济出现了严重困难，办学经费不足，负担不起办学的费用，无以为继。中央政府被迫提出"调整、巩固、充实、提高"八字方针，对于办高等教育，规定一个地区只能办一所学校。广东高教局调整高校设置的战略布局，能上则上，上不去就调下来，于是派了一个工作组来潮汕地区进行调查，考察韩山师专和当时汕头已有的工业技术专科学校。最终，调查组上报当地实情并提出意见，省领导认为汕头地区经济较为发达，基础好，最终还是决定韩山师专"下马"。这一声令下，就决定了韩师"下马"的命运。1962 年 6 月，省教育厅决定韩师专停止招收大专生。又过了一年，师专原来的文史、数理、生化、外语等科的在校学生全部毕业。他们带着大专生的文凭，接受组织统一分配。当时公安队伍扩建，机会难得，有几十人进入省公安队伍中，这其中就有全国一级英模朱明健。而韩师因为他们一走，也就真的没有"大专生"了，"下马"成为唯一出路，到 1963 年秋，韩山师专停办，降格为原来的中等师范学校建制。

8 岁月不堪回首

2013 年，我从系主任的位子上退下来后不久，在校友办工作的李炯标老师送给我一本由韩山师范学院老校友口述的史书《韩师情 学子心》，他是这本口述史书的副主编。全书汇集了翟肇庄、林绍翰、姚世雄、陈仲豪、蔡仰颜、陈哨光、朱明健等 20 位韩师老校友的口述访谈，他们每一个人的经历都曾是韩师历史发展的一部分。在读他们人生经历的同时，韩师过去经历的幕幕影像，也深深地印在我的脑海中。而印象最为深刻的一部分就是韩师经历"文革"的那段灰暗日子。

得到此书，我如正在苦寻食材的厨师意外发现自己想得到的"美味"，那种即刻操刀开灶成佳肴的心情油然而生。我在研究韩师历史时发现，大家对韩师师专 1963 年"下马"到 1978 年复办这段"文革"时期的历史忌讳较多，校史中也是略略带过，只是说它"下马"后就成为中等师范学校建制，归属汕头地区管辖，其间又与汕头地区教师进修学校合并，成为汕头工农师范学校，具体的细节却记载不多。为什么不愿提及此段历史？我不甚明了。

绕不过去的"文革"究竟"革"了什么？时过近半个世纪，受过"文革"冲击的老师们均已离开了教学岗位，部分已离开人世。即使那些参与其中的红卫兵小将，也都退休回家赋闲了，"文革"毕竟是一代人不可断代的记忆，怎可轻易地被遗忘。

我迫不及待地读起这本口述史，发现老韩师人陈哨光谈及此段历史的内容比较多。

从 1966 年始，中国大陆掀起一场史无前例的"文化大革命"。"教育革命"成了"文化大革命"的重要组成部分，教育领域成了重灾区。在当时极左思想的误导下，全国各级各类学校和教育机关都受到了冲击。韩山师专也改为韩山师范学校和汕头地区教师进修学校，从此之后，一个单位，两个地方开展教育活动，直到 3 年后才正式合并，成立汕头地区工农师范学校。

陈哨光老人清楚地记得，那年夏天天气燥热，斗争就像当时的天气一样在不断升温。一开始，还是校内学生在"造反"，他们成立各种名号的组织，开展大鸣、大放、大字报、大辩论的"四大"活动。到后来，就成了各派红卫兵和造反派组织的"文攻武卫"，运动的声浪进一步高涨起来，教师干部都靠边站了。自此后，学校只得停课、复课，断断续续地从事教学活动。

"文革"中的韩师以"乱"开始，又努力向"毁"的方向迈进，最先是县委为了实现"工人阶级领导一切"，派出工作组进校，领导全校师生开展"文化大革命"和"牛鬼蛇神"运动。工作组中的工人大多数是枫溪人，因为枫溪那里办有一些陶瓷厂，也就有了产业"工人阶级"。可是，毕竟职业性质不同，让文化水平本就不高后又从事生产的工人来当学校的领导，管理知识分子，结果可想而知。那自然是"工农兵上讲台，上了讲台下不来"，而原来从事教学的老师教什么和怎样教又成了令人头疼的问题。

当时韩山师专经典的"天天读"上课模式就是：钟声响起，学生们走进教室，第一件事是全体起立，在排长（相当于现在的班长，当时是按照部队建制将学生分为班、排、连，班就是现在的组，连就是年级）的带领下挥动着人手一册的红宝书，对着教室前面黑板上方的毛主席像高呼口号，排长大声喊出："敬祝伟大领袖毛主席……"学生接着齐喊："万寿无疆！万寿无疆！"排长再来一声："敬祝林副主席……"学生再齐声喊："身体健康！身体健康！"排长再大声说："向伟大领袖毛主席像三鞠躬！"然后再拖出长声喊："一鞠躬……二鞠躬……三鞠躬……坐下！现在，让我们打开《毛主席语录》，翻到第××页，大家一起跟我念……"然后，老师开始检查作业完成情况，每个同学都要站起来背诵一段毛主席语录。有时喊完口号以后，全校一起听喇叭里的广播，这期间要手背后腰板笔直地坐好，然后才是各班老师组织学生一起朗读、背诵语录。

一些专业课如何上课？当然也要有坚持无产阶级政治方向的内容了。如为了彻底批判修正主义，工人领导禁止老师将 A、B、C、D 英文字母用于英语课外的教学，需要时用甲、乙、丙、丁代替。那怎么教呢？有个数学老师非常有创意，他在讲课时故意说"甲角加乙角，等于丁角"。这种奇怪的教学倒也引来学生一阵笑声。中文科的老师讲古文，让一个同学站起来朗读古文《黔之驴》，当他读"第 15 课黑之户"时，老师听后连声叫停，大声说："什么黑之户，你怎么不念今之马。"谁知这个学生马上又念道："第 15 课今之马。"因此就有了广泛流传的"今之马"笑话。

为落实毛主席"教育要和实践相结合""提高警惕，保卫祖国，准备打仗"等指示，学生们上学期间要组织多次学工学农学军的劳动，这在当时叫作"拉练"，具体内容就是要求学生学习红军的"长征精神"，一般需要扛着背包急行军，走几十里地，到农村安营扎寨一段时间。

陈哨光回忆说，那是在 1966 年，迎来了全国性的"停课闹革命""破四旧""立四新"等运动的高潮。一时间，在韩师的校园内到处是大字报，教学楼素净的灰砖墙和红砖墙，谁都敢把糨糊往上抹。学生们在校园里窜来窜去，纷纷组建造反组织。在辩论、争吵、贴大字报中你来我往，力求发现和揭露校领导、老师和"牛鬼蛇神"之间的联系。当时的"两报一刊"不断发表批判文章，调门也在连续升级，号召大家积极参加"文化大革命"，特别是毛主席关于"学制要缩短，教育要革命，资产阶级知识分子统治我们学校的现象再也不能继续下去了"的指示，更使一些学生迷路在事态严重性的意识之中，一种不让"江山变色、国家变修"的责任感和紧迫感得到了强化。他们成了造反派，要为捍卫无产阶级教育阵地而造反斗争，面对校园内那些失语的干部与老师，可以随意揪起来挂上牌子进行"牛鬼蛇神"大游斗。或者到一些"走资派"的家里，把抄出来的书和照片堆在学校操场上焚烧。

"文化大革命"中，那些在学校教学的老师作为旧知识分子的代表，有谁没受过血雨腥风的洗礼呢。在粤东地区的植物研究和教学史上做出过重要贡献的杨金书、翟肇庄伉俪就在该次运动中饱受磨难。

翟肇庄的祖籍是浙江余杭，她爷爷的爷爷原是在北京当官的，后来下放到潮州做道台，从此几代人都在潮州生活，到翟肇庄这一代已经是第六代子孙，她就出生在潮州市湘桥区。而杨金书的父亲则是越南的一名中医师。受家庭影响，两个人的思想都相对比较开放。

1927 年，杨金书赴日本就读于东京东亚日语学校，夫人也一同前往，就读于东京东亚日语学校。1929 年，杨金书学成归国后，先后应聘到省立金山中学、韩山师范学院、潮安一中等校教授生物学。1934 年，翟肇庄从中国大学毕业后，就到韩师教生物课，一教就是 30 年。

杨金书和翟肇庄是韩师最早从事植物研究和教学的教授，因为他们有留洋的经历，所以很容易引进一些比较现代化的教学方法、教学经验。他们通过观察和研究，一共发现了几百种药用植物。1978 年，杨金书正准备对亲友们代其收藏的一千多份植物标本进行整理时，不幸逝世。后来，翟肇庄继承杨金书的遗志，整理其遗作《潮汕植物图说》，并于 1985 年 4 月由广东省汕头生物学会印行。2011 年 9 月，翟肇庄还把和杨金书一起采集的 333 幅标本和 335 幅画稿作为校庆庆礼捐赠给韩师。2012 年，翟肇庄老人也逝世了。杨金书和翟肇庄虽然都已不在人世，但是他们对后人的福荫却还在，可以说是奠定了韩师的生命科学与食品科技学院的植物学科的基础，以致目前为止韩师的植物学科仍是其生命科学学院最出色的学科。

就是这样两位可亲可敬的教育先行者，却在"文革"中受到冲击。翟肇庄老人在晚年曾有过回忆："'文革'的时候，我家里许多东西都被烧掉了，包括《古文评著》，还有我在北京买的一百本古文书。这些书原价每本一元钱，打了一折每本一毛钱，我买了之后运回来的。还有老祖公的相片、老公杨先生在东京帝国大学的照片，我四个月大时奶奶抱我的照片，还有一本纪念册，里面有我在中国大学时期的照片，还有杨先生很擅长的小提琴、口琴等乐器，还有我的嫁衣，也属于迷信，都被烧掉了。当时我还有一本日本歌谱也被抄走了。"

在那个特殊的时代，一些老师要靠边站，领导们则被收监进行自我检查和交代问题，接受群众监督，或者随时被提出来接受游街和批斗。当时任教导处副主任的姚世雄就和学校的原领导与老师一同被安排在附小背后山上的几间平房内。其中教语文课的翁敬铨老师1949年前是金中的高中毕业生，没上大学，却自学成才，学识广博，是城市平民出身的共产党员，只因为1949年前去过香港，在当地一个报社当过校对，就成了他"反革命"最有力的证据，也被关入"牛栏"，到农场接受改造。在1969年"七二八"台风中，他正好在这个附小的厨房里干活，大难不死，逃过一劫。然而同在一起的郑川副校长和被批斗的校医郑惠缄却被倒塌的房屋砸倒，死于非命。

郑川副校长是潮阳人，家庭成分不好，所以作为旧知识分子，属于接受改造的对象，只能作为第一副校长主管学校的全面工作。

郑川副校长平易近人，没有什么架子，没有官气，办事有能力又认真。他的夫人郑晶莹是台湾人，当时还是学校教导处的副主任，尽管工作认真，课也讲得很好，但是在唯成分论的时代，逃不过这一劫，自然也会牵连到丈夫郑川。所以，郑川副校长就被送去农场接受劳动改造，后来不幸地在那场"七二八"台风灾难中遇难。

"文革"闹剧使学校陷入一片混乱，当时的韩师经常召开"忆苦思甜"大会，每次大会都要两三个小时的时间。每次会场里都是台上的人一把泪一把鼻涕地讲，台下的人专心地听。期间会有人领着大家喊口号。如果有人没有注意到这个问题，在会场上表现出不严肃的态度，脸上有笑容，或者在底下说话，就有可能被拉出去批斗。

闹剧终会有收场的时候。1968年2月，学校组织师生"复课闹革命"，学生回校学习"毛选"，但文化课尚未恢复。5个月后，潮安县的军管会和县革委会文教组集中全县中小学教师到韩师办学习班，进行"斗、批、改"和"清理阶级队伍"运动，运动历时三个多月，被称为"韩师百日学习班"。在这风雨如晦的岁月，很多人因受极左思潮影响，丧失了人的理性和良知，心甘情愿充当激进分子，将政治迫害和不公正待遇施加于部分有个性的教师和干部，对其戴高帽、挂牌子、抹黑脸，进行无休止的羞辱批斗，有时甚至是人人被押上台、跪地受罚，遭受到拳打脚踢。

当年实行全国向解放军学习的政策，解放军则需要派代表到机关、工厂和学校"支左"，学校开始实行军管，军训营进驻韩师，当地驻军最先派来一些女同志入驻中文科做领导，事隔近半个世纪，姚世雄还清晰地记得当时有一个女领导，是地方炮兵团团长的妻子，她跟着爱人的军队南下来到潮州，却哪里有办学经验，也不知道是否读过小学，于是刚来不久就把中文科弄个乱七八糟。因为抓"阶级斗争"，教师不教书，人人自危。还有一位军长的爱人在韩师人事科当科长，她为人倒挺好，比较和气。发现谁有困难，还会尽力偷偷地给些帮助。然而，这样的人也有她的不幸。据说当时林彪认为潮州的气候好，就常来潮州休养，每一次，这位军长夫人理所当然地就成为林彪生活服务组的组长。"九一三"事件后，全国进行"批林批孔"，这位军长夫人受到牵连，开始遭受纠斗和批判，她哪里受得了这种冤屈，结果没几年，就抑郁而终，同样成为那个时代的牺牲品。受过她帮助的一些韩师教师，听到这个消息也是唏嘘不已。

步履蹒跚，历尽沧桑，经历"文化大革命"的梦魇和困扰，韩师人在等待着教育春天的到来。

9 陈伟南回母校

深入岭南腹地的韩江，已在潮汕大地流淌了千百年，它把自己发出的呻吟慢慢地变成不屈的呐喊，呼号着南归大海，永不回头。1976年，饱经沧桑的韩师又迎来了自己的春天。

粉碎"四人帮"后，百废待兴。在这样的环境下，韩师1978年复办师专，再度成为省属普通高等专科学校。韩山师专最先由省人民政府委托汕头地区代管，实行党委领导下的校长分工负责制，十年后，省属专科学校升格为副厅级建制。1992年，潮汕地区调整行政区划，省政府再一次决定韩师由潮州市代管。此时的韩师，规模已然扩大，学校跨越笔架山向东扩张，已形成东、西区两个部分。在东、西区之间，建成了横截龟山山顶的田径场，再加上教学大楼和各运动馆，基础设施建设已有了长足发展。师资队伍也已扩大到350多人。1995年，省委省政府按照正厅级建制批准韩山师专升级为本科院校，校名为"韩山师范学院"。韩师终于实至名归，从而为自身的进一步发展创造了有利条件。

改革开放后，韩师在迅速升级和跳跃式的发展进程中，不能忘记在资金支持上做出突出贡献的杰出校友陈伟南先生。

我第一次听说陈伟南老人家的名字，是在走进韩师校园的第一天。那天我到政史系办公室报到，向一位老师问路，他告诉我政史系在伟南楼，西区校门附近。我问这楼为什么叫伟南楼？他随声回我："这楼是韩师校友陈伟南先生捐资建的，所以叫伟南楼，你看伟南楼门前的门联：伟业昌文教；南州重德徽。就是一个有'伟南'二字的嵌字联。这是韩师无法忘记的名字。"

陈伟南是韩师的老校友，早年在海外谋生发展并取得了成功，是改革开放大潮的推动，他才有机会把自己的感恩之情与母校韩师紧密联系在一起。

1984年暮春，广州繁花似锦，花朵绽放与凋谢交替，新叶与落红重叠。在当地的大街小巷，随处可见的花朵或随风飘扬或正在化为春泥……无论是花都绿道的生机盎然还是流花湖畔鲜花盛开，广州的春色给人的感觉像是一位亮丽秀美的姑娘，清纯脱俗。

地处海珠区的琶洲展馆里，连日来总是人声鼎沸，一年一度的春季广交会正如期举办，国内外嘉宾云集在高科技与生态化相互结合的大楼内，多数都在寻找合作伙伴，进行贸易洽谈。

一天，参加春季广交会的潮州市侨联会主席丁翀偶然遇到香港实业家陈伟南先生，发现彼此竟是分别了五十多年的韩师同窗。

丁翀原名章聪，祖籍广东省潮安县。他1916年10月生于泰国，少年时回到老家，1931年至1934年就读于省立二师第九届乡村师范科。"九一八"事变后，带着一腔青春热血，积极参加抗日救亡的学生运动。因为受到当局镇压，他便逃到香港华侨中学继续读高中，1937年参加香港学生救国联合会。翌年又回到老家潮安，参加当地青年抗日救国同志会乡村巡回宣传队。后来再赴泰国谋生，1949年又返回潮安参加解放战争，奔赴凤凰山入闽粤赣边纵队四支队任政工视导员。中华人民共和国成立后在潮安县、潮州市政府工作。

20世纪30年代在省立二师读书时，丁翀曾与陈伟南是同班同学，论年龄，他还长陈伟南一岁。

转瞬几十春秋的风云变幻，昔日的热血青年已成花甲老人，他们竟然意外地在这里相遇了，心情激动万分。

既是同乡，又是校友，说起了家乡话，其中也带着五味杂陈的情感。

"家里的祖屋还在吗？"丁翀问。一句话勾起了一些不快的往事。陈伟南向丁翀说起老家祖屋的情况。

陈伟南老家的祖屋坐落在潮安县沙溪二村，是曾祖父陈映山于清光绪年间建成的大夫第。祖屋大夫第为典型的潮汕民居"四点金"格式，不过规模较大，整座建筑计有厅房38间。傍宅是匾为"绿杨深处"的书斋，陈伟南就是在这里度过他的童年，也是从这里走出寻到一条去香港谋生的道路。后来家里人移居香港，祖屋空了下来，无人维护，又经历岁月剥蚀，现在的祖屋不仅破旧不堪，而且如同当地许多华侨的祖屋一样，因国内的政治因素，事实上已经不属于自己了。尽管在"四人帮"垮台后，当地政府认识到过去的华侨政策有失误之处，对当地居民大多认真落实了华侨知识分子政策，但也有一些还没有落实。落实纠错政策，侨胞们自然很高兴，但是对未被落实的港澳同胞而言，心里难免会不舒服。

"现在被别人住着呢。"陈伟南选用最为简单的方式做了回答。

听出陈伟南话语间带着一言难尽的语气，丁翀一下子就明白了，他不再细问，却在话语里迅速做出积极的反应："我回去找当地政府落实政策，帮你讨回如何？"

陈伟南的回答则是淡泊坦然的："算了吧，这么些年了，我也没去住，不急。"

丁翀听出了陈伟南先生的话外之音，不好再说什么，但此时心里已有了打算。回到潮州后，心负重事的丁老立刻向潮州市政府领导做了汇报。改革开放之初，潮州急需海外侨商的鼎力相助，市领导自是非常敏感，认为这是一件大事，就要求对外联系的市侨务部门协助地方乡政府一定做好落实工作。在政府的积极协调下，很快就帮远在海外的陈伟南先生解决了这个问题。丁翀打电话把这个好消息告诉陈伟南，同时向他表达了家乡人非常欢迎他回乡看看的意思。陈伟南在高兴之余，也心存感动，当即向同窗好友表示愿意回家乡潮州看看的意愿。

这年秋天，南国粤东依然是树绿草青，百花盛开。阔别故乡三十八载的陈伟南在汕头参加民间音乐欣赏会期间，没有惊动任何人，简朴回乡。10月9日那天中午刚到潮州，他便在老友丁翀的陪同下，驱车前去探访梦绕情牵的母校。当车子缓缓驶上湘子桥时，陈伟南眺望笔架山，俯视韩江水。山还是那么绿，水还是那么清，海外游子的心情满是激动。

车子到了桥东，在校门口停下来，两位老人先后下了车，相互搀扶往校门里走去。到了大门前，丁老说明来意，请门卫打开大门，好让车子进来。年轻的门卫说是到午休时间了，按学校的规定，是不能开大门的。丁翀有些急了，陈伟南却不急不躁，笑着对丁翀说："算了，别惊动领导了，走着进去看看更好。"面对门卫有些不近人情的做法，他心平气和，并没有在意，心里想的是，这个门卫认规矩不认人，倒也懂得学校规则，母校的老校风看来还是在的。

陈伟南在丁翀陪伴下参观了校园。离别这么多年，老地方虽然旧物不多，但是环境还算优美。他想起自己在校时，先后住过第三、第二宿舍。那时第三宿舍周围松柏苍翠，间有花木，右侧是韩文公祠，左侧是一道从山顶至山脚的涧沟。涧沟平时是干的，及至春夏多雨之际，细雨时流水潺潺，大雨时飞流直泻，激荡的水声犹如富有生命激情的交响乐，令人陶醉。沟边两株高大古老的木棉树，每到春季开学时，便繁花满树，蔚为壮观。而如今除了自然景观还那么漂亮外，也增加了许多新建筑，六幢新的教学楼、办公楼和学生宿舍依山而建。昔日的石砌小道，变成了用花岗岩石块铺成的大道，直通半山坡。

当他走到当时属于韩师地标式建筑的中山纪念堂时，便在周围转起圈来，这座建筑物给他留下了太多记忆。

陈伟南先生想起了当年的情景，当时每周一在中山纪念馆里举行全校纪念周活动，活动的要求非常严格：全体学生早上听见钟声进入纪念堂，为了表示国民对孙中山总理的尊敬，他们要穿制服，保持整洁，等人都进去后，门就会被关上。进入里面也有纪律要求：入礼堂要先脱帽，然后全体肃立，向总理遗像三鞠躬，值日主席恭读总理遗嘱，大家必须一齐循声宣读。入席者不允许中途退席，不得大声喧哗、涕唾、移换桌椅及抛弃纸屑；出入礼堂不得拥挤，扰乱秩序。结束时再向总理遗像默哀三分钟，然后才可以走出礼堂。那是自己少年时所经历的何等庄严的场面，如今这都只能作为留在自己脑海里的记忆了。他不由地唏嘘人生苦短，时光变换太快，心中的对母校的依恋感情涌流而出，心绪难平，激动不已。

陈伟南、丁翀二老缓缓移步，把学校细致地看了一遍。看看时间不早了，就马不停蹄地回到了陈伟南的家乡——潮安沙溪二村，这儿离韩师并不算远。

陈伟南第一次轻装从简来校又返回香港的事，很快就被韩师领导知道了。那年三月，学校机构进行改革，汕头市委常委来校宣读省委宣传部的通知，批准韩师组建新的领导班子，蔡育兴成为校长及党委副书记，还新任命了两位副校长，原党委副书记刘德秀退居二线。

新官上任三把火，充满抱负的年轻班子都有同心开创新局面的志向，他们把扩大学校的基建规模视为突破重点，报请设计计划，经省计经委批准，四幢大楼与十二幢小楼要在校园北坡山地动工，校园东南角的龟山、西山、虎尾之间400米田径运动场已具雏形。但是学校发展还受资金、人才等方面制约，需要克服许多困难。恰在这时，听说来了老校友，领导班子立刻做出积极反应。在找到校友丁翀问明情况后，让校办公室给陈伟南先生发去一封信，并诚恳邀请他再来母校看一看。

1984年12月29日，陈伟南终于正式地回到了母校韩师，韩师以十分热情的姿态欢迎老校友回母校。到校后，学校领导先行向他介绍了学校的发展状况。那时，学校调整后的新班子已工作近一年了，行政机构也相应进行了调整，教学单位已由过去的专业科改成系，在原来的中文、数学、物理、化学、体育、英语各系的基础上增设了政史系。学生人数已有所扩大，汕头市委组织部委托政史系办的干部专修班已经开班。

与老校友座谈之后，学校领导陪陈伟南先生参观了新落成的图书馆，并向他介绍新的图书馆。新建成图书馆占地3 000平方米，主楼五层，侧楼四层，设有四个书库，四个阅览室，可容藏书达四十万册，报刊一千多种，同时能容纳七百人进馆阅读。但是现在的书还不多，只有二十万册，只能装一半的书上架。陈伟南当即提出捐赠二万元用于购书，让学校购买六个书柜的图书充实图书馆。

事业的成功在于努力；人生的价值在于奉献。这是陈伟南先生毕生践行的诺言。

这是陈伟南老先生回看母校后，

向母校捐出的第一笔资金，从此以后，他就开始了长达二十多年的无私赠予。

这次回到母校，陈伟南的心情很好，也有许多感想。临别时，他向学校领导提出自己的愿望，他说："母校要发展，母校学子应当有所作为。今后学校如要扩建校舍，我可以赠建一些教室。"

陈伟南生于1919年，幼年时性格安静，勤劳朴实，驯顺寡言。他8岁就读于本村的时敏学堂，尔后进入潮安县第七区第三小学读书，14岁上中学，当时全县中学中，金山中学是富商子弟集中区，学费很贵。省立第二师范学校学费较少，陈伟南家经济条件不好，便进二师学习，而这所学校正是韩师的前身。

那是在1933年，二师招生范围又包括潮、梅各县，报考的人特别多，达500多人，最后录取138人。陈伟南被录取在乡村师范科。按当时学校规定，高小毕业，年龄在16岁以上者才能报考，而这年伟南不足15岁，所以入学后，他便成为当时学校里年纪最小的学生。

韩师三年读书时光，弹指一挥间。但这"一挥间"的往事，却永远铭记在陈伟南的心头。他始终认为，韩师，使他增长了学识，增强了体魄，让他多姿多彩地生活。学校的严格要求，教师的谆谆教导，陈伟南始终视之为启示和推动自己前进的源泉和动力。因此，他时时刻刻怀着崇敬、亲切的感情，珍惜这段生活记忆。

陈伟南在学校读书时，校长是毕业于日本东京物理学校的李芳柏先生，在陈伟南的印象中，他学问渊博，管理严格，强调"实施教育是师范生的责任"，要求师范生"须以革命精神努力学习"，在师生中有极高的威望。他严格要求学生，但从不板起脸孔高声教训斥责学生。有一天，陈伟南和同班几个同学在宿舍追逐嬉戏，适逢李校长走过，这位长者没有停步，只斜睨一眼，就自言自语般地叹道："没出息，没出息！"然而，这低沉的声音却被孩子们听到了。它如雷击轰鸣般在孩子们心头震响，笑声没了，大家都呆立着默不作声。陈伟南望着校长渐渐远去的背影，心里却升起深深的歉疚之情，他走回宿舍，开始静静地自修。

李芳柏接任校长之初，韩师已经设有乡村师范科，学生们学习的课程有国文、数学、理化、美术、历史、地理、心理学、英文等。乡村教育其实是一种办在乡村，以培养乡村小学教员为基本目标的师范教育。那时搞乡村师范教育是一种潮流，像著名的教育家陶行知1926年就提出"师范教育下乡运动"，要求乡村学校做改进乡村生活的中心，乡村教师做改造乡村生活的灵魂。为了实践他的理想，陶行知放弃了城里的安逸生活，义无反顾地走向中国乡村。1927年他在南京办起了晓庄学院，他在学院大礼堂的门柱上亲笔题写的一副对联就是"和马牛羊鸡犬豕做朋友；对稻粱菽麦黍稷下功夫"。

陶行知办乡村师范教育的教育价值观对李芳柏的教育理念产生很大影响，

他上任后也是一样，为发展乡村师范教育，使学生有实习场所，曾上报省教育厅申请拨款来建设实习农场，开展农业实验活动。他这么做一方面使师范生深入田地，了解农业生产；另一方面借助农业生产训练师范生，以培养富有生命力的乡村教师，使之毕业后能服务乡村。这就是生活与教育密不可分——"生活即教育"的育人理念。这种理念与校风，对韩师早期的人才培养起了重要作用，著名的国际摄影大师的陈复礼，台湾的书法大师陈其铨，都曾在1931年就读于韩师的乡村师范科，陈伟南和林进华比他们晚两年进入韩师学习。虽说毕业后各有发展，路途不一，但是他们两位回忆在省立二师的旧事时，都说母校的生活实践教育对自己的影响很大。

陈伟南对当年教过自己的老师印象深刻，当时全校有三十多位教员，都是大学本专科毕业，他们精于教学，言传身教，给予学生极大的影响。如中国著名词学家詹安泰就曾在韩师任教。詹安泰先生"立定脚跟做人，放开肚皮吃饭"的教导，陈伟南谨记在心。

美术教员王显诏也很有名气，他出生于书香世家。幼年时曾深受作为书画鉴赏家的祖父王洪的影响，1923年在上海大学美术专科毕业后，来韩师任教并兼金山中学教员。他对美术、诗词、篆刻、书法、音乐、文物均有研究，国画成就尤为突出。他曾出版《王显诏山水册》，蒋梦麟在卷首题词称赞其作品："众美集中外，寸毫含古今。"王显诏也曾与岭东名诗人石铭吾、饶钝钩等人创立《壬社》诗社，他的诗词清新隽永、雄浑有奇气。在音乐作曲、填词、演唱等方面也堪称行家，由他填词谱曲创作的韩师校歌伴随着韩师发展一直咏唱不断。

还有黄昌祺老师，他的古典文学底子厚，表达能力强，思想活跃，也给陈伟南留下深刻印象。当时的谢贤明校长是一个颇有民族正义感的知识分子，他在"九一八"发生的第二天，就曾发表过悲愤激昂的长篇演说，声讨日本侵略军，呼吁师生奋发图强，参加抗日救亡运动。后来省教育厅下令要求学生"安心学习"，宣布限制学生集会游行，受此事件的牵连，谢贤明校长被迫离开韩师。当时韩师还有编过《潮州歌谣》的教文学史的丘玉麟老师、教英语和哲学的余仿真老师、教社会学和历史的黎光明老师、教育学家王贯三老师、教生物的教员谢华、从上海东亚体专毕业的体育教员谢汉光等。在陈伟南的眼中，他们都是那时的名家。那个时代，韩师教师的人品好、文笔好、师德好，又爱护学生，学生们尊敬他们，韩师当时的教育可谓盛极一时。

陈伟南回忆说，韩师当时有良好的校风，有一整套严格的管理制度。校规明确规定："所录各生如开学三日仍未到校缴费或已缴费而仍不到校上课，则取消其入学资格；学生每学期修业，均照课程表所规定学分，不得增减。"学生守则还规定："学生在校外遇本校教职员，应行立正举手礼；途遇同学时，应互行举手礼；学生在校内见教职员，应行脱帽立正礼。"这些都反映韩师对每一个学生的学习生活的严格要求。韩师学生的生活又是生动活泼的，每天6时起床，早操（逢周五登山）、早读，然后早餐。

"人道木棉雄。落叶开花飞火凤，参天擎日舞丹龙。三月正春风。"每年木棉花开的时候，学校都要举行全校性长跑活动。学校还定期组织学生郊游、野宿等活动，丰富学生的课余生活。各年级都有文学社，编辑刊物，陈伟南所在的班，就有蔡起贤等组办的小苗文学社，编辑出版《小苗》期刊。

陈伟南勤奋好学，课余时间喜欢在山腰的松树下读书，还喜爱登山和打篮球等户外运动。后来他多次谈及，正是韩师校园三载的学习生活，使他增长了许多科学文化知识，韩师还培养了自己良好的道德情操，让他懂得了人立身处世的基本道理，有了受用一生的资本和无时不在的时雨之情，因此常报感恩之心来寻梦母校。

在宽阔无边的学海里，韩师不过是一个浅水湾。由于社会、家庭、个人等方面的原因，要游过这个浅水湾并不容易。后来有人曾进行过调查，发现和陈伟南一起漂泊学海的有138人，可是能坚持游上岸的只有85人。那时，当学子们拿到一张盖着广东省教育厅大印的毕业文凭时，心情自是十分激动，而文凭到手，也意味着要各奔前程了。

1936年夏，陈伟南从韩山师范学校毕业回到家乡。

当时陈伟南选择到小学当教员，那时小学教员的薪水不薄，每月有大洋二十元（每月伙食费六元左右）。这样的收入，对地处穷乡僻壤的沙溪村的老百姓来说，已足够令人羡慕的了。可是陈伟南并不满足，已开始建构他人生历程的远景。但他的父亲与他想的并不一样，因为他的长兄身体不好，父亲要把持家的担子交给陈伟南。于是，孝顺的陈伟南没有当成老师，留在家里跟着父亲陈春圃种田扒粪、站柜台理账目，亦农亦商干了半年。他勤劳肯干，样样在行，成了有一定文化素养的殷实农家的好子弟，这在村里人看来是很风光的。但陈伟南对外面的大千世界依然怀有无限的向往，使他下定决心赴港谋生闯天下。

第二年春天，陈伟南带着父亲用一担稻谷换回的六块大洋，乘轮船奔赴香港。当时他乘的船是客货两用，速度很慢，他用五块大洋买了五等船票，在没有窗子的船舱底部闷了一个昼夜才到达他想去的地方。

在香港，他最先做过店员，一个月赚十元，基本能维持生活，并不觉得生活困难。后来，一个朋友在新加坡做橡胶生意，他跟姐夫提议也做橡胶生意，但姐夫不愿做，于是他找了姐夫的堂弟一起合作，开始做小本生意。1942年，陈伟南的父亲因受到日本侵略者的威吓而精神失常，家人便急忙托人捎信让他回家，陈伟南以孝为重，当年年底回到沙溪老家，一面尽心侍奉父母，一面做起种田养猪的农活。

抗战胜利后，陈伟南再度奔赴香港，决计从事有利于国计民生的实业，于 1947 年创办星洲贸易有限公司，专营粮油、橡胶等进出口业务，并在澳门创办星华公司，加强同内地的贸易。1964 年，他又创办屏山企业有限公司，开办饲料加工厂，工贸并举，大力发展粟料饲料生意。1981 年，在新界再次兴办饲料厂，引进世界先进技术，实现自动化生产，产销两旺，被誉为"饲料大王"，成为海外华侨中粟米饲料行业中的佼佼者。

几十年来，陈伟南凭着较好的文化素质和道德修养，以勤创业，以诚立业，像潮汕俗语所说的"鸡仔啄米碎"一样，积铢累寸，使自己的实业不断发展，最后他成为港九工商界颇具实力的爱国实业家和社会活动家。

陈伟南商业王国的持续发展，为其日后用拳拳之心回报母校，成就一段动人心灵的慈善故事做了铺垫，为韩师的发展提供了最为基础的物质条件和动力之源。

10　笔架三峰擎园

　　一江韩水，带着不息的温情从北方群山中奔流而来，从潮州城边的湘子桥下流过。湘子桥一头连接着积淀千年历史文化的城区，一头指向蜿蜒起伏的笔架山。笔架山像座雄浑的笔架，又像大自然在韩师校园上画出的曲线图谱，映在东方一片蓝色的天幕上。

　　20 世纪 80 年代初的韩山师专，虽然新建了一些基础建筑物，且办学经费也逐年增加，但是远远不能满足教学所需。师生们往返行政楼、旧图书馆以及通往六联教室时，都要经过坡度很陡的级级石阶，而韩文公祠旁被学生们称作 U 字楼的马蹄形宿舍，坡度更为陡峭。当时这些老建筑既不漂亮，也不宽敞。

　　就在韩师发展走向重要节点时，定居海外的老校友雪中送炭，伸出援手。从 1987 年到 1991 年，以捐资者名字命名的伟南楼、才林楼和进华楼三座现代化楼宇在校园内平地拔起，成为当时韩师最高的建筑，也解决了韩师扩招发展的大难题。

　　那是在改革开放需要人才的时代，韩师作为潮汕地区培育教师的摇篮，其存在与发展同国家大政和社会进步息息相关。她有一种独占天时之先的神圣高远的吸引力，令海内外校友倾心而神往，吸引着社会各界人士、港澳同胞、海外侨胞的关注，他们掀起捐资助母校的高潮。

　　陈伟南是带动韩师老校友帮助韩师实现跨越发展的功臣。

　　陈伟南自 1984 年回母校观光并捐款购书后，就把韩师的发展放在心上，他向韩师捐建的第一座教学大楼，就是 1988 年落成的伟南楼。1987 年 4 月，陈伟南偕家人亲友再次回到母校，合家三代人走在雪梅簇拥的校道上，他边走边向儿孙介绍当年在韩师读书的情形，"我当年常在这球场打篮球"，"我当时就住在韩文公祠旁的第三宿舍"，"我当时的教室就在这个地方，现在好多了，就是还不现代化，还得改善改善"。韩师求学的美好时光历历在目，言谈举止中流露出纯真浓烈的感情：因眷恋母校，愿报答春晖！

　　那天，漫步在校园，陈伟南主动问学校领导有什么地方需要帮忙，蔡育兴校长如实告之韩师的问题：学校已向上级主管部门打了报告，拟建教学大楼，可是因为资金缺口较大，迟迟不能动工。陈伟南听后，立即表示愿助一臂之力，使新教学楼早日建成，蔡校长听后代表学校向陈伟南致以诚挚的感谢。过些时日，教学楼选址建设方案敲定，陈伟南很快将50万元捐资汇到韩师账户上。在施工过程中，他又几次视察伟南楼工地，听取建楼工程进展情况的汇报并做指导，当他了解到因地基烂泥太深，需要增加数十万投资时，又主动追加捐赠30万元，以补充建设工程造价提高所造成的资金不足的缺口。

当教学楼即将建成之际，学校领导决定将其命名为"伟南楼"，征求陈伟南先生的意见，先生不同意，认为这只是自己抛砖引玉的行动，不能起这个名字。但是学校给出更为充分的理由，使他无法拒绝。国际上一些高校以名人或企业命名一座教学楼、一个学院甚至整座大学的做法不仅历史悠久，也是一些院校，特别是私立大学募集教育资金的惯常做法，美国加州铁路大王利兰·斯坦福为纪念在意大利游历时染病而死的儿子，就建起一所以他儿子命名的斯坦福大学；哈佛大学就是因为哈佛院长去世时，将自己一生积蓄的一半和400本图书捐赠，后来经过当地议会投票，决定将这所大学命名为哈佛大学。类似这种情形，韩师历史上也不是没有先例，如1922年那场特大风暴潮灾之后，当时学校重建的几间教室就是以捐赠人翁辉腾等人的名字命名的。尤其重要的是，韩师希望通过以陈伟南的名字命名教学楼，来吸引更多的校友捐款赞助。

学校提出的理由充分，陈伟南先生也就不再推辞，对母校的感恩之心因此愈加浓重。伟南楼投入使用一年后，他再次捐款10万元人民币，作为该楼装修及添置设备之用。

1987年7月，韩师校园举行以陈伟南先生命名的伟南楼奠基典礼。陈伟南先生出席了典礼并做出讲话，他说："几十年来，尽管旅迹香江，阔别韩山，但忆念母校之心，无时或释……在这次母校新建教学楼中，我有机会能为母校赠资出力，聊以实现自己多年来梦寐以求的志向，实在感到十分欣慰。"

转眼过了一年，韩师建校85周年庆典之际，占地面积达1 150平方米的伟南楼举行落成典礼。这座六层的教学楼，里面设有多功能厅和18间不同规格的教室，还设有系办公室、资料室，能满足1 800名学生同时上课的需要，极大地改善了韩师的办学条件。

伟南楼建成典礼现场，全国优秀教师、韩师中文系主任罗英凤教授撰写的嵌有"伟南"二字的楹联高挂在牌柱上："伟厦新成，学子修文有所；南针既定，先生爱国忘私。"

时任教育部副部长黄辛白先生及潮汕地方党政领导共同为伟南楼剪彩。陈伟南先生受邀再次讲话，他说："爱国同心，报国同理，爱国爱乡无分先后，兴学出力不区大小。涓涓细流，汇成浩瀚大海；粒粒泥沙，垒起千仞高山。只要人同此心，心同此理，承先启后，继往开来。我深信：愿意为国家教育事业效力的人越多，国家民族兴盛富强的希望就越大。"

后来，人们把一块《兴建伟南楼记》石碑镶砌在伟南楼前的右墙体中，碑文如下：

伟南楼为校友陈伟南先生所赞建……当年腊月始兴版筑，今岁三秋巍然落成。右吞山光，左挹江濑，澄川翠树，光影往来。自兹而后，教学再扩规模，校容更增美奂，于我校之发展，造益宏多矣。先生心系故园，功在教育，此情此德，岂可忘怀。爰以先生芳名命楼，更立斯石，泐先生义举于其上，俾使典型永在，垂式后代，于热心建设桑梓之人士有所励焉。

韩师校友，著名的国学大师饶宗颐先生在伟南楼前门亭题联："伟业昌文教，南州重德徽。"罗英凤教授又特撰写一副嵌有伟南二字的楹联："伟业所系兮，洋东西文化赖师道以赓继；南风之熏兮，海内外桃李沐春晖而芳菲。"

伟南楼与校门附近悬挂于金凤树之上穿越时空的古老铜钟，构成了一幅安谧、素雅、古朴的图画，成为校园最具特色的标志性建筑，共同见证了韩师新时期建设的辉煌历程。

楼不在高，因德而伟；
堂不在深，有善则名。

玉林题，文科写

1988 年底，伟南楼落成后不久，韩师领导到香港考察，适逢旅马来西亚校友林进华先生也在香港处理事务，日程排得很紧。陈伟南先生硬是见缝插针地请韩师领导与林进华先生一道欢宴叙旧。在融洽欢畅的气氛中，陈伟南先生举杯对林进华先生说："进华兄，韩师留了一块地皮，就等着你去建楼呢。"

林进华先生祖籍在广东潮安县金石古楼村，是 1936 年省立韩山师范学校的毕业生，后来定居马来西亚，经过几十年的艰苦创业，到 20 世纪 70 年代，已成为美国南加州地区最大的华人地产商，实业越做越大，总资产达数亿美元。后来又到国内与三九集团、清华大学，在化工、制药、医疗设备、植物提取等领域广泛合作发展。林进华是知名侨领和实业家，曾受封为沙巴州拿督，还是马来西亚国会上议院议员，荣膺马来西亚国家元首赐封丹斯里勋衔。"丹斯里"是马来语，意为护国将军，从中可以看出他对马来西亚经济发展做出的贡献。

林进华先生热心公益，服务社会，他早就想回家乡、母校观光，做点好事，只是由于所在政府政策的原因而未能如愿以偿。这次听了陈伟南先生的话，林进华先生不但不觉得唐突，反而感激挚友知心，帮自己圆了五十多年的梦。马上答应捐赠 100 万港元为兴建韩师学生宿舍楼做出自己的贡献。

林进华先生这一举动深深感动着韩师师生，学校领导决定把这一学生宿舍楼命名为"进华楼"，自此，校友林进华先生也把自己的名字永远地留在母校的建筑物上。

1989 年 11 月 3 日，韩师按计划举行进华楼奠基典礼。1990 年 10 月 20 日的校庆日，学校在新建成的学生宿舍楼——进华楼前举行落成庆典，这座依山而建的楼宇建筑面积达 3 000 平方米，可以满足 500 名韩师学子的住宿需要。庆典会上，林进华先生高兴地说："十年树木，百年树人，振兴国家，教育为本，今日能为母校建设尽点微薄之力实是本人责无旁贷的义务。"

进华楼建成之际，韩师把《兴建进华楼记》石碑镶于门前厅右墙上，碑文如下：

笔架山麓，韩师校园，有重楼巍然郁起。楼名进华，为校友林进华先生所赞建……楼宇呈工字形，都雅显敞，既丽且崇。湘桥风光，凤洲烟景，俱揽于廊庑之下。莘莘学子，弦诵休憩于斯，咸沐春风矣。为铭载先生劝学之盛德，爰作是记，勒石垂远云尔。

进华楼落成庆典当天，还同时举行了韩师西区的新校门落成典礼。这个新校门是陈伟南先生捐资 35 万元建的。韩师西区原来校门所处的位置是正对潮州城，在它与潮州城中间就是东西相接的湘子桥。自伟南楼建成之后，人们突然发现由于它的体量壮观高大，其建筑规模在当时校内可说是最大的建筑物了。相形之下，那原来横越在伟南楼前的旧校道就显得狭小崎岖，而原来的校门也显得简陋破旧，与周遭环境极不协调，有碍景观。陈伟南在伟南楼建成后，就发现了这个不协调现象，于是他跟学校领导说，要捐资为学校重建校门和整饬校道。

韩师新校门建成了，它大气而壮美地与向西相对的古色古香的湘子桥和东门楼连成一条直线，互相守望。而在校门内，重新修铺的学校校道、花圃和操场，显得宽阔而舒展，少了些过去的高楼出现后所产生的压抑感，这些具有平面化的装饰将自己和新的校门连在一起，并且与伟南楼相映生辉，使校园面貌焕然一新。

进华楼落成庆典半个月后，旅泰校友何才林偕夫人陈克珍女士莅校视察，开始与母校领导一起进行研究、讨论由他捐资赞助的才林楼的建设方案。

何才林也是韩师校友，是揭阳县桂岭镇人，1941 年至 1945 年就读于广东省立韩山师范第八届简易师范科。毕业后南渡泰国闯荡，白手起家，兴办了联合实业有限公司、集荣贸易有限公司等实业，在泰国发展成为知名企业家。同以陈伟南、林进华为代表的海外潮侨一样，何才林也热心公益和家乡发展，未曾忘记母校对他的培养之恩。只是几十年在海外打拼，再加上国内的政治形势所限，他有心有力却无机会回报母校。

何才林与母校再次联系是在 1985 年。这年，时任韩师政史系主任郑烈波先生借国家对外开放的机会，打算去见自己在泰国多年未见的亲人。听说他办好了出国探亲手续，学校领导托付他有可能的话，顺便访问一下韩师在泰国的校友并邀请校友回母校看看。郑主任应诺后就去了泰国，三个月时间里，郑主任利用自己亲属在泰国校友会的条件，见了许多韩师校友，应邀参加旅泰校友会的活动。自中国对日抗战以来，旅泰韩师校友三百多人，先后去世有六七十人，校友会成立之初有三四十人，郑烈波去时已有一百六十多人，校友们三千里外思母校，通过组织联谊活动不断加深感情，有组团回母校看看的强烈意愿。这其中就有何才林，当时何才林和侨领许朝镇已合资在汕头建了鮀岛宾馆。郑主任得知这个信息后，就代表学校领导向何才林捎来口信，邀请他到汕头时，如果方便的话，回母校看看。何才林愉快地接受了母校的邀请，答应郑主任联系旅泰校友，过些时日组团回潮州看看母校的发展变化。

为实现诺言，心系母校的学子何才林亲任团长，组织十几位校友，赶在母校校庆之前到校庆贺，受到学校领导的热烈欢迎，而学校的迅速发展也给这些海外游子以很大的鼓舞。访问团回泰国后，在泰国的校友会按期举行活动时，何才林代表全体团员向大家介绍回母校受到热情招待的情形，给大家放映学校校庆活动录像，校庆的隆重场面给旅泰校友带来许多怀旧的感慨。在聚餐会上，何才林说这次回母校参加活动，在结算经费时发现还有余款，为此他有一个想法，倡议购买一部汽车送给母校，如果余款不够，他个人负责补足差额部分。众人表示赞同，又争先报捐，很快又筹集了5万多港币，买了一台日本"小霸王"汽车作为校庆礼物补送给母校。

1989年9月，何才林偕夫人再访母校，学校热情招待学子从海外归来观光，对此，初来韩师的何才林夫人很受感动，用什么方式感谢母校？夫人认为买些物品没有分量，不足以作为永久纪念，建议何才林先生捐赠能长久存在下去的建筑物，何才林自是心领神会，向学校领导表达了自己的捐建意愿。

1990年夏天，陈伟南正好有事需要去一趟泰国，他心中惦记着何才林捐助韩师一事，于是在百忙中还是抽空去拜访老校友何才林先生。在热情问候后，陈伟南就直奔主题，问起他在韩师建楼一事，何才林回答说年底要回汕头去鮀岛宾馆开董事会议，到时再说吧。陈伟南听后，担心事情发生变化，就以挚友身份，向何才林说明国家改革开放、招商引资的国情，以及母校要发展对海外校友翘首以盼之意，建议他还是先把此事定下来，好让母校也有所准备，年底才有图纸方案可看，这样也好正式拍板定夺。何才林觉得有道理，当即答应捐建一座综合办公楼。

回到香港后，陈伟南先生还没来得及放下行装，就急急忙忙向韩师发电，提出建议：第一，尽快写信向何先生表示感谢；第二，立即找人设计，以便何先生年底回汕头时可以看到图纸；第三，以华侨赠建为由，向省教育主管部门申请拨款。

韩师领导听到这个好消息，立刻行动起来，按照陈伟南先生提出的思路，一一落实。省高教局也因海外校友捐助办学的热情，决定投资50万元合资建设，到年底何才林来汕头时，这些基本工作已经做完。那日，何才林从汕头来到学校，与学校领导一起协商、审议，确定选用T字形建筑方案，才林楼建在校园中山纪念堂和振华楼南边，覆盖原来可容纳128名学生的第一宿舍、收发室和文印室等旧房拆除后的范围，东靠南北通道，通道对面的上方则是林进华先生捐建的进华楼，两座楼宇上下辉映，前临校区操场，地域开阔，西面则与韩师古建筑中山纪念堂并立。

1991年1月初，韩师200多名师生代表在振华楼和中山纪念堂南侧集会，隆重举行才林楼奠基礼，奠基礼由时任校党委书记林邦光主持，时任副校长谢促铭报告才林楼筹建工作情况，时任校长蔡育兴讲话。学校请中文系原主任罗英凤为彩门撰嵌字联："才历琢磨方隽，林经霜雪弥荣。"

罗英凤老师政治经历坎坷，他早年在揭阳的一所中学教书，1957年赶上反右斗争，被打成了右派，1962年被"摘帽"回到中学教学，在"四清"运动、"文革"中又再受打击，直到1978年调来韩师教学。可能因为他有这样的经历，他为才林楼奠基所撰写的对联中也隐含了"历经磨难好做人"的苦尽甘来之意。

奠基大会上，参加典礼的学校领导与师生代表为才林楼基石培土奠基。

当年 10 月 20 日，是韩师第 88 个校庆日，学校又在新建的才林楼前举行了隆重的建成庆典仪式。办公楼是六层建筑型体，地处学校中心区，既与周围建筑群景观协调，又别具一格，立面处理大方质朴。何才林到会并讲话，他说："看到母校一年比一年进步，学生一年比一年多，我内心感到欣喜。我为母校所做的工作还微乎其微，衷心希望大家继续奋斗，发扬韩师的光荣传统，为祖国做出更大的贡献。"

罗英凤老师再一次撰嵌字联"才雄效梓里，林茂岭峤春"为庆典大会祝福。

何才林先生捐赠 100 万港币建成的才林楼，总建筑面积达 3 000 平方米，共有办公室 64 间，会议室 2 个，缓解了学校行政办公用房的紧张状态，改善了校部工作条件，为合理安排学校校舍布局，美化韩师校园起到了重要的作用。学校为此立石碑《兴建才林楼记》，将其镶在才林楼门内厅正面的左墙上。碑文如下：

韩山灵秀，木铎长传，郡庠千载，桃李纷披。揭邑何君才林，辛巳负笈韩师，学成赴泰，奋斗有年，备历艰辛，煌煌立业。尔乃怀沐风之故谊，兴赞学之义举，斥资百万，襄建斯楼……爰以何君芳名命楼，立石铭记，宣昭厥德。并著"才历琢磨方隽，林经霜雪弥荣"一联于记末，砥砺诸生以之为锐志勉力之箴规，进德治学之轨范也。

何才林虽身居国外，却心系故园，给母校送上了一份大礼，作为历任旅泰韩师校友会理事长的何才林也更加频繁地出入这座以他的名字命名的综合办公楼。后来，他多次率领旅泰韩师校友代表团回母校观光，参加母校的校庆活动，为海外校友与母校密切的联系做出了贡献。他曾说："对我来讲，一日为师，终身为父，我是韩师人，韩师培育了我，我热爱韩师！当年我们在国外时，由于国弱家贫，我们就像没有父母的孤儿，被人欺负。祖国要强大，教育必先行！学校的精神实质就是：站在教育的岗位，培育人才，这是多崇高的职责啊！所以，我们都尽自己所能帮助母校发展，这也是为祖国教育事业尽一份力。"

才林楼的兴建是继先前建成的伟南楼、进华楼之后韩师第三幢由校友捐建的大楼，这些楼在韩师校园中拔地而起，像三颗璀璨的新星相互辉映，错落有致地坐落于当时校园的中心区，这些具有新时代气息的高大建筑逐步替代韩师历史上的中山纪念堂、振华楼和学生第一宿舍等老建筑，成为韩师传承于世的基石，是粤东高等教育文化发展与演进的血脉流动的象征，也留下一段韩师人永远抹不去的感恩记忆。

　　有韩师学子刘管耀为贺韩师校园崛起伟南楼、进华楼、才林楼，在 1991 年 10 月的《潮州乡音》期刊中赋诗：

　　　　韩师书砚传文风，笔架三峰挺粤东，
　　　　君不见，学府清流济苍海，三峰巍巍向苍穹；
　　　　又不见，三峰之下高楼起，赤子爱心凝新峰！
　　　　伟哉南高峰，报春一枝红，
　　　　揽月摘星，腾蛟起凤，
　　　　一花引来百花发，一峰招来峰万重。
　　　　峰迭起，花缤纷，游子共仰伟南君，
　　　　情系故园心报国，殷殷赤诚志凌云，
　　　　进华、才林相竞秀，万峰丛中橡木春。

11　图书馆的嬗变

　　"如果有天堂，天堂应该就是图书馆的模样。"这是著名文学大师、曾任阿根廷国家图书馆馆长博尔赫斯的一句名言。

　　来韩师那年，这所百年老校最吸引我的就是建成不久的新图书馆。它所在的位置正对绿地沉降广场，再向前是韩师东大门，门前大道的斜对面，当时还是一个叫神奇果园的农家湖，几年后经过政府出面协调，大部分土地被韩师易价征用，在那里建了学院的文科教学大楼，与相伴在旁的学生宿舍楼群、餐厅、篮球场聚集一起，组成了教学与生活功能齐全的东丽 A 校区。

　　那时图书馆是韩师校园内最高最大的现代建筑，那中轴对称的造型烘托出其稳重而严谨的大家风范，在沉静素雅的色彩烘托下，彰显着洁身自好、儒雅宁静的学风。玻璃幕墙的通透明快与沉稳的建筑体型完美结合，体现着融合古今、学冠中外的内涵。深入其中，给人以书山巍峨、学海茫茫之感。它从里面溢出来的是知识的阳光，彰显着的是丰富文化内藏的影响力。

　　我所住的研究生公寓与新图书馆很近，因为出入方便加上自己喜欢，所以经常去书海里畅游。有时还参加一些摄影、书画作品展出和图书文化沙龙活动。我喜欢感受那里的宁静，闻那里的书香。

　　韩师图书馆有几百年屡废屡兴的发展历史，其前身可追溯到清雍正十年（1732 年）韩山书院时期建成的藏书楼。书院是离不开书的，书院收藏图书和学生有书可读，才有可能成为书院。而历史上书院里的古书像寺院里的经书一样，多属于书院的公共财产，藏有什么图书和图书数量的多寡，甚至有多少孤本，代表着书院在社会中的地位。这意味着图书在那个时代是何等的珍贵，不难想象，书院必然重视对书的收藏与保护，所以如同寺庙必建藏经楼一样，凡属书院，也多建有藏书楼。

　　据韩师校史资料记载，自韩山书院在潮州东山成立始，就建有一所藏书楼，名曰振华堂，专门收藏朝廷所赐名士之书，或文化仕人故家遗书等。振华堂也是书院的主楼，被人评价为："三州人士读书其中，实足存养天机，蓄蕴奇伟。"台湾著名爱国志士、诗人和教育家丘逢甲曾在堂内讲授新思潮和东西方文化。他曾在《对月放歌答友人》诗中说："振华楼头看今月，今月冰人销侠骨。"由此可知振华楼在韩山书院教育和文化传承中的重要作用。

辛亥革命后，由于军阀连年混战，学校屡遭破坏，甚至一些珍贵版本的图书也被校内驻军替作床板薪炭之用。1922年，省立二师因为遭受"八二"特大台风正面袭击，大部分校舍倒塌的同时，一些重要的历史典籍和珍贵藏书遭到毁灭性破坏，损失殆尽。危急时刻，原校长熊退退了，新上任的方乃斌校长挺身而出，组织人马四处筹集善款购置图书资料以重建省立二师，受到方校长的身体力行的博爱精神感召，乡贤文仕及海外侨胞积极支持，尽其所能伸出援手。像郭辅庭先生就捐资2 000银圆给学校添购图书，还自赠"国粹"书籍四箱，其中有一箱为二十二史线装本。

郭辅庭本是潮阳铜盂人，他的父亲即定居上海的儒商郭子彬。郭子彬本人是藏书大家，究竟有多少藏书已不得其详，从《双百鹿斋丛书》中可知他所收藏的大多是佛教经典以及乡邦文献和珍善古籍。受其父影响，郭辅庭亦爱藏书，值得称道的是他在香港创业发展，却能把自己所藏书之精品捐赠给韩师，可见其品质高尚，精神可嘉。为郭辅庭等爱国人士的精神所感动，在当时有限条件下，省立二师在学校教务二层楼中设有廖葆珊教室、郑先进教室的同时，还为侨胞郭辅庭先生赠送学校的一千多册图书而开辟了郭辅庭图书陈列室。

1936年，李育藩接替叶青天任校长，学校新建的中山纪念堂和图书馆刚好投入使用，配套的图书如《四部备要》全集等，通过中华书局、潮州商务印书馆分馆预定和向社会上征收，已使图书馆存有一定量的藏书。然而，人祸又一次来临，1939年，日本侵略的战火燃烧到潮汕地区，学校被迫迁往揭阳古沟，万幸的是因为搬迁时雇用10艘四肚帆船，满载的教学设备和图书基本没受损失，悉数被带到了古沟。直到1946年春抗战胜利，学校搬回潮州原驻地，约有九百担数量的学校图书文卷及教具资产搬回笔架山麓图书馆原址。

韩师迁回原地后，又经历了"文化大革命"等一系列政治运动，学校在多次改制换名的过程中，图书馆也是几经折腾，其中大量藏书，因被说成是"四旧"而被红卫兵多次收缴烧毁，残存的部分也被封杀在书库里，成了"死文献资料"。

1984年，韩山师专复办，在西区半山腰的石板路旁建成了一座现代风格的T字形图书馆。新图书馆面积由原来的560平方米增加到3 000多平方米，藏书质量和数量也都有提升，至1989年，图书馆藏书量已由1978年的8万册增加到28万册。它又一次成为当时汕头地区和全省师专藏书最多的图书馆。

20世纪90年代初，韩师的图书馆有了越来越多的馆藏并愈加突出时代特点，开始向网络化、数字化拓展。通过移植深圳大学图书馆计算机管理系统，集成编目、流通和期刊管理等业务工作实现了网络化管理。1993年学校升格为本科师范学院后，图书馆又再一次抓住机遇，以图书馆现代化为总体目标，大力加强数字文献资源建设，购买包括人大复印资料在内的多种光盘数据库，建立"中国学术期刊网"数据库和"书生之家"电子图书校园网镜像站点，并自建了具有本馆特色的数据库和本校学士论文数据库。

1995年，图书馆的藏书已增至43万册，计算机数量33台，其他管理设备10台。当年在全省高校图书馆评估中，韩师的图书馆已在全省48所高校中挤进了前24名。香港校友陈伟南、施锡洲和澳门校友黄保铨等人，都曾向图书馆多批次地捐赠过图书。

历史的长河总是后浪推前浪地向前发展。进入21世纪，那曾经令韩师人骄傲一时的图书馆已无法满足学校不断扩大规模的需要，它的白墙垣、蓝玻璃抵不过时光荏苒。取代她的是，于2002年诞生在学院东区的一座建筑面积达28 000平方米的新图书馆。新图书馆建成之后，原来的西区图书馆就成了旧图书馆，旧图书馆的藏书全部搬到新图书馆，仅剩下一些杂志，各楼的一些教室也被改建成多媒体教室，只留下一层阅览室。一楼大厅原来也有很多报纸供人阅览，后来也被撤掉。再到后来，随着学生的大量东移，旧图书馆经过重修，改换门头，成了学校的校史馆。

新图书馆以"书型"姿态，面向南方，昂首在东区校园之中。它背临东苑田径场和学生公寓，舒展双手，向左可触摸到理科大楼，向右可碰到乒乓球馆。它的总高度为31.2米，地下一层，地上九层，大面积的玻璃窗向外散射，与入口的沉降广场形成了一个开放性空间，成为当时粤东大学校园里最为耀眼的标志性建筑。周围的建筑物如众星拱月般围绕着它，更彰显其地位的独特。

从正大门拾阶而上，著名书法家启功先生所书的"图书馆"三个遒劲有力的金字首先映入眼帘。步入这座知识殿堂，又会在360度的墙弧内，看到康咏、丘逢甲、翁辉东、李芳柏、方乃斌、詹安泰、邹鲁、饶宗颐、陈唯实、陈复礼、陈伟南、陈其铨、林进华、何才林、陈汉士、朱明健16位韩师历史上杰出校友的大幅照片，他们每个人的身后，都有着令人感慨的故事，成为韩师历史中最大的骄傲。

2014年，经过十余年的努力，新图书馆馆藏纸质图书已达到146万册。这个数字表明，同中国高校图书馆藏书最多的北京大学的630多万册相比，已是它的五分之一，就是与世界上大学图书藏量第一的哈佛大学1 300多万册相比，也已是它的十分之一。这对偏居粤东一隅的韩师来说，无疑是一个了不起的成就。新图书馆还借助于现代网络技术，向电子数据图书化的潮流迈进，已有电子图书60多万册，中国期刊网等镜像数字资源数据库7个，远程使用CNKI优秀博硕士论文等数字资源数据库10个，馆藏数字图书现有36.6万种，电子期刊27 890种，音像资料2 100件。还有潮汕文化特色馆藏，如CALIS全国高校专题特色库项目"潮州歌册数据库"，拥有电子图书、论文、多媒体、图片、网络资源、口述历史 6 个子库，数据达 1 000 余条。

图书馆以舒展的姿态站立着，"书型"表露出来的是内在的时尚气质，走进新图书馆内，自习室、借书室、阅览室和机房等一应俱全。实现了藏、借、阅、网一体化管理，能为读者提供图书报刊借阅、网络资源检索、电子文献阅览、参考咨询和读者培训等多种服务。这里已没有了世俗的喧嚣媚俗，唯有静寂中洒出的浓浓书香溢满其间。每当绿色的方形翡翠镀上金边，图书馆内往回的都是徜徉于书架之隙，沉浸于书本之中，遨游于知识海洋的身影，他们绘成一道道靓丽的风景。

图书馆永远是大学生最为钟情的地方，特别是那充满舒适温馨的读书环境，有学生赞美图书馆像一个世外桃源，能让人如痴如醉；图书馆像一位循循善诱的老师，不但给人丰富的知识，而且陶冶人的情操；图书馆是人与人之间互相沟通的纽带，可以通过它沟通思想，陌生人成为好朋友。

有学生称赞它是一个非常安静的地方："每当我来到图书馆，就从一个挺着腰板，一个'正正当当'的人变成了一个蹑手蹑脚的做错了事的小不点。因为图书馆太安静了，让你不忍心打破它的宁静，我只得猫着腰尽量不发出一点声音。在图书馆，即使一根针落到地上，我也会感到仿佛我得罪了大家，仿佛我得罪了这里的宁静。在这里你可以专心地、安心地饱览群书。虽然，偶尔图书馆会响起铃声，却是悦耳的，却是令人心旷神怡的。"还有的学生向同窗宣布自己发现的秘密："我发现，大学里很多学霸就是在图书馆里炼成的！如果你也想炼成学霸的话，就天天泡在图书馆找各种专业书看吧。"

图书馆永远是弥漫着芳香的，流淌着旋律的，演绎着人生知识世界精彩的地方。当然，这一舒适良好的学习环境也强化了许多韩师学子"泡"图书馆的习惯，以至于那里常常出现满员甚至读书空间紧张的情况。

图书馆的座位紧张，特别是在期末考试临近的时候，学生们都会把这里当成最好的备考地点。随着高校考研大军数量的增加，自习室的压力也就愈来愈大。为了占座，学生们各想奇招。

我曾发现过有个非常认真而有趣的学生，他特意上网并制作一张标有黄色、紫色、黑色的空间位置图，还以韩师老手的资格向新生推销去图书馆自习室攻略，攻略如下：

这是图书馆 4 楼自习室的鸟瞰扫描分析图：本人冒着挂科危险，认真侦察研究分析，提出科学报告：

1. 两旁黄色座位为自习 VIP 区，靠窗有金灿灿的阳光投射进来，沐浴在阳光下，空气新鲜，心情好，有利于促进血液循环，提高做题背诵效率等功能运作。黄色座位地处两旁，一面靠墙，只要守住侧翼的干扰便可。

2. 中间紫色的座位在图书馆桌位供给紧张之际也是不赖的选择。地环四周，容易淹没在人群，进可攻，退可守，容易进入学习状态。

3. 黑色座位为自习室雷区！每个自习室的娃都是上辈子缺水的天使，水壶的数量与人头数量等同，造就了厕所的"生意兴隆"。从图中分析，路过黑色桌旁是奔向厕所的必经之路，而且每次大门一开，夏天刮入热气，冬天吹入寒风，造成生理和心灵的双重打击。

图书馆的可贵之处在于珍惜时间，中午疲惫地从图书馆走出，共有路径1和路径2通往东区食堂，其中路径2足足比路径1节约2分钟！2分钟是什么概念？2分钟可以读一篇四级作文，2分钟可以嗨唱《那些年》的副歌部分一次，2分钟可以说120句我爱你。所以请不要浪费时间，学会珍惜。

同学们的自习攻略：

1. 利用微积分中的拉格朗日定理测算，从东丽B门口步行到东区图书馆共耗时13分47秒，平均途中碰到某一漂亮女生驻足观赏再扣去5秒，刷信息卡用去2秒，电梯找座位耗时3分钟，共计：16分钟54秒。此段时间成为自习的酝酿阶段，所以在实施图书馆学习计划时要提前20分钟出发。

2. 根据人流量统计（针对期末考前），早上8：00—11：10，下午2：00—5：30，晚上7：00—9：40为学习高峰期，占位现象严重，这些时段姗姗来迟图书馆的，只能坐拥雷区。建议大家错开高峰期，提前到达图书馆。

图书馆学生占座现象，反映的是读书环境资源存在与利用之间的矛盾。这是对图书资源的利用问题。

图书馆藏书量的增长，得益于学校每年增加的购书投入，也受惠于社会各界的支持。韩师有长期接受各方馈赠图书资料的传统。杨玉林教授在图书馆任馆长时，遇有与社会文友相聚场合，便抓住机会向那些颇有影响力的作者索要精品，每当成功，便带着一种成就感，喜滋滋地将其收进图书馆馆藏。后来从政法系教学岗位上转过来的王德春教授任馆长时，不仅照行不误，而且为表示对捐赠者的鼓励之情，还向捐赠者颁发荣誉证书。

学院工作的教职工也普遍有捐书行动，我也曾几次捐书，为此曾获得过图书馆颁发的捐书奖励证书。社会各界、教育文化名流人士也常向韩师图书馆捐书。如香港大学饶宗颐学术馆、台湾陈其铨书道馆、浙江省委宣传部理论处、福建石狮市图书馆、汕头市图书馆、爱国实业家陈伟南、原广东省委书记吴南生、詹安泰之子詹伯慧、潮汕文化学者陈汉初、潮州市委副秘书长陈耿之等，流淌在韩师图书馆的捐书文化，流延百年，不曾断流。

2015年4月23日，韩山师范学院举行第十届韩园读书节捐书赠书活动，同时宣布图书馆将向潮州市民开放。学院呼吁全体师生和社会各界继续踊跃向图书馆捐书赠书，奉献爱心，传递书香，共享知识。林院长在接受电视台记者采访时表示："这个图书馆既是韩师的，也是潮州市民的。今年我院图书馆在国庆前会实现向全市市民开放。届时，不仅学院的老师和学生能借书，潮州市民也可以到学院图书馆借书。"他号召全社会来共同建设韩师学院图书馆，踊跃向图书馆捐书赠书，捐一册书籍，献一份爱心，传递书香，知识共享。后来统计，这次活动，图书馆接受赠书就达 3 500 多册。

韩师图书馆是韩师人记忆深刻的地方，这里的藏书一部一册都来之不易，一页一张都值得珍惜。

曾听有学者云：读书，而知人、知天、知命；学习，使人得到厚重、智慧、高雅，成为真正的人。我不知此命题是否具有可论证性，但以韩师图书馆的百年变迁经历，可知时代的教育与知识冲突在图书馆方寸之间已可窥见一斑。

韩师图书馆建筑及功能的演进变迁，其所蕴含的是韩师人深层次精神文化诉求和写照。

12　国际摄影大师陈复礼

　　韩师新图书馆的六楼，有一处占地达 500 多平方米的陈复礼摄影艺术馆，它收藏的是一位知名的国际摄影大师与母校韩师的世纪情缘。

　　陈复礼摄影艺术馆中心处有一块方形的黑色大理石碑，上面刻着陈复礼先生手书的四个隽永清秀大字——师恩永记。旁边则是一行小字："韩师母校建立九十五周年之庆。"落款是："学生陈复礼敬贺，时年 82 岁。"

　　历史上的韩师，曾出了两个国际级大师，一位是国学泰斗饶宗颐，另一位就是国际摄影大师陈复礼。陈复礼 20 世纪 30 年代初曾于韩师就读，如今已享誉海内外，人们将他作为香港的文化代表，与北京的吴印咸先生、台湾的郎静山先生并称为摄影界"华夏三老"。几十年来，陈复礼先生历尽沧桑，奔波不辍。他北临雪城，南归故里，足迹遍及大江南北，以镜里丹青，中国画意为摄影境界的最高追求，奔走于香港的渔港、苏州的园林等地，把无锡太湖的波光、云南滇池的杨柳、潮州韩江的船桥、新疆天山的白雪、福建武夷山的松峰以及江南水乡的景色，尽收于自己的镜头之中，创作出大量彰显民族特色的摄影作品。由于他在摄影界的突出成就和影画一体的创新之举，在 2007 年，他荣获香港特别行政区政府授予的"铜紫荆星章"；2009 年，获第八届中国摄影金像奖终身成就奖；2013 年，再获香港艺术发展局颁发的终身成就奖。

　　陈复礼 1916 年生于潮州官塘镇石湖村的一个贫困家庭。全部家产为"两间瓦房，几分土地，手中牛绳，肩上扁担"，这些东西伴随着他度过艰苦的童年。虽是耕田人家，他的父亲陈必名却读过私塾，不但知书识礼，而且喜爱潮州音乐和笔墨丹青，在官塘当地小有名气，也算实现了自己一生"必名"的心愿。在父亲影响下，陈复礼 8 岁时就接受了启蒙教育，上了 6 年小学后，又读了一年私塾。15 岁时，他来到当时是广东省立第二师范学校的韩师读书。

　　在韩师，陈复礼认识了陈伟南，由于他比陈伟南大 3 岁，自然成了学长。同样的生活背景，共同的读书经历，使他们在母校韩师的一根线下，牵起了几乎是一个世纪的友谊。然而在那个战乱频仍、风起云涌的时代，每个人的人生之路又怎能走得完全一样呢？学生生活过后，两个曾在韩师成长起来的有志青年选择了不同道路来实现自己的人生目标。陈伟南去了香港创业，最终成了著名侨领和爱国实业家；而陈复礼去了南洋谋生，最终走上艺术发展之路，成了国际著名的摄影艺术大师。

陈复礼当时就读韩师的年代，是韩师在特别年代的特殊兴旺时期，当时的校长谢贤明和后来的李芳柏校长都是知名教育家，学校还有詹安泰、王贯之、王显诏、黄昌祺等一批知名教师任教。当时韩师依山傍水的优美校园、尊师重教的人文传统、严格的校规和优良校风等诸多要素使其名气响于粤东，甚至通过华侨传至海外，这处读书圣地对陈复礼的成长有着深远的影响。

陈复礼当时还是一个十分文静的学生，常常独坐在教室的角落里，非常认真地学习，极少跟人讲话，课余时间，经常在宿舍里读一些当时的"禁书"，如苏联著名作家肖洛霍夫的《静静的顿河》、高尔基的《母亲》等长篇小说。他还读些图书馆里的经史子集等线装书，新文化运动的新作和进步书刊更是他的最爱。闲暇时，陈复礼还经常到学校附近的韩文公祠内走动，吟诗甚至是抄录碑刻。

那时韩师的学子家境都很贫困，比起在金中读书的富家子弟来说，他们没有多少零花钱。对陈复礼来说，最奢侈的享受，也不过是用学校补贴偶尔剩下的零钱，到湘子桥街市上喝一碗红豆汤，再买一捧花生，然后找个僻静的楼台，出神地看着滔滔的韩江水和南来北往的大小船只。此时独守的少年，既有"逝者如斯夫"的感慨，也有"过尽千帆皆不是"的思索，眼前的一切，对他的人生道路选择都有说不尽的触动和启发。

陈复礼入读韩师的第二年，正赶上日军入侵引发当地农村经济凋敝之时，他的母亲因病去世了，按照潮汕当地民俗，家中老人去世，如果此时儿子长大成人，应当携媳妇为之捧灵。于是，遵从习俗和守孝之道，当时已定亲的陈复礼在母亲去世后第三天与未婚妻草草成亲，安排完母亲后事，又继续学业之路。1934年，陈复礼以"总评甲等"的优异成绩毕业，却不知奔向何方发展，徘徊一段时间之后，于1935年背井离乡，赴泰国投奔岳父邱家裕，到他所开办的荣隆行任店员。期间，他受聘为泰国曼谷中文报《泰国中原报》驻洛坤拍隆的特约记者，两年间发表新闻报道、通讯特写多达100余篇，为今后的摄影创业和文学艺术发展打下了重要基础。后来，因为客观地报道了泰越边境冲突的真实情况，受到泰国当局的警告，彼时他还年轻气盛，出于对当局排华政策的不满，于1944年举家迁往越南河内。

1955年始，陈复礼选择到香港定居。最初是办实业，独资创办泰华贸易公司。次年发展他的艺术事业，参加香港摄影学会，开始了他摄影生涯中的"沙龙岁月"。陈复礼思考人生，虽流年似水，人的生命短暂，更拉不住时间的脚步，挡不住历史的车轮，但可以用照片留下岁月的身影。既然如此，他要用菲林定格世间的万象，用手记录人间转瞬即逝的存在，用心赋予其内涵与符号意义，把一张照片变成一个世界。

初入摄影界，他的作品接近社会底层，拍的大多是写实性很强的人物作品，例如后来获过奖的《血汗》。这一作品就拍摄于柬埔寨湄公河畔的一个工地。他在拍摄时，力求从大批人力车夫中突出表现一个劳工的形象。这位劳工上身赤裸，汗流浃背，由于受到烈日灼晒，皮肤显得黝黑发亮，这正是一个"血汗"劳工生活的典型。画面上，作为主体人物的劳工占据了画面的主要位置，其他那些虚化了的景物和背景，则充分衬托了工地现场的紧张气氛，具有无可怀疑的真实感。作品中作者对人物神态的捕捉，把握人物面带痛楚、两眼呆滞注视上方的表情，以及略带动感的手指，皮肤上的粒粒汗珠正汇成一条条汁线，不住地流淌，充分表现出这位劳工饱受煎熬又无可奈何的内心世界。

陈复礼先生正是凭借《血汗》等一些艺术摄影作品，取得香港摄影学会高级会士资格，直接进入甲组月赛。而后，《坚毅》《战后》《喜雨》《湄公河畔》等摄影作品也在月赛和一些国际摄影沙龙中屡屡获奖。

自20世纪60年代，特别是内地实行改革开放以后，陈复礼先生多次组团回国参观访问，开展学术交流，举办摄影展，其间他频频创作，《朝晖颂》《山区医生》《西湖春晓》《大雪青松》《火焰山》等大量生活写实摄影大作名扬海内外。1967年，他拍摄的《搏斗》成为自己最为耀眼的代表作。在这幅作品上，一片茫茫的大海上，惊涛汹涌，乌云密布的天空，一叶孤舟，被浪涛冲击得前后起伏，上下颠簸，十分惊险。而几个船夫在海涛浪尖上奋力摇着桨，画面体现出来的是人在力挽狂澜战海涛的壮丽景象。作品采用波浪翻腾的大海与孤独的小舟强烈对比的手法，使之产生一种惊险感，而画面上方大块的白云弧形卷曲向下，在深暗的天空中显得异常突出，这不仅活跃了画面，而且增添了渔民同大自然搏斗的气氛，深化了主题思想，从而激发起人勇于拼搏的精神。

陈复礼的代表作品《战争与和平》摄于1951年，作品在美国国际摄影沙龙首获铜牌，之后在比利时、南斯拉夫、加拿大、捷克等国的艺术作品展中均获过奖。

照片拍摄地是陈复礼先生在越南河内的家，两只自家饲养的信鸽十分听话，它们被放在邻居家的墙头上，上面有弧形的铁丝网。天空阴沉，陈复礼静下心来，一直等到泛白的阳光从云朵后面散射出来的一刹那，他按下快门。于是，那代表着和平的鸽子与象征着战争景象的铁丝网瞬间被定格。

文科素描陈复礼摄影作品《战争与和平》

"诗情画意王摩诘,镜里丹青复礼陈。"这是原广东省委书记王匡对陈复礼的评价。王匡认为,正如唐朝诗人王维的诗句中渗透着画意一样,陈复礼的镜头下散发着浓厚的丹青气息。他将中国画运用空白和墨线来区分物体的方法融入摄影,在黑白摄影中,运用单色来表现被拍摄物体的质感和立体感,体现出中国传统绘画去粗取精、删繁就简、虚实相间、藏露结合的精华。而陈复礼自己对这幅作品的评价是:"因为我从小流浪于南洋各地,受了不少的挫折与困难,才能生存,对人生来说,搏斗是生存的条件之一,每一个人都应该有同感。有这种思维之后,把这个想法记在心里,遇到某种适合表达的时候,我就会去做。"

陈复礼对摄影艺术有着特殊的情感,1958 年,他与友人发起创立了香港中华摄影学会,自任学会副会长,会章规定以中文为学会的通用文字,完全摆脱了由英国人控制的香港摄影学会的束缚。1959 年,他举办个人摄影艺术展,两年后自己投资创办摄影月刊《摄影艺术》杂志。初期,由于刊物内容不够大众化,缺乏经营经验,赔了很多钱。于是他总结教训,改变办刊方针,面向大众,更名为《摄影画报》。从此刊物站住了脚跟,越办越好,这一摄影期刊后来成了港澳、海外华人以及内地广大摄影爱好者的良师益友。

总结陈复礼先生的摄影艺术创作之路,如果说从 40 年代末到 50 年代中,他曾走过一条从奔"捷径"到刻意追求画意效果的沙龙摄影之路的话,那么到了 50 年代后期,摄影创作则逐步走向生活——写实的道路。从他的许多作品,从《血汗》《钱老板》《喜雨》《寄望》《渔家乐》中可见一斑。也许是自身经历过一段异常艰苦、坎坷不平的生活道路,他的作品中明显地流露着一种对劳苦大众的同情和爱怜之意，也寄托着自己对人生和社会的深刻体悟。他的代表作之一《战争与和平》，以铁丝网中的鸽子为主角，配以布满乌云的天空背景。其子陈惊雄说："这与父亲的经历也是紧密相关的。日本侵华战争迫使他背井离乡，日本侵入泰国迫使他辗转越南，在越南又赶上越法之战，总是与战争不期而遇。所以通过镜头表现出来的对和平的热爱尤其强烈。"

半个多世纪以来，不论是生活的颠簸，还是生意上的起落，陈复礼先生都没有放弃对摄影艺术执着的追求。陈先生自己说："职业摄影师以摄影维生，而我们的业余摄影爱好是'烧银纸'的玩意儿。做生意是为了生活，摄影艺术则是我的理想，我有一枚印章：'徘徊于雅俗之间'，说的不仅是我的摄影，也道出了我在生计与理想之间来来去去的状态。有的时期，生意忙，甚至生活飘摇不定，我的摄影活动会大为减少；当安闲下来，又会频繁地'行走江湖'。"选择以摄影为乐，陈先生凭着坚强的意志开拓着自己的艺术道路，由一个普通的摄影"发烧友"跃居为蜚声中外的摄影家，在世界各国举办的国际沙龙中，先后夺得数百枚金、银、铜牌。

1959年，陈复礼先生回到了阔别20多年的祖国，回乡的第一站就是他的出生地潮州。他要看看哺育他长大的土地和韩江水，家乡潮州的风光在他心目中依然那么旖旎迷人，山山水水使他顿生别样的激情，以往涉足的异国风情为之失色，原来一生追寻的美就在这里，他的根就在这里，见到笑脸相迎的家乡人，怎么不感到由衷的高兴呢？他把喜悦寄托在摄影上，不知道拍了多少张照片才能觉得满足。从家乡到神州大地，对锦绣中华的深情，成为他数十年如一日从事艺术创作的原动力。

晚年时，陈复礼先生高扬着"中国气派"的旗帜，沿着吸收中华传统文化精髓的道路阔步向前的同时，又探索艺术上的创新，在摄影作品中巧妙地融入中国传统绘画、书法、篆刻、诗歌等艺术形式，绘画题材与照片题材有机融合，成为一幅新的"合璧"，成品影中有画，画中有字，是书法、绘画还是摄影作品一眼难辨，并且使摄影作品有了中国画的韵味和美感，从而独创了"影画合璧"的摄影形式。这是陈复礼继承和发扬中国传统艺术的一个大胆尝试，他在给每位艺术家提供照片前，先要了解他们的绘画风格，然后再把数张选好的摄影作品放大尺寸，供其选择与试验并加以创作。他把沙漠风光的照片提供给吴作人，吴老补了头骆驼；他选择有古树乱枝的照片给李苦禅，老画家就在树枝上添上了一只神态自若的老鸦……用这种同样特殊的"影画合璧"艺术创造形式，他曾与李可染、刘海粟、范曾、启功、古元、黄胄、黄永玉、程十发、华君武、关山月、黎雄才、饶宗颐、林墉、刘昌潮等20多位中国画家名家合作，留下了许多令人称奇的摄影艺术作品。如今，参与合作的书画家很多已经故去，这些独特的艺术品就更弥足珍贵了。

陈复礼先生的摄影艺术是中华摄影民族化的典型表现。在长达半世纪的艺术生涯中，他解放了造型与色彩，把造型、结构、韵律纳入色彩统一和意境的融合，运动与静止、暖色系与冷色系在他的作品中都能完美融合，成功地表达了他内心的世界，形成明朗和谐的风格。曾有一次，因为他对偶然发现的杭州西泠印社刻印的闲章"造化小窃"十分喜爱，后来在有些场合就自诩为"造化小窃"。其中所表达的内涵，是他师法自然，寄情于故里山水的心境，从中足见他在自己的生命节奏中享受不与人争的清澄心域，达到虚怀若谷、忠于自己的艺术空间和心灵世界。因为陈复礼先生将画意摄影推向诗话化，被人们誉为"摄坛王维"，又有"镜里丹青"的美称。

陈复礼先生的作品以纪实为经，以写意为纬，通过"画意摄影"，把摄影艺术推到了一个新的高度，一直以来，人们对他的作品都有较高的评价。例如原来新华香港分社社长周南有过评语："镜下风光，胸中丘壑"；文化部副部长杨志今评价其为"聚焦唯美，写意真善"；香港特区民事务局前局长曾德成对其评价："艺精德厚，情击河山"；画家刘海粟的评价是："复礼摄影，六法留真，千变万化，不断创新"；书画家启功的评价是："刹那能留宇宙奇，丹青相见有差池。山河锦绣堪收摄，此日神州处处宜"。1979年7月，北京的中国美术馆为他举行了"陈复礼摄影展"。作家曹禺为影展题字"大开眼界"，画家黄胄的题字为"大呼好也"。

经过多次海内外摄影作品成果展示，陈复礼的名气大了起来。1979年秋天，他又应邀出席第四届全国文学艺术界联合会代表大会，被选为全国文联委员之后，又顺其自然地成为中国摄影家学会副主席，这一年，他还被推选担任第五届全国政协委员，参与国家大事的讨论。一切都来得太突然，他还没有足够的思想准备。于是，怀着十分不安的心情去向时任全国人大常委会副委员长廖承志求教。廖公在明确了他的意图后，随即微笑并以轻松的语气说："好，你说你不懂得政治。我可以告诉你，你用摄影机把我们祖国的大好河山、经济建设和人民日益丰富的精神生活、物质生活拍下，拍得真实又优美，使之振奋人心，鼓舞人们的斗志。这就是最大最好的政治。"

陈复礼虽然定居香港，却有着一颗爱港爱国的赤子之心。他衷心拥护中央解决香港问题的方针，当选为香港特别行政区第一届政府推选委员会委员后，更是以崇高的历史责任感和严肃认真的态度来"为民请命"。1982年6月15日，在中英两国政府关于香港回归问题正式谈判之前，邓小平在北京接见香港各界代表，座谈香港回归问题，陈复礼就是12名参加者之一。他关心国家民族大业的发展，热爱祖国，1994年，曾在纪念祖国的一篇文章中写道："山水最美，祖国最亲，我年届八旬，但我的中国心不会变，不会老。"

陈复礼爱自己的母校，他在回忆自己的人生之路时曾说："我本是乡下一个穷小子，什么都不懂，一直在韩师三年后，我开始对社会的知识、对世界的认识、对人生道路的认识，给了我很大的冲击和新的启发。所以韩师对我的人生启蒙和转变十分重要，令我终生不忘。"1986 年，陈复礼从香港回到阔别 60 年之久的母校，在老同学丁翀的陪同下，走在校道的石板路上，追忆当年一起住在第一宿舍的情景，看着曾经为抗议当局腐败而罢课的地方，人仿佛又回到了那激情燃烧的岁月。

人老了，对家乡和亲友的思念就会越来越深。陈复礼在丁翀建议下，在潮州买了房子，不时回来小住几日，以慰思乡之情。而韩师也更像游子的家，陈复礼每次回到母校，总要带上摄影集和作品奉赠母校。作为摄影大师，自然十分珍爱自己的作品，面对市场上的众多追求者，他是再高的价格也不肯卖掉，却把百多幅珍品都交由母校保管。对此，他平静地说："假如我有一点成就的话，也是得益于母校的启蒙，值得将这些'作业'重新交给老师，重新禀报。"形象的比喻，朴素的语言，寄托的却是先生对母校深厚的情感。

1998 年 9 月，为迎接母校 95 周年校庆，陈复礼又惠赠一大批精裱的摄影展品和摄影集及有关资料，向母校献礼。学校决定在校史馆增设陈复礼摄影展览室，陈三鹏副院长代表学校，通过陈复礼的弟弟陈复疆先生，约请陈先生为展览室惠赐翰墨，那一年，他已是 82 岁的老人了，正要到北京为自己举办的展览做准备，得知母校约请后十分重视，他说那一夜浮想联翩，夜不能寐，一大早醒来，当即挥毫书写了"师恩永记"四个发自肺腑的清雅大字，送给母校留念。

1999 年的春节前夕，陈老在自己的寓所整理旧物时，发现了他曾在韩师读书的毕业证书，非常兴奋。在春节过后两天，就委托弟弟陈复疆专程从香港把复印件送回母校，而且写上一个旁注："一九九九年二月检出此证明书计年历一甲子有余，不胜怀念。陈复礼时年八十三岁。"一本毕业证书，随身收藏数十年，虽奔走于越南、柬埔寨、泰国等国，历经兵荒马乱的战争年代仍未丢失，从中可以看出一个韩师学子对三年韩师生活的眷念之情。

2003 年，作为庆祝建校 100 周年活动内容之一，韩师在新图书馆六楼大厅建成"陈复礼摄影艺术馆"。艺术馆面积达 500 多平方米，由国际汉学大师饶宗颐教授书题馆名。艺术馆兼有展览、艺术沙龙等多种功能，展厅的展线长达 103 米，展出面积为 380 多平方米，馆中立石铭刻陈复礼"师恩永记"的墨宝。橱柜里陈列着陈复礼先生珍藏 70 多年的韩师毕业证书复印件，国际国内获奖的奖品，如中华文学艺术家金龙奖的金龙像座、国际摄影沙龙十杰的奖章、奖匾等；各种荣誉证章、证书，如中国文联荣誉委员金质证章，连任全国政协委员纪念证书等；陈复礼的摄影集，介绍陈复礼的书刊、资料、影碟等，全馆展壁展出陈复礼的摄影精品及书画名家的题赞墨宝。

"陈复礼摄影艺术馆"既是陈复礼先生摄影作品艺术鉴赏之所，又是开展艺术活动、进行学术研究和对韩师青年学子进行传统教育的基地。

13 游子瀚墨传香

有一种感情，归属于宝岛台湾，却根植于潮州这片广袤的土地，几十年回荡成阵阵潮音；有一份执着，梦成于笔耕不辍，却逾越于台湾海峡，回应母校召唤游子归来的籁音。这一份感情和执着，属于韩师的杰出校友陈其铨先生。他早年从潮州韩师出发，走向台湾，走向世界，成为书法大师，晚年又回归潮州韩师，向韩师后代学子，传承中国书道，弘扬中华书法艺术。

陈其铨，字奇川，是台湾中华弘道书学会永久会长，还曾任台湾中国书法学会理事长、台湾全省暨全国美展书法评议委员、文艺奖书法评审委员。陈先生早年自唐楷入手，30 岁以前就已遍临篆隶行草魏碑，40 岁后勤研书学及甲骨文，50 岁以后泛临晋唐法帖，博览经史子集和古今法书胜墨，诸体兼擅，既有创作实力，又有学术研究能力，被誉为"台湾书法艺术教育的主流人物"，是两岸公认的一代书法大家。

陈其铨与台湾的台静农、王静芝，大陆的启功是瀚墨同仁，并称"四老"。"四老"亲历 20 世纪大时代的变迁，有着丰富的人生阅历和极高的艺术造诣，且数十年致力传承中华文化，栽培后进。台静农行草刚健，四体兼备，以"沉雄郁博"深受台湾艺林推崇；王静芝主持辅仁大学中国文学研究所近20 年，国学、诗文、书画等均有造诣；启功是中国当代著名教育家、国学大师、古典文献学家、书画家、文物鉴定家、诗人，还是书法大家，他师从东晋二王，兼学明清诸家，结构优美紧凑、用笔精到、章法严谨，形成了独特的书法风格。

陈其铨与启功相识于1990 年。那年，二老分别代表两岸书法学会率团参加新加坡主办的第一届国际书法大展，因这一机缘，一见如故。陈其铨敬仰启功对古文物的鉴赏能力及其学识的渊博，启功对陈其铨晚年创立的"综体书"大为欣赏，称其"比郑板桥的六分半书还好"。

那一次相会后，陈其铨从新加坡回到家里，一进门就跟妻子说："这次去新加坡，最快乐的事是认识了启功。"两年后，启功的弟子苏士澍赴台访问，行前启老对他说："到台湾一定要拜访辅大任教的王静芝（启功弟子）和陈其铨先生。"

1999 年，大陆举办全国第一届电视书法大赛，二老又同为总评审。会后，陈其铨偕夫人张月华去启老家中拜访，希望启老为陈其铨在北京中国美术馆举办的书法展题字。当时启老住在北师大宿舍，敲门过后，传出应门声："对不起啊，我眼睛黄斑症，眼前茫茫一片，看不清楚各位了。"听说陈其铨先生的来意，他便说："留下来，我试试看，不一定能写好。"三个月后，启老托人送来展览题字，另书赠"十幅蒲帆万柳条，好风盈路送春潮，昨宵樽酒今朝水，一样深情繁梦遥"以此表达情谊。

2000 年 8 月，已是 84 岁高龄的陈其铨先生在北京中国美术馆举办书法展，引起极大轰动。当时已经极少参加社会活动的启功先生在家人的搀扶下到场祝贺，两岸"启（其）老"一同观展言谈甚欢。

这位身居台湾的陈其铨先生，正是韩师的知名校友。因为他对母校所做的贡献，在韩师新图书馆的七楼，还特意为他建有一座"陈其铨书道馆"。

陈其铨 1917 年出生在潮安县城，读的是大埔旅潮小学，10 岁时就从唐楷柳公权玄秘碑拓入手学习书法。18 岁时考入省立第二师范学校，成了陈伟南、陈复礼的同学。因为在校学习时深得詹安泰、王显诏等名师启迪，他开始研习书法、诗文写作与金石篆刻。这一入门便一发不可收拾，此后一生都勤研书学，遍习篆隶行草北魏诸碑及商周甲骨文，终成一方大家。

韩师乡村师范科毕业后，陈其铨去了丰顺县汤坑小学任教。抗战期间，到战时省会所在地韶关与书画界名人组织"人文画苑"，以艺文活动宣传抗战精神。1949 年移居台湾，先是在政界任公职，后来又以书史、书理、创作、推广、书体的理念开发及教育为志向。曾任台湾东海大学教授、广东嘉应大学客座教授、新加坡书法研究院名誉院长，也是台湾中华弘道书学会永久会长，历任台湾中国书法学会理事长、台湾全省暨全国美展书法评议委员、文艺奖书法评审委员。

陈先生作为当代书坛卓然有成的书法教育家，桃李遍海内外，晚年犹致力于两岸文化的交流，使中华书法光大于亚洲，弘扬于世界。先后应邀于"国立"历史博物馆、台湾美术馆、台北中山纪念馆暨台北市立美术馆举行书法作品展，来往于韩、日、新、马、美以及中国港澳等国家和地区举行书法巡回展，曾获台湾地区"资深文艺工作贡献奖"、中国书法学会第一届"薪传奖"。其学术专著包括《中国字体源流》《中国的书法》《中国书法概要》等。书论有《汉字源流与书法变化》《汉字源流与书法创意空间的拓展》《两晋书学述略》《论书道美》等。印行墨迹有：《奇川书法选集》《甲骨文集联》《奇川墨迹选集》《陈其铨稀龄书法展专集》《陈其铨教授书法展专集》《陈其铨八十书法展专集》《陈其铨教授北京书法展作品选集》等十余种。

陈其铨早年学书法，博览经史子集及古今法书胜墨，并从事书论撰述及书法教育的推展。如此严谨的治学经历，为学书法打下了坚实的基础，使陈先生的书法能够融合古体以成新书，大致金文及大小篆，遒逸多姿，古趣益然。各体之中，甲骨文高古苍劲；金文老成朴茂，笔趣益然，且多施于小品，上书精言短语，雅俗共赏；隶书则出自《礼器碑》，辅之以《乙瑛碑》之厚重与《史晨碑》之古奥，加上个人特有的运笔节奏，形成既古朴又遒美的独创书风；行书则师于王羲之父子，晚年逐渐舍弃流美，形貌虽有离合，精神反而趋近；草书得篆隶的凝练笔意，气象雄强而韵致遒逸。

尤其值得一提的是，陈其铨先生在晚年集篆隶楷行草而成一种独特的"综体书"，书风潇洒散逸，面貌独特，成为罕见的创格之作。他曾用综体书写有《庚午论书诗二首中堂》：

书道先驱殷卜辞，风神奇逸体多姿，纵横敧正浑成趣，入妙通灵发古思。
篆隶籀分笔欲迟，顿提转折显奇姿，苍茫腕底精灵跃，正是龙鸾起舞时。

学书而求变，是千古书人共同的愿望，然而想创新谈何容易。古人言书法破体者"不过楷、草诸种书体夹杂而已"。陈先生书法汇集古今文字各种书法体于尺幅之中，可说是奇态异姿，精彩纷呈。尤其可贵的是，他以统一笔调融合诸体，却丝毫没有拼凑之感。品味这一奇巧作品，怎不发揽万象于尺幅，通古今于一瞬之幽思！

陈先生深谙书史流变，发明书法"无固定形象，有一定原则"，以七十高龄深入传统而走出传统。陈其铨先生的"综体书"，初期以篆隶为主，且字字独立，成熟后参入行草笔意，映带流畅。历经十余年的琢磨取舍，融会贯通，"综体书"终成为他毕生书艺的结晶，就整体而言，"综体书"有熔铸礼器和魏碑风骨的笔力，有行草书的流畅节奏和篆隶的古朴苍劲，笔画之间相承呼应，游丝相连，行笔畅快无碍而又方圆相济，可谓是他书法功力深厚，资学过人的最好体现。

陈先生曾经对他的妻子张月华老师讲过自己研读书法的体会：好的书法家要像药剂师，对每种植物的药性都了如指掌，信手一抓，就是一副好药。有人曾问过他写字前是否打草稿，他答："不假思索，援笔立就。"陈先生还将临池心得自作诗句："笔法传承源一脉，顿提转折道兼通；篇章离合情虽异，点画回互理则同；气韵风神窥品学，纵横敧正显机锋；错综群体浑成趣，篆隶草真共冶融。"

陈其铨一生以弘扬书道为己任。1962年，陈先生在台湾发起"省政府同仁书法研究会"，举办书法研习，名家作品欣赏的演讲，首开公务机关人员公余研习书法的风气；1963年，他与台湾文艺界名人发起成立"八俦书画会"，八位大家各有精研绝技，彼此砥砺学问，共同致力于发展书画艺术；1974年，他应聘主持省立台中图书馆书法讲座，前后达八年之久，培养了大量中小学书法教师；1980年，他创办"弘道书艺会"（后改名为"弘道书学会"）并任会长，学员遍布台湾全岛，引领全社会学习书法艺术，为台湾的书法教育及师资培养奠定了基础，为传承优秀文化，培养书法创作和教学的后继人才做出重要的贡献。

陈其铨撰写的书学理论文章为台湾现代书法创作及书学理论研究提供了指引。他又是当代书法教育的宣传者和身体力行者，终生之志在于弘扬书道，所以只要有机会，有人请，他都不会拒绝。不管高等学府来请，还是地方庙会来请，他都开心地去。改革开放以来，他曾在北京中国美术馆及广东的汕头、潮州、丰顺等地举办展览，在北京大学及广东的嘉应大学、汕头大学等高校开办讲座，弘扬书法艺术和书道精神，"但问耕耘，不问收获"正是陈先生一生以书弘道的写照。正是因为有了这种精神，"弘道书学会"创立30多年来，培养了大量书法人才，而陈先生也被誉为"台湾书法艺术教育的主流人物"。

定居台湾几十年，陈先生一直对家乡广东丰顺眷恋不已。20世纪90年代，返乡探亲祭祖，替家乡修桥，又给小学母校修缮捐钱，并为家乡太平寺题字："五十年来海桑，古佛依然，殿堂不焕；三千里外魂梦，河山一统，父老康宁。"

他忘不了对他一生产生重大影响的韩师母校，在他就读的20世纪30年代，韩师已进入中师阶段的鼎盛时期：校风和学风为各界所称道。陈其铨先生自幼喜爱书法，进入韩师以后，受詹安泰、王显诏等名师启发，打下了很好的基础。晚年，陈其铨怀着一颗赤诚的反哺之心，以"八十再出发"的豪迈之志，准备为母校韩师的书法教育奉献自己的力量，以期像母校的前辈詹安泰、王显诏诸公一样培育书法人才，传承书道文化。

2000年7月，陈其铨先生和张月华女士访问母校。看到母校的发展变化，他感慨万端，即席挥毫泼墨，将自己对母校的思念与万千感慨寓之于书，写下了"教泽留徽，师恩长仰"这一横幅，其书法"粗不为重，细不为轻"，其墨法苍润并施、浑厚苍茫，于重规叠矩的字法和章法之中，可见一位老学子对"教泽留徽"的母校一片长仰师恩的拳拳之心。

随后几年，陈老先生又几次来到母校为学校师生做《书法真谛与研习进阶》的讲座。讲座中陈先生既讲书法，又讲文学修养和人生哲学，边讲授边挥毫示范，使在场的师生无不为这样高深又精彩的演讲所打动。

2001年，学校新图书馆大楼动工，在规划这近3万平方米的建筑过程中，学校就设想图书馆不仅应该典藏图书，还要在有条件的情况下收藏文化艺术品，使师生能饱览群书的同时能增广见闻，提高他们的文化素养。不久，学校就得到陈先生书题的"教泽留徽，师恩长仰"墨宝，并收到一批珍贵书法作品，同时也得到先生的承诺："展览空间有多大，我就送多少幅字。"学校表示在即将完工的新图书馆大楼专辟空间陈列陈老先生的作品，陈先生听后非常高兴。对于展厅如何命名，陈先生说："可叫'书道馆'，不仅要陈列书法作品，更重要的是要使它成为传承书法艺术的地方，以后我每年寒暑假到母校义务为同学们开设书法课程，弘扬中华书法艺术。"听到陈先生这番话，学院完全理解了陈先生的意图，在母校建书道馆是想将其作为书法艺术教育、学术研究和传统教育的基地。

2003年春节后，陈其铨伉俪莅院，并将该馆七楼大厅图纸带去台湾请专家设计。准备暑假期间再次莅院，亲自指导展厅装修与布展等工作。6月便寄来书道馆装修设计图。令人惋惜的是，7月，陈先生不幸生病住院，妻子张月华十分着急，担心难以出院参加母校的百年华诞，便委托其外孙婿陈伟斌把陈教授奉赠的书法作品运来学院。张女士告知学院陈先生的病情，她也做好了思想准备，万一陈先生无法康复，她将继承陈教授弘扬书道之职志，以韩师"陈其铨书道馆"为基地，开办书法讲座，推广书法教育，弘扬中华文化。

10月，正是韩师百年校庆之时，"陈其铨书道馆"如期开馆，其中将陈先生赠送给母校韩师的一百多幅各类书法作品展出。这可说是大陆首座大专院校附设的以台湾书法家命名的书道馆。令人遗憾的是，当时陈先生因中风住院，未能亲睹书道馆的落成，揭幕仪式也只能由夫人张月华代之。校庆之后两个月，陈其铨先生乘鹤西去，听到先生不幸逝世的消息，韩师校友不胜悲痛，薛军力院长致电悼念，并向张女士表示慰问。

陈先生病重期间，张月华女士将他在北京展览的大部分作品送到韩师陈其铨书道馆陈列；陈先生病逝后，张月华女士以陈先生理念为宗旨，以重振中华优秀文化为依归，接续先生传承书法的未完事业，两次给学校写信，提出愿意通过举办书法辅修班的方式到韩师教授书法。韩师为张女士的真诚所感动。从此，年过花甲的张老师奔走于两岸之间，推动韩师的寒暑假书法辅修班正式立项成为韩师海峡两岸文化交流项目，以自己的知识和素养勇敢地承担起传授陈先生书道的重任。她本人同台湾书法家翁坤山和谢志源等人，成为书法讲座的讲授导师。每年寒暑假，她都会与台湾弘道书学会的同行们一起来韩师免费为学子们开办书法辅修班，义务讲学。一期又一期，无偿教授韩师学子书法艺术，也以实际行动昭示，什么是韩师杰出校友大公无私的精神。

张月华女士是台湾弘道书学会荣誉理事长，她的书法造诣高深，更有高尚的人品，每当在书法讲座开班时，她总要说："陈先生将书道馆建在韩师，是因为他对母校怀着深挚的感情，我来韩师并设书法讲习班的目的，是要继承和发扬陈先生生前传艺弘道的职志。完成先生报效母校的未尽心愿。"每期学习班，她都要讲书法理论，秉承陈先生的"书不厌精，手不离帖""只有深入传统，才能创新超越"的教学理念，深入浅出地讲述中国书法的渊源及历代各家书法字体的特点和内蕴，把学员带进浩瀚精深的书法殿堂。

2004年，张月华被韩师聘为陈其铨书道馆名誉馆长。书道长存，陈其铨夫妇的奉献精神激励和影响了一代又一代韩师人。

陈其铨书道馆建成后，学校安排专人负责书道馆的书法讲解和文化交流工作，从首都师大书法专业毕业的硕士研究生冯广贺成为最合适的人选。第二年，冯广贺成为陈其铨书道馆馆长。

冯广贺因为教学及辅导工作成绩突出，曾获"陈伟南教学奖"。在韩师磨砺5年之后，于2008年考取首都师范大学中国书法文化研究院博士研究生，成为书法大家欧阳中石先生的关门弟子，并师从张同印、刘守安、卜希旸诸先生，深得名师真传。

正所谓"云厚者，雨必浓；伏久者，升必高"。从首都师范大学博士研究生毕业后，冯广贺留任母校科德学院艺术设计学院从事教学工作，几年后升为副教授，在书法界名气日渐响亮，成为中国人民对外友好协会书画院特聘书法家、中央党校"领导干部国学大讲堂"书法导师、军事科学院将军书法班导师，书法作品数十次在国内外书法展览和比赛中获奖或入选，大量作品为海内外文博机构及收藏家所收藏，有些书法作品的拍卖价十分高。

冯广贺进京多年，仍不忘韩师，不忘陈其铨书道馆。每年寒暑假之际，他还会出现在陈其铨书道馆，或与张月华女士及台湾书法界人士一起在其所办的书法辅导班向韩师学子传习书道，或参与广东省"翰墨薪传工程"，到位于粤东地区的潮汕中小学书法师资培训班辅导任教。

继冯广贺之后，陈其铨书道馆又出现一名新人廖明灿。廖明灿是我教过的学生，他在校时学的是思想政治教育专业，因喜诗词书画，留校后就被安排在陈其铨书道馆工作。受冯广贺老师的影响与帮助，他也考入了首都师范大学，成为书法专业的硕士研究生。毕业后成为陈其铨书道馆负责人，在接待来访宾客、研究书法、组织编辑书道馆的《书道》专刊的同时，也给学院本科生开设书法课。廖明灿为人勤奋，不温不火的性格中有一股不服输的韧劲。他的书法功底厚实，在指导学生参加广东省大学生艺术展演活动以及其他活动中曾多次获奖。

因为有陈其铨书法，才有陈其铨书道馆，更有陈其铨书道精神，这是韩师人的书法传道的骄傲。又因为陈其铨书道馆，才有如冯广贺、廖明灿等韩师校友将其书道精神相袭久传。

14　韩师百年庆典

　　2003 年 5 月，我刚到韩师工作，韩师也正在积极为 10 月举行的建校 100 周年的校庆做准备。在师范教育领域，韩师历经沧桑，蹒跚地走进百年高校的行列。尤其重要的是它经历了中国师范教育历史上的初等、中等、高等教育的全过程，可以说是全国师范教育的一个缩影。

　　则是前几名，并且想当年，韩师乘借韩山书院设坛习文、育化民智之风，以"惠潮嘉师范学堂"之名创立在风雨飘摇的清光绪二十九年（1904 年），成为清末第一批、广东第一所专门培养老师的学校。此后"创业艰难百战多"，受国家的政权更迭、战乱和政治形势，以及社会文化发展、自然灾难和经济等因素的影响，学校的名字不断发生变化，从"广东省立惠潮梅师范学校"到"广东省立第二师范学校""广东省立韩山师范学校""广东韩山师范学校""汕头韩山师范专科学校""韩山师范学校与汕头地区教师进修学校""汕头地区师范学校""韩山师范专科学校""韩山师范专科学校""韩山师范学院"，一长串令人眼花缭乱的名字背后，其实是始终坚持师范教育、有血有肉的韩师成长史。

　　一座百年高校，历经三朝更替，几度"下马"升格，风雨如磐，大起大落，其发展历程何等艰难，然而有几代秉持育人宗旨，坚守教育信念的韩师人不懈努力，勇于拼搏，取得了辉煌成就，如今终于走进新大门，应当为之大庆。

　　可是，正当全校师生翘首以盼的校庆临近，偏偏"非典"在这时来了，为校庆所做的准备工作不得不让位于重点防治瘟疫的战斗。

　　那是在 4 月，随着"非典"疫情的严峻，人们出门或者聊天都戴上了口罩，相互之间的问候和祝福语也多与身体健康有关。后来就实行全校封闭管理，外人没有出入证不得出入校园，在校的师生也不能随便地外出逛街，不可以去外面吃饭。为了确保师生的身体健康和生命安全，学院还设立了隔离区，对外出返校，特别是从珠三角返校的学生实行隔离一周观察的措施，以切断"非典"的传染源。到了"五一"，学校根据实际情况做出决定，取消了传统的"五一"假期，学生照常上课。这样一来，原来大多数同学想趁着

"五一"假期回家与亲人团聚的想法就成了泡影，只好用打电话的方式向家里报平安。一些学生被这种紧张氛围捆住了手脚，既然哪儿也去不成了，不如到图书馆看书消磨时间。于是，众多同学挤进了图书馆，使得以往喧闹的韩师校园变得平静了许多。

到了9月，"非典"走了，走得莫名其妙，如同它来时的悄然无声一样，人们至今还没有搞清楚，它是怎么走的。校园又恢复常态。在那绿荫遮蔽的通往山顶操场的路上，处于青春时期的男女学生，带着阳光般的神态，奔波不停，在离理科教学大楼不远的地方已新建成的具有现代气息的图书馆里，照样有数百名学生每天在这里进进出出。

韩师到了庆祝百年校庆的最后冲刺阶段，为了百年校庆，早在年初学院领导就召开有关会议，确定了"弘扬传统、增进友谊、开拓进取、再创辉煌"的校庆主题，邀请上级及主管部门主要领导莅临讲话，与海内外韩师校友广泛联系，开展大范围、高水平的学术交流活动。学院还成立了建校百年庆典活动筹备委员会，负责校庆活动的筹划、指挥和领导工作。下设校庆筹备工作办公室（简称"校庆办公室"），负责校庆活动的具体组织、落实、统筹和协调工作。

为迎接百年校庆，学院特意邀请15位国内知名专家学者来学院讲学，他们中有中国社科院院士、中共中央党校、高等院校的资深教授、博士生导师，各学术界的知名专家、学者。这些学界名流在讲座过程中把各自从事的学科领域最新研究成果奉献给学院师生，在传递科技前沿信息的同时，还传授了创新的科研方法，为学院营造了浓烈的学术氛围。

为迎接百年校庆，学院的篮球馆、乒乓球馆等建筑项目相继完工，新图书馆的陈其铨书道馆、陈复礼摄影艺术馆、伟南国际会议中心内部设施已经装修完毕。学校的各个角落都修葺一新，苏霍姆林斯基、加里宁等一些名人教育语录牌在学院各主要路段和各运动场所闪亮登场，形成强烈的教育文化气氛。

当地邮局也利用这个契机，积极与韩师接触，商谈开发制作韩师百年校庆纪念邮品，经过周密策划，形成一致意见，制作三种纪念邮品：邮折以一幅韩师校门水彩画为封面，淡雅古朴。翻开邮折，纪念封和个性化版票分列两边，纪念封以百年来的韩师新旧貌为封面，给人以跨越时空之感，从中也让人看到了韩师成长与壮大的百年历程。个性化版票由国家邮政局发行的"同心结"个性化服务专用邮票和印有韩山师范学院百年校庆纪念标志为图案的附票组成。联体明信片和邮资（广告）信封都以韩师校园风光为主要图案，分别制作了10 000套。联体明信片由8枚韩师校园风光明信片组成，枚枚相连，韩师主要的校园景色尽收其中。

百年校庆需要主题歌，学院决定校庆日时举办"金秋礼赞"大型校庆晚会。由艺术系师生自编、自导、自演这种有鲜明特色的百年校庆主题晚会。华诞歌要有校庆组歌，校庆组歌的创作任务由艺术系的刘锡樑副教授承担。刘锡樑 1973 年就读于韩师，由于在校时学习成绩优异且表现突出，毕业后即留校任教，到百年校庆时已经同母校共命运 30 年。30 年中，他目睹了学校的发展变化，对母校那份深沉的学子之爱早已在他的心中生根并融进他不断创作的音符里。在这个金秋十月，他要把对母校的爱整理成一首首的歌曲，让漫天飞扬的旋律穿越山谷，飞过草地，响彻韩园南北。

他谱写了大合唱的《韩师之歌》：

韩江之滨，欢歌荡漾；笔架山麓，鲜花怒放。深深地祝福你蓬勃兴旺。亲爱的韩师，我成长的地方……

大合唱《韩师之歌》是由《韩师颂》《大学生圆舞曲》《献给老师的歌》《回母校》和《韩师：我们为祝福》5 首歌曲组成。早在 1998 年，刘老师就完成了其中 4 首，经过不断修改、整理和完善，2002 年又增加了《大学生圆舞曲》。到了 2003 年校庆，他又重写原来创作的《回母校》，使《教师之歌》从整体上更加完整地把韩师发展历程，学生积极进取的精神风貌，教师的辛勤劳动和燃烧自己照亮别人的蜡烛精神表现出来。

多少回让我魂牵梦绕，多少回让我澎湃心潮，忘不了校园可爱的一草一木，忘不了老师可爱的音容笑貌。啊！韩师啊，我的母校……

百年校庆，学校的重头戏之一是校园的文化建设，为丰富学生的业余文化生活，学院学生工作部、团委会、学生会联合举办了以"弘扬百年韩师精神，飞扬青春学子风采"为主题的第四届文化艺术节。这种艺术节活动内容十分丰富，形式多样，有古诗词朗诵比赛、书画联赛、专场文艺晚会、师范生技能大赛、烹饪比赛等。学生们非常欢迎这种文化活动，他们热情投入，积极参与，为百年校庆活动增添了喜庆与活跃的气氛。学院校庆办公室也面向全校开展了大范围的"我与韩师"校庆征文活动，师生们积极响应，一时间征文如雪片般飞来，把歌颂百年韩师的文化之台搭到了新的高度。

在众多征文中，评委们所看好的是来自梅州的学生钟伟云所撰写的纪念韩师百年校庆的长联。钟伟云同学当时是韩山诗社诗词部部长，喜欢写作、广告、古体诗词、对联理论及创作。毕业后曾在全国、省市各种报刊发表过百的散文、对联、诗词作品。

作为韩师学子，他撰写的纪念韩师百年校庆的长联大气磅礴，气势如虹：

莽莽笔架山峦，钟灵毓秀，佳境环陈：湘桥春涨，凤凰时雨，韩祠橡木，此处川岳美入画，看不尽旖旎景观，齐奔眼底。曾记否，唐中昌黎贬潮州，问何方非英雄用武之所？因鼎铁肩担道，举经史子集，开学堂，启民智，废寝忘食治愚顽，输塑性情精粹文化。惠政甫八月，德行流传，山水易姓，铸就盛名播广宇。千秋大计，雏燕新飞。星移物换，转瞬千年。念先哲远去，来者追随：逢甲主讲，乃斌救校，芳柏善耕，安泰垂风范，笃士博奇兵，杏坛树懿行，好把诗书传后统。托四有栋梁，早归乐育。

巍巍象牙宝塔，地利人杰，贤良迭涌：折桂蟾宫，揽月九天，辟路青霄，斯邑俊彦气凌虹，留多少丰仪典型，共注心间。应思那，清末光绪立师范，欣我院成赤骥待驰之原。继逢社稷飘摇，仗忠肝傲骨，洒热血，抛头颅，舍生取义赴国难，做挑重任接班主人。抗争逾卅载，薪火相递，文明续承，勤授知识兴神邦。万里征程，潜龙奋起。伟略宏献，奠基万代。喜韶日喷薄，嗣响继踵：府洲建团，其铨挥毫，复礼摄影，实业报黉门，墨花扬声誉，桃李沐甘霖，终将图像上凌烟。贺百岁华诞，再创辉煌。

钟伟云在这二百多字的长联中如数家珍地述说了诸多韩师历史上的名人名师，也把百年老校的重量级人物的功德昭示于人。丘逢甲、方乃斌、李芳柏、詹安泰、郭笃士、陈其铨、陈复礼、陈府洲等，这些人都是韩师的杰出校友，他们的成长过程，都与韩师有着密切联系。

校庆的其中一部分工作就是联系各地的校友，早在暑假期间，学院党委书记杨炳生和副书记黎羡君就亲自率领校友代表团到泰国和中国香港地区访问校友，邀请泰国、中国香港的校友参加 10 月 20 日的母校百年庆典，校庆办公室还陆续发出请帖，邀请教育部、广东省教育厅以及潮州、汕头、揭阳、汕尾周边四市的有关领导出席庆典活动，还邀请了全省各市的教育局、当地驻军的相关部门单位、国内的部分高校领导出席，也邀请分设在泰国以及中国香港、广州、深圳、潮州、汕头、揭阳、惠州、梅州、汕尾各地的校友会代表来校。

在那繁忙的日子里，人们经常看到有位年过七旬老人在校庆办公室里伏案工作的身影，这是林英仪先生正在为百年校庆编著《韩师史略》而忙碌着。

林英仪副研究员 1991 年在韩师退休，曾是学院校友联络办顾问、原韩山师专校长办公室主任，因为他在韩师学习和工作的时间很长，所以认识他的韩师人，总是亲切地称呼他为"老林主"。而他自己也有着盈溢心中的永恒的韩师情结。他曾作有人生诗，在诗中表达过这样的感情："杏坛求索入师门，从教习文献赤忱。四进韩园缘分厚，此生喜作韩山人。"其中所说的"四进韩园"，一进是他 1950 年春被韩师招进一年制简师科，毕业后得以到潮安县意溪区担任小学校长；二进是 1956 年在意溪上荣中心小学任校长期间，在韩园参加小学行政干部轮训班学习，之后得以参加高考，被录取入华南师院（现华南师范大学）历史系就读四年；三进是1960年从华南师院毕业后进韩园担任教职，报效母校；四进是1983年奉召回母校担任干部专修科党支部书记、班主任等行政工作，直至1991年6月退休。

林英仪的写作能力很强，加上他对韩师的浓厚感情和勤奋不息的价值追求，因此成就了许多作品，如《潮州韩山书院沿革述略》《韩山书院与城南书院》《古老学府，欣欣向荣》等。

准备校庆的工作十分繁忙，琐碎事一堆，还要样样顾及，不得遗漏。学院向"老林主"打招呼，希望他回校庆办公室帮忙，他应召而来，与吴伟成部长等开始紧张地编写《韩师史略》工作。学院领导嘱托，要联系旅泰韩师校友会和饶宗颐、陈伟南、林进华、陈复礼、陈其铨、何才林等知名校友，通报校庆活动内容，落实参加庆典和授奖的有关事宜。联络寻找洪藏、邢平、文迅、柯高、丘志坚、郑晶莹、陈传才、陈章亮、吴紫彦、李先润等一大批知名校友，请他们莅院参加庆典或惠寄作品资料送母校。协助学院请中央党校博士生导师陈登才，全国公安一级英雄、"全国人民满意的公务员"朱明健等校友回母校，向全校师生作报告……

准备校庆还需要资金支持，学院号召教职员工捐款。学院党委在学术交流中心举行百年校庆捐赠仪式，全院83名中层以上干部自愿捐款，数额从500元到1 000元不等，一次捐款达四万多元。许多海内外校友获悉后，也陆续表达了捐资建设母校的愿望。校内的教授认捐款500元、副教授300元，其他人酌情捐助。

时光飞驰，东湖山庄门口那几棵玉兰树，总会在金秋散落一地的花叶；东区绿荫道上那红得狂野而耀眼的爆竹花，定会在每个春风乍暖时节相约绽放；东丽湖那汪被堵在校外却一直漾在学子心中的湖；还有西区校门口那口挂在老树上的会发出悠远呼唤的古铜钟……偌大的韩师校园，经历了春夏秋冬，走过一世纪风雨，就要迎接自己的百年华诞，韩师人在准备和期盼着。

亲历者不会忘记，那天是2003年的10月20日，天气晴朗，湛蓝色的天上游荡着一朵朵丰满的白云。上午九点，韩师各级领导、嘉宾、社会各界人士及师生代表齐聚学校东苑田径场的草坪上，以喜悦之情迎接这个令人振奋的时刻。

中国教育部发来贺电，肯定韩师过去发展的成绩，勉励未来能百尺竿头更进一步。时任中共中央政治局委员、广东省委书记张德江发来贺信：韩山师范学院办学百年，历经我国现代师范教育的各个发展阶段，见证了中华民族寻求教育兴国之路的奋斗历程。百年来，学校培养了大批各类人才，为民风善化、教育发展和社会进步做出积极的贡献，成为粤东地区人才培养的重要基地。省教育厅副厅长李小鲁受宋海副省长的委托，向韩山师院全体师生员工传达了省政府的祝贺和慰问。他指出，粤东地区要实现新的腾飞，教育任重道远，肩负培养基础教育师资和粤东地区经济社会发展急需人才的历史使命，任务光荣而艰巨。潮州市委书记陈冰和韩山师院党委书记杨炳生表示，将继续加强科技开发和技术合作，加快人才培养，一定不辜负省委省政府的重托，为广东建设教育强省和社会经济发展做出更大的贡献。

庆典大会上，韩师校友、香港著名摄影大师陈复礼将自己珍藏了69年的韩师毕业证书作为特殊的礼物赠给母校。薛军力院长向为学院发展做出突出贡献的校友陈伟南、饶宗颐、何才林、林进华、陈复礼、陈其铨6位先生颁发"教育特别贡献"荣誉证书和纪念金牌，以表彰他们为韩师教育发展所做出的积极贡献。

百年校庆期间，八方英才会聚。学院还举办了一系列庆祝活动，校友陈伟南捐建的伟南国际会议中心揭幕，陈复礼摄影艺术馆和陈其铨书道馆举行开馆仪式。晚上，学院还举办了一场展示在校师生推进素质教育、培养高素质各类专门人才的《金秋礼赞》大型文艺晚会，由"百年交响""校园欢歌""华夏畅想""放声歌唱"四个乐章组成的16个节目从不同角度和不同方面，或深情赞颂百年韩师的辉煌，或热情讴歌园丁辛勤耕耘的奉献精神，或表现大学生奋发向上的时代风貌，或赞颂海内外校友支持、赞助母校建设的厚德义举，或表达韩园师生对未来奔向小康生活的憧憬及对学院美好明天的向往。这一场反映韩师的演出水平和办学质量的大型校园广场晚会，受到全场嘉宾的一致肯定和赞扬。

校庆月《韩山师范学院学报》出版了百年校庆特刊。香港中文大学著名汉学家饶宗颐教授特意为学报题词："韩山师范学院学报百年校庆专刊，发扬幽潜，癸未选堂。"校刊首篇就是学院党委书记杨炳生的文章《与时俱进，抢抓机遇，再创百年学府新辉煌》。文中从韩师百年是中国现代教育的缩影这一命题出发，回顾了韩师初创情况、发展过程和办学贡献，站在"科教兴国"的高度，重点回顾了世纪交替期间韩师办学思想、办学规模、办学质量的深刻变化及其所取得的巨大成就。

中国民俗摄影学学会、汕头市摄影家协会会员蔡海松老师在学院新图书馆举行他的摄影展。他说自己虽然不是韩师学子，却对韩师一百年来对粤东及全省教育事业发展所做出的贡献赞叹不已，决定把自己展出的部分作品赠给韩师，以表达对韩师百年华诞的祝贺之情。

校刊刊载的第二篇文章是学院副校长陈三鹏所撰写的《秉承百年历史积淀，再创世纪教育辉煌：韩师百年的历史启示》，这些启示包括：一是求实创新：师范教育发展的不竭动力；二是优良校风：人才辈出的沃土良田；三是名师大家：教学领域的中流砥柱；四是四方校友：一种特殊的教育资源。文中总结了韩师一个世纪以来的办学历程，阐述了韩师承载着粤东人民的希望，依托于韩山韩水，历经沧桑，薪火相传，培养了数以万计的师资及其他各类专业人才，在广东教育史上有着重要的历史地位。

韩师百年庆典

　　百年学府，盛世庆典，韩师百年校庆庆典活动结束了。湛湛天宇，依稀回响东方觉醒的律动；茫茫大地，承载几多沐风栉雨的艰辛。韩师人缅怀昨天奋斗的筚路蓝缕，坚信能够在明天的发展道路上继续披荆斩棘，再创辉煌。

15 笃定教师职业

人生的轨迹，常常因职业选择的不同而发生改变。因为有了改变，职业不仅成为人谋生的手段，而且成了人生旅程中的一个驿站，拷贝记忆的一个片段。

上大学前，我在东北一个地级城市的大型火车站的运转车间调车组当制动员。这种活儿是女人干不了，岁数大的人干不了，腿脚不灵活的人干不了，爱干净的人干不了。说具体点儿就是上班时间要在铁路上调动机车，把货车车辆不断地分开和组合（铁路专业术语叫编组解体），再编成一列能同向到达的货物列车，再让在正线上负责运输的机车将其拉走，驶向目的地。铁路调车组作业是一种苦、累、脏、险样样俱全的活儿。拿危险来说，只要上班我们一群年轻的小伙子，不管是白天黑夜还是刮风下雨，都得不断地在飞驰的列车上跳上跳下，稍有疏忽，便会发生伤亡事故。带我的师傅和后来我带的徒弟，都在不到两年时间内出了人身伤亡事故，先后被无情的车轮夺走了年轻的生命。

在铁路一线，这种整天提心吊胆的活儿我一干就是五年，我曾试图努力，希望离开一线工作环境，后来也当上了不脱产的车站团委副书记，可是因我的一个从未谋面的叔叔在伪满时期当过警察，他成为我入党时需要考查的直系亲属。这影响了我的入党进程，也堵死了我入党、提干、脱离一线工作改变命运的道路。虽然后来母亲也尽其所能帮我调动工作，然几经折腾，终未如愿。

1977年，国家恢复取消了多年的高考制度，当听说像我这样离开学校多年，甚至连像样的中学都没有读过的人也允许报名参加高考时，我非常兴奋，不想失去机会，开始突击性地恶补知识，准确地说，别人是复习原来学过的知识，我是在自学新知识。还好，经历了令人焦虑的初试和复试，时间甚至从1977年拖到1978年的4月，冬去春来，终于等来了师范专科学校的录取通知书。

1980年师范毕业后，我被省教委分配到一个地级市的重点中学任教。自此以后，便开始了我后半生的教学生涯。

在现代社会，职业分工是社会大生产的需要，不同职业环境与职业文化会培育出不同人的职业价值观与职业兴趣。对我而言，从中学到大学，经过年复一年的教育环境影响与教育实践的磨砺，使我从最初为了谋生需要而寻求职业目标，到逐渐变成对自己从事的职业产生兴趣，这一过程如春园之草，虽不见长，却日有所增。

人们通常以为，一个人选择什么样的职业，与他的思想品德、知识结构、能力水平、兴趣爱好等都有很大的关系。政治思想觉悟、道德修养水准以及人生观决定一个人的职业理想方向。而知识结构、能力水平决定着一个人的职业理想追求的层次。个人的兴趣爱好、气质性格等非智力因素以及性别特征、身体状况等生理特征也影响着一个人的职业选择。就现实性而言，以我个人的体会，人们某种职业理想的形成，还与自己的职业经历有很大关系，从事危险工作的人，自然会把工作岗位安全放在心上。

我常常把自己的工作经历同教师职业比较，认识到教师职业是教育和修正"人的灵魂"的工作。特别是大学教师是相对自由、生活安逸、收入稳定的职业，且受人尊重。从价值观的角度来说，职业发展成功还是失败的判别标准就是自己是否得到了想要的生活，如果一种职业所带来的生活方式符合自己的人生价值观，那么自己就会感觉到快乐，哪怕收入相对低一些；如果不符合，哪怕能得到很高的收入和较高的社会地位，也会感觉很痛苦。

在自身职业的实践磨砺中，我慢慢意识到作为一名教师的光荣，我的职业信念由过去的摇摆到最后的笃定。直到今天，还为我能在年近三十挤进教师行列，最终成为一名大学教授感到幸运，心中满怀感激。

来韩师后，有时与学生聊天，谈及职业选择的话题时，我常以自己的职业变动经历谈体会，我给学生的建议是一定要立足于现实积极思考，并且确定了目标就要充分利用一切可能的机会，一步一步地努力成就自己。在职业生涯发展过程中，选择是一个连续实践和认知的过程，谁能像神仙一样知道自己有什么潜能，一下子就能看准自己适合做什么工作呢？在人的职业生涯之初遭遇职业困境的时候，个人选择的余地多是非常狭小的，并不能完全自主或者正确地做出判断，但是有追求者自然就有希望。无论如何，人总会不停努力，一旦在选择中找到了能实现自我价值的工作岗位，那就要在此起点上再努力，一步一个脚印走下去，结出实实在在的果实来。

2005 年，我已在韩山师范学院任教两年，当时学院要在第二十一个"教师节"那天召开党代会。会前准备阶段，党委宣传部、团委、学生会等部门联合开展面向全校师生的征文活动。我一时心血来潮，也写了一篇投给组委会。经过评选，竟然获得韩师"迎接党代会，共谋新发展"征文比赛特等奖。后来，此文还被全文刊载在庆祝学院建校 103 周年的特刊上。

讲台，我以忠诚支撑你的尊严

我不是哲人，无法用深邃的思想思考教师的价值；我也不是诗人，不能用优美的诗句讴歌我的职业。然而作为一名教育事业的耕耘者，我常常为自己所从事的职业所感动，尤其是站在三尺讲台上用三寸粉笔说话的时候。

我最先认识的讲台，是儿时的北方，领我走进知识殿堂的第一人，便是站在讲台上的老师。那时还是全民族挨饿的时代，但教师仍有着忠诚于党的教育事业的尊严。我曾目睹过一位年过半百的老师饿昏在讲台上的情景，当不知所措的我们一遍遍喊着老师时，她醒了，继续在讲台上讲完了最后一道题。自那时起，我一下子感受到平时的老师是可爱，此时已是可敬，人饥饿的只是肚子，不可饥饿的是知识。

还是在中学时，"文化大革命"的狂潮正冲击着学校，我也目睹了老师一个个走上昔日的讲台，成为学生们批斗的对象。他们头上戴着高帽，胸前挂着牌子，弯着腰，经历着肉体与精神的折磨，但骨子里却十分坚强。自那时起，我开始感受到昔日看起来柔弱的老师，此时已是伟大，人被压垮的只可以是身体，不可折腰的是精神。

有人说，有一种魔棒最为神奇，那就是粉笔；有一种平台最为神圣，那就是讲台。是的，世界上有什么能书写出知识与爱？有什么能描绘出尊严与美？唯有教师的岗位，可以用三尺讲台搭载育人的事业，一块黑板书写传道的文章。

"小时候，觉得你很美丽……长大后，我就成了你。"像这首歌所唱的那样，如今我成了教师，站在三尺讲台，我开始逐渐感受到生命的意义与价值远不止功利，更在于追求一种培育人的事业。"人吃饭是为了活着，但活着绝不是为了吃饭。"生活的许多微小中藏有博大，短暂中孕育永恒。人生有一种精神最为动人，那就是教师燃烧自己照亮别人的蜡烛精神；有一种忠诚最为可贵，那就是教师对教育事业的忠诚。

追寻21世纪的脚步，我又登上了韩师的三尺讲台，比起以往的教学生涯，这个讲台的分量更重，这不仅因为她有百年积淀作为支撑，而且在于今日坐在讲台下的学生，以后同样会成为教师登上讲台。"韩师脉脉钟灵气，韩师岁岁尽芳菲。"在这个知识薪火代代相传的地方，谁都会自然生成一种岁月的沧桑感，体会到她的厚重和深远。从韩山书院起家到作为中国首批师范学校之一，那笔架山与韩江水所簇拥着的韩师，分明承载的是传统，倚重的是教育，流淌的是文化。

粉笔下写出的是人间春色，讲台下成就的是千顷苗圃。韩师小小的三尺讲台，历经我国现代师范教育的各个发展阶段，见证了中华民族寻求教育兴国之路的奋斗历程，传承的是百年史上"勤教力学"的育人薪火。从最初的进士举人登台传播旧学、新学与维新之学，到后来的名师国学大师进行新知识、新文化的教书育人活动；从诗人教育家丘逢甲的爱国呐喊到二师时期校长方乃斌的"非振兴教育，不足以立国"重教呼声，那积存的断砖碎石之间，曾蕴藏着多少动人的师表故事，那隆起的水泥方台之上，曾印过多少志士的血染风采。有了韩师这小小的三尺讲台，著名国际摄影大师陈复礼才会"师恩永记"，多年珍藏着母校发给他的毕业证书；著名爱国实业家陈伟南、何才林、林进华等人才能"莫忘师门"，长期倾力反哺母校，接济韩师学子。

我因景仰"以文名于四方"的韩愈而知坐落于潮州的韩文公祠，因知韩文公祠而识依山傍水的韩师，而今我虽不是回归的潮州游子，却也是生而有缘的韩师人。那三尺的讲台，无论承载多少岁月风雨，我依然认为十分神圣。虽然粉尘可以染白我的双鬓，辛苦可以压弯我的脊背，时光可以改变我的容颜，但我愿讲台还能留着我的身影，我的心还像初上讲台时那么年轻。

讲台，我以忠诚支撑你的尊严。

我用这篇文章诉说我对教师职业的感受，也是在表达我的心声。文中所说的那个老师，就是小学三年级时教我的一个姓宫的女老师，名字已记不起来了。她的身体不好，我们有时会发现她在上课时走出去，然后听到的就是一阵阵猛烈的干呕声。她讲课极认真，还很严厉，我们当时挺怕她的。可令人奇怪的是，不知是喜欢她的职业，还是喜欢她严厉中露出的关爱，时隔几十年了，我还能记得她。可能从那时起，我就有了向往教师职业的朦胧感觉，并最终影响我从事教师职业直到退休。

我的职业历程使我知道职业价值观会决定人们的职业期望，影响着人们对职业方向和职业目标的选择，决定着人们就业后的工作态度和劳动绩效水平，从而决定了人们的职业理想的实现。然而在没有从事教师这个职业前，我真的不知道哪个职业好，哪个岗位适合自己。只有当我走向这个岗位，才慢慢意识到从事这个职业的价值。以至于我可以毫无遗憾地说，从教近四十年，我没有辜负学生对我的职业期待，没有玷污教师的声誉，教师职业成就了我自己，使我明白了教师职业的真实价值就在于：一个人如果只是为了谋生而选择职业，就容易陷入出自动物本能的对性与食物索取的欲望之中；如果是为了生活而在岗位耕耘，就必须学会在肉体与精神一体的层次上慷慨地与别人分享自己的所有。

如果人的一生选择了自己所感兴趣的职业，那是一种幸运。如果寻找到的是自己可以将其当成事业对待的职业，那是一种成功。

2007 年 9 月，学校召开第 23 个教师节表彰大会，我以"身于幽谷处，孕育兰花香"为题，作为教师代表发言。带着一种深情，我由衷地表达了自己的心声：

世上很少有像教师这样的职业，需要教师身体力行，用不断完善自我的行动，用良心和智慧去塑造人的心灵。法国伟大的思想家卢梭说过：在你敢于承担培养人的职责时，你必须首先把自己锻造成为一个各方面都非常优秀的人。这就是教师职业——光荣、神圣而责任重大。

教师这种职业，承载着万千家庭的希望与梦想，其所从事的是心灵的沟通，灵魂的交融，人格的对话。当我们把教育当成一份职业时，是为了谋求生存；当我们把教育当成一份事业时，是为了追求自己的价值；当我们把教育当成自己生命的一部分时，那是为了完成一项伟大而光荣的使命。

16   如何见义勇为

我来韩师任教几个月后，潮州当地发生了一起暴力事件，潮州电视台"青青园中葵"栏目组的编导人员打电话找我，要我就当地发生的2名中学生因见义勇为被歹徒打伤一事进行评论。

事件的经过是这样的：潮州有两个学生在汕头市的一所中学读书，一次坐公交车回家时，看见几个小偷在车上作案却无人出面制止，其中的一个学生心中着急，就向开车的司机大声喊"车上有小偷"，这一喊，全车的人都震惊了，几个小偷不好下手，便以威胁的语气对司机说要下车。司机慑于歹徒淫威，不到停车站点就把车停了，气急败坏的几个小偷在下车时，也同时把那两名学生拉了下来，气焰嚣张地将他们打倒在地，看见马路边有人跑过来，小偷们才悻悻地走开了。司机见这伙人下了车，便急忙按了车上的关门按钮，迅速地离开了现场。路边有好心人发现后，急忙打110报警，救了两个勇敢的少年。两少年被送到医院，好在没有什么生命危险，但是身体多处受到伤害，需要住院疗伤。

中学生见义勇为，却遭受严重的伤害，他们有必要为此承担"流血又流泪"的后果吗？他们的行为值得赞扬和宣传吗？那么，司机和车上的成年人为什么不能见义勇为？他们有责任吗？

多少年来，人们从小所接受的教育就是学习英雄，特别是少年英雄的行为。在小学语文课本里，就有在对敌斗争中牺牲的少年"王二小"和小英雄"雨来"，有为保护集体财产而失去生命的英雄刘文学和张高谦。因为年少，当时学习这些小英雄时，我也深受感动并产生一种遇有同样场合会效仿他们的冲动。可是上大学后，由于自己的研究领域是伦理学的缘故，所以对于未成年人是否能在危及人的生命的紧急关头，做到像成年人英雄一样深明大义，临危不惧，勇于牺牲有过思考。我开始对他们选择见义勇为的价值取向是否合适与正当，有了不同的认识。他们的行为可能是积极的，却不一定是合适的，因为这不应是一个不能对自己行为负责的未成年人的唯一选择。

我的意见很明确：见义勇为存在一定的风险，对已实施了见义勇为行为的未成年人来说，我们应当肯定他们的行为是"好"的。但这并不是可取的方法，因为他们自身还处于被监护人保护的年龄阶段，没有见义勇为的能力。所以，对社会和教育部门来说，应当是坚持"三不"原则，即"不鼓励、不宣传、不提倡"。在见义勇为上，首先，我们应当提倡的是未成年人最好努力做到"见义智为""见义巧为"，如在遇到危险时最好是通过拨打"110"、奔走呼叫等方式，以引起其他成年人的注意。对于已经出现的未成年人见义勇为行为，可以肯定其行为，但不能给予过高的褒扬，甚至是过多的宣传，以免其他未成年人因盲目模仿而遭受伤害。未成年人缺乏规避风险的意识和能力，有时候见义勇为可能只是一种冲动，对他们应加强突发事件的应急处理教育。当然，"不提倡"并不等于反对，可以通过一定教育方式，让学生认识到这是一种高尚的行为。

所有的见义勇为行为都应该受到表扬并给予一定的物质奖励和精神奖励，甚至对他们为此付出的成本做保险制度安排。现在见义勇为的人和事越来越少，相反的是一些"碰瓷"事件让人们越来越害怕做好事，更有一些见义勇为者仅仅是得到一些精神上的奖励，却落得生活处于艰难的境地。虽然从道德方面说，每个公民都有见义勇为的义务，但仅是道义方面的要求还远远不够。如果能完善见义勇为的奖励制度，给予他们适当的精神和物质奖励，就可以鼓励越来越多的人挺身而出。

教育部门应重视对青少年"见义智为"意识的培养。见义勇为的良好品质必须要从小培养，这是为人的责任和根本。对正义、善念的敬畏和依从，是一个民族赖以立身的文化传统，也是一个人自身道德完善的需要。青少年见义勇为，是发扬传统美德、弘扬社会正义的英雄壮举，这无疑值得赞赏。但是他们年龄较小，体力、智力、经验都不足，见义勇为时可能受到较大的伤害，花季生命的陨落更令人扼腕叹息。因此，就技术层面而言，应该对他们从细节上进行教导，这主要是教导他们在救人时要注重方式、方法，要对危险进行预判，尽可能多地告诉他们在具体情况下的应对办法，即如何"见义智为"。

不知是不是巧合，正是2003那年，上海市新的中小学生守则首次避开了"见义勇为"的字眼；同年，北京市把"敢于斗争"从学生手册上删除；后来施行的修订后《未成年人保护法》中，又明确提出：国家、社会、学校和家庭适应未成年人身心发展的特点，做到教育与保护相结合，要求学校加强对学生进行社会生活的指导；教育部也出台了一些文件，要求未成年人懂得在保证自身安全的条件下见义勇为，知道揭发检举、及时报警、正当防卫等是同犯罪做斗争的有效手段。为扑灭山火而牺牲的少年英雄赖宁的人物像，慢慢地，也从全国各地中小学的墙上摘了下来。

一个普通的社会问题，却存在许多值得思考的价值。见义勇为需要见义智为，那么见义不为，甚至是见死不救是否应当受到道德谴责，甚至实行法律制裁？我思考许多，这后来竟然成了一段时间内重点研究的理论问题。

4 年后，我写了一篇见死不救应定罪的论文，没想到还引发了一场全国范围内的讨论。

那是 2007 年，为了参加全国第六届伦理学会议，我在会议召开前就提交了入会论文。这种全国性学术会议需要参与者以文入会，没有论文，就没有资格参会。当时社会上发生了许多见死不救的事儿，我联系当时社会出现的问题，写了一篇《见死不救，道德谴责还是法律拯救》的论文。

当年 4 月，会议如期在重庆举行，我却因为课程不好安排而不能到会发表自己的意见。后来听说，我提交论文的选题引起与会者的关注，成为会议讨论的重要议题之一。关于见死不救是否在法律上可以定罪的问题，研讨会上的专家学者们意见不统一且争议很大。得知这一情况，重庆当地的《三峡日报》记者为此进行了采访并做了专门报道。结果一石惊起千层浪，全国各地报纸、广播电视及网络网站都有人参与讨论。我头一次有了这种强大舆论压过来的经历，有种人突然进入深水旋涡中无力自持的感觉。

那年 5 月，在兰州的黄河大桥边又发生了一件令人痛心的事，两位少年在黄河岸边不幸落水，岸上近千人围观，只有中石油职工崔旭一人出手相救，他用尽气力救下一人，另一人却溺水而亡。事情发生后，人们再一次提起见死不救是否定罪的话题。关注社会热点话题的山东省电视台《开讲天下》栏目组编导通过电话与我联系，力邀我去参加电视节目。因为当时正好是假期，我有时间，就答应了。过了几天，便应约飞往济南参加现场长达 45 分钟的节目直播。

那次现场辩论，山东省电视台作为卫视节目面向本省直播，观众认可的感兴趣的话题，可以参与场外的即时网上投票。听说这一栏目是当时全国最受观众喜爱的十大谈话节目之一。

那晚在山东省电视台的节目录制棚里，我与在兰州黄河边救人的崔旭作为正方，反方则是来自中国人民大学的郭星华教授和济南当年发生大水时被救出来的王女士。郭教授坚持认为法律与道德不能混为一谈，对非职责的纯道德义务的救助来说，如果以法律手段来强制实行的话，可能会适得其反。特别是在刑法中设立"见死不救"罪不仅没有必要，也缺乏技术上的可操作性。而我据理反驳：制定"见死不救"罪的核心问题不在于有无罪名，关键是要理清是谁见死不救，应当对谁（法学术语即行为的主体）定罪，普通公众在没有救助责任的情况下见死不救，意味着他只是受到道德的谴责，其行为并未上升到法律层面。

又过了不到一个月，我接到来自北京的电话连线，陕西卫视也找到我，邀请我参加由司马南先生所主持的一个叫《华夏点击榜》栏目的网络连线活动，利用网络访谈方式，与北京的王启准律师就见死不救能否定罪问题进行辩论。那一次我人不在北京现场，只是以通话方式进行争论。虽然现场无人喝彩，无人投票，但是因为节目主持人是名气很大的司马南先生，在他的"煽动"下，我们之间又是一阵舌战，争论得十分激烈。我早知道司马南，读过他写的一些作品，他在破解人体特异功能方面可说是先锋派，没有想到在电话里与他进行了十几分钟的交流。

在社会现实的生活中，有人遇险，而其他人在有能力施救的情况下不救，是否可将过去的道德谴责上升为法律上定罪？其实这是一个争论了几个世纪的老话题了。

老人摔倒了，扶还是不扶？中国很有名的案例是南京市民徐寿兰老太太在某公交车站等车时摔倒，据其称被正在下车的市民彭宇撞倒，而彭宇则称下车时见老人摔倒，所以扶至旁边。2007 年 1 月 4 日，徐老太将彭宇告上了法庭，9 月 3 日，判决的结果是彭宇应赔偿 40% 损失费，计 45 876 万元人民币。后来又出现一个事例，在重庆南坪，一位约 80 岁的老翁摔倒在地，手脚抽搐，无人敢扶，不少人提醒：不要扶，扶了要遭殃。还有一个叫李凯强的年轻人也在徐寿兰老太太案中面临同样的情形，而且被判决要赔偿 79 万元人民币的巨款。当然这件事是不是好心助人，我们不是目击者，只能听各方的说辞，不好一概而论。

网络上流传一个名词，叫作"碰瓷"。"碰瓷"成了某些人不劳而获甚至是以诬陷方式来实现"不差钱"的手段。我曾亲身经历一次"碰瓷"事件，那是我送人到厦门机场回黑龙江的时候，就在快到机场的高架桥下转弯处，一辆小车把我的车别住，下来两个青年气势汹汹的，硬说我的车在拐弯处碰了他们的车，估计他们选择这个地方，就是抓住人们赶机场航班的心理来讹钱。我找不到援手，虽然恨得要死也只能自认倒霉，给了他们 1 200 元钱才得以走脱。我曾看到一则新闻，说是北京一位 65 岁的老者孙某，常年坚持在东城区北新桥路口的西北角斑马线上"碰瓷"，9 年共"碰瓷"341 起。每次私了的款项最少是 400 元，最多 4 400 元。警方终于有所察觉，于是把这个"碰瓷大爷"送进了拘留所。

看到老年人摔倒了上前帮助，这种行为从道德上讲是好的，也就是在社会上提倡了多少年的学雷锋做好事的表现。按理说，好心助人是一种美德，但如果"碰瓷"的事多了，人心也就变得冷漠了。碰到该助人的时候，不是大家不想伸出援手，而是人们对"碰瓷大爷"心有余悸。

遇到这事怎么办呢？好心人帮助他人而受伤害，从道德上讲都是属于要不要关心他人并在力所能及的范围内施以援手的问题。像一个老年人摔倒在地，扶他一把本属正常的事。可是存有恶意的人要伤害的就是你，帮人者说他是在帮人，摔倒者会说自己是被帮助者撞倒的，这就变成各说各话，但按事实来看应当是某一方说了假话，性质就从道德责任转为法律如何适用的问题了。

　　为了能使好心人帮助他人的这种美德和行为得到保护，做了好事不至于惹麻烦上身或被告上法庭，美国有一条法律专门用来保护好心人，这条法律就是《好撒玛利亚人法》。《好撒玛利亚人法》源自好撒玛利亚人的故事，好撒玛利亚人指的是对苦难者给予同情和帮助的心地善良、乐于助人的人。这种好心人是指既没有法定义务也没有约定义务而是出于内心的道德要求无偿对他人进行帮助或救助的人。用今天的话来说，好撒玛利亚人就叫活雷锋。《好撒玛利亚人法》是关于在紧急状态下施救者因其无偿的救助行为对被救助者造成某种损害时责任免除的法律条文，有的国家也称此法为无偿施救者保护法。

　　《好撒玛利亚人法》对于陌生人对受伤者进行紧急医疗抢救中出现的失误，一般给予责任上的赦免，对于造成的伤害不需要负法律责任。这种情形必须是紧急事件，而且这种救助是无偿的。《好撒玛利亚人法》原则上是重点保护医疗人员、警方、消防人员在紧急事件或事故中，救助受伤人员的过程中不必因抢救中出现的问题而承担民事责任，除非上述人员疏忽救助或是救助方式荒诞走板或是有意延误。

　　美国即使有《好撒玛利亚人法》，政府也提醒民众在特殊情况下救助他人时也需要注意，不能自以为好心助人就不必负民事责任。当在帮助一个受伤的陌生人时，《好撒玛利亚人法》是有其比较严格的法律规定的，当好心人救助伤者时，他在法律上就对被救助者有了须合理并小心救助的责任。至于老人摔倒，陌生人想帮助老人站起来，为了避免"碰瓷"之类的事发生，最好在帮助前问一下对方需不需要帮助，如果对方说不需要，最好是别动手。如果想动手帮助老人，最好旁边有目击者。这里最关键的一点是：人不可能没有善良之心，但也要学会保护自己。至于发生像中国那种各执一词的案子，大概最有说服力的就是找到现场目击证人或是看有无监视器拍下的画面。如果都没有，那可能只能靠当事者自己的良心来回答问题了。对于那些"碰瓷"的人，社会应对这种恶行予以谴责，并按照相关法律进行严肃处理。

　　在那场关于见死不救是否定罪的辩论结束后不久。我向学院领导做了汇报，受到领导肯定，为此还特意在伟南国际会议中心组织一次大型的学生汇报会。

　　未成年人见义勇为是否是未成年人的学习榜样，有关见死不救的行为是否考虑入刑等，争论还远远没有结束。

17　挽救生命的捐款行动

　　我初来韩师时，最先被安排住在东区研究生公寓楼 C 幢，楼后面是一座叫不出名字的山，山上终年长满绿色树木和南方易生植物。在山坡背后，是一座名叫泰佛殿的寺院，那里还有定然和尚圆寂的骨灰塔，如今已成了潮州一处热门景点。这独具特色的泰式佛门圣地，常有中外香客、游人前来朝拜和览赏。山中泰佛殿是标准的泰国特色的佛殿建筑，线条优美，颜色艳丽，层叠有致，与周围的绿树花草相互辉映。寺院大殿正中供奉的是泰式的着以螺旋火焰式装束的释迦牟尼佛，泰佛信徒称为清拉佛像，大殿四周的墙壁是图画"佛陀的故事"，主要是讲述释迦佛祖的出生、得道成佛及涅槃的过程。

　　这座寺院是由潮州籍旅泰侨领、大慈善家谢慧如先生捐资建的。他去世后，也把自己的躯体永久地留在了这块土地上。我在家里，因一座山隔着，是看不见这座泰佛殿的，却每每能听到那里传出的解读生命轮回的晨钟暮鼓，有时在窗前，还能听到叽叽喳喳的鸟鸣，鸟儿就落在前面十几米高坡的树枝之上，悠闲自在地享受着大自然云淡风轻、春暖花开的恩赐。

　　距研究生公寓前面不远，是学院东区处于中心地带的洼地升降式绿茵操场。我时常在清晨，一个人走到东窗处，借助身居五楼的高度优势向远方眺望，那时楼下的南方细叶榕还没有长高，它们虽然生长得极快，但仍挡不住我向远眺望的视野，我可以在清晨尽情地欣赏远处初升的太阳，享受那清新空气和溢彩霞光。累时往下看，也时常看到窗前下方操场上一些学生在打球读书，一些老师在打拳跑步，一些老人跳着当时流行的扇子舞，他们也以自己选择的生活方式在尽享校园生活的美好。

　　这种生活景象，常使我感到温馨和惬意。漂亮的校园景色，充满活力的青年学子，这里到处洋溢着大学校园多姿多彩的文化气息。生活在其中，本身就是一种幸福。

　　生活是美好的，却也会有不测风云。即使是处在同样境遇下的人，也常会出现"几家欢喜几家愁"的情形，不会总生活在平静之中。这不，就在我来韩师的第二年（其实那时我已把家搬到距这儿较远的韩文公祠附近的教授楼），就听说原来住在我家楼下的王少杰博士在一次常规体检中被发现有重度的肝硬化腹水症状。

　　我与少杰博士本不在一个部门工作。最先知道他是在图书馆期刊阅览室无意间看到他所发表的作品，他在《韩山师范学院学报》上有一篇《留学生小说的悲悯感与跨语际实践问题》论文，虽是学术文章，却文笔流畅而有情调，读起来不那么枯燥无味，因此引起我的注意。此后，我陆续看过他所发表的文章。后来因为是楼上楼下住着的邻居，就认识了，有时碰面，说上几句客套话，便忙各自的事去了。

　　王少杰博士是河南项城人，研究方向是留学生文学。他到韩师那年，学校博士教授的"两高"人才加到一起，还不超过二十位，学院正是十分看重人才、求才若渴之时，所以他来后不久，就被任命为中文系副主任。而他本人也很努力，承担起教学和科研两副重担。在担任班主任、为全校学生开公开课的同时，还坚持研究留学生文学和从事《留学生文学》的写作。为适应时代发展需要，系里准备增设新闻专业，就把任务交由他来完成，为此他接连出了两趟差，跑完北京，再跑广州，与这两地的高校联系。工作有难度、作息不规律、身心有压力，身体长期处于亚健康状态，当他感觉身体不适且腹部有痛感时，开始也没放在心上，以为自己年轻，挺一挺就过去了。没想到偏偏正值壮年，却不得不直面生命的凋谢。

　　学院领导得知这个消息，非常重视，急忙安排他到广州最好的医院治疗。

　　王少杰被送到广州市中山大学第三附属医院，病来如山倒，与病魔搏斗了3个多月，病情仍不见好转，却花掉了十几万元的医疗费，使这个原本还算是小康的家庭很快陷入困境。更让人难以接受的是，他的病情仍在恶化。住院期间，甚至两度出现肝昏迷现象，肺部也受到严重感染。经过会诊，医生建议最好进行人体器官移植，或许还能挽救生命。而进行肝移植，手术费需要50多万元，一下子，经济困难成为现实问题，家庭有些承受不起，少杰博士遭受如此沉重一击，自叹身处不幸之地又无力解决困境，身心受到致命的伤害。

　　潮人民俗传统文化中十分崇尚"善有善报"，历来有乐善好施、扶困济危的传统美德，喜欢默默无闻地做善事。当地各界热心人士和志愿者得知王少杰博士的不幸遭遇，就在民间自动发起多次爱心捐款活动。作为少杰博士所教的中文系学生听说老师得了重病，更是焦急不已，除了为其捐款外，还利用课余时间，躲在宿舍里折千纸鹤，并在每一只纸鹤上写上："祝老师早日康复！""愿老师早点回到学校！"当少杰博士收到带着学生一片心意的几百个千纸鹤，看到写在上面的那些感人肺腑的期盼祝福之语时，心中除了激动，还有了更多的伤感。

　　这年，正是党中央开展党员先进性教育活动的特殊时期，当时的潮州市委书记江泓听说了这件事，非常关心，便以一位普通党员的身份向王少杰博士捐款，并委托市委保持共产党员先进性教育活动办公室致电韩师党委书记杨炳生，表达了对王少杰博士的关切，他说："抢救王少杰博士的生命也是我们的责任，我们应当做贡献，献爱心；韩山师范学院引进人才不容易，潮州市委市政府和你们一样重视；希望你们在保持共产党员先进性教育中，发挥共产党员的模范带头作用。"接着在全市共产党先进性教育的动员大会上，代表市委向与会代表发出号召：为抢救韩师王少杰博士的生命，进行自愿捐款。市委书记的号召和带头捐款行动，通过潮州市电视台的宣传，引来一场大规模的奉献爱心活动，潮州市直单位的 5 000 多名共产党员都被动员起来了，他们纷纷向王少杰伸出了援助之手，献上了爱心款。潮州市委的行为和做法，后来为广东省委所肯定，他们表示："通过这件事，可以充分看到潮州市在共产党员（先进性）教育活动当中，善于抓住人民群众比较突出的困难，来解决这些困难，做了很多的好事，广大共产党员的先进性充分地显示出来，这在我们全省做了个榜样。"

韩师领导也立即召开会议，号召全校教职工向王少杰博士捐款献爱心。会上，学校领导每人捐款 1 000 元，学校工会也立即向全体教职员工发出倡议书，一场向王少杰博士捐款献爱心的活动在韩师校园掀起。

经过社会爱心人士和全校师生的努力，用于器官移植的钱凑足了，供体也找到了，中山三院便派了最好的医生为少杰博士做了肝移植手术，可是依然是回天无术。天苍水茫，大地生悲，他带着对生活与事业的遗憾离开了这个世界。

逝者如斯，一个年轻的生命走了。而我却由此事想到了许多，并且多年萦绕在心。

我主要从事的是有关生命伦理教育与社会公益文化建设方面的研究，曾特别关注过潮汕地区民间慈善文化建设问题。

在潮汕地区以及潮人聚居的地方，长期存在着民间慈善的传统。特别是一些海外潮商，大多热衷于各项慈善事业，每年也都不断地回报祖国、回报家乡。他们中不仅有李嘉诚、陈伟南、谢慧如等潮商翘楚，当地普通的小家民众，也都热心善良，好慷慨解囊助人。通常，这种民间慈善救助是通过一种组织形式进行的，而在当地，也根据这种需要产生了一种融合本土文化特色的民间慈善组织——善堂。这些善堂组织在当地以做公益慈善为宗旨，从事济困扶贫、修桥造路、抚孤恤寡、助残助学、救灾救难、收埋无主尸体、调解民间纠纷、敬惜字纸等善举，有时要耗善款几十万，乃至百万千万，这些慈善组织竟都容易募集到，众多的善男信女亦愿意捐，而且极少出现公益善款移作他用甚至私吞滥用等腐败丑闻。难道因为这些善堂都是以敬神迷信和信众的信仰之力做到的吗？而近些年来，连中国红十字会和中国慈善总会这样大型官办社会公益组织也出过一些"善款不善"问题。可是潮汕地区的善堂组织却不曾发生过此类事情。两相比较，差异的原因何在，值得深思。

就此疑问，我曾与同事石中坚教授等人走访过汕头规模最大的存心善堂，这所善堂从事的慈善救助内容，除了对外提供随缘的丧葬服务和办特殊教育学校外，主要是对固定的几百名特困户进行临时性、年终和普度集中救济。在救济物资的分配工作上采取与基层街道居委会合作的方式，由善堂根据能力确定救济总户数，平均救济物资并分配名额给各街道办事处，再由街道将名额分给下属居委会，而贫困户就根据由善堂发放的凭证本，每月15号到所属居委会领取救济物资。存心善堂还开设免费快餐厅多年。当我问及他们的善款如何管理时，会长的回答十分干脆："善款管理成员都对大峰祖师虔诚忠信，内心从善自不做恶事。善堂内有严格的管理制度，还请政府审计部门定期审查，所以不会有事。"

位于韩江边的潮安县磷溪大码头报德善堂，其福利会陈钦淡会长也是石中坚教授的好朋友，有这份因缘，我们多次与这位一脸慈容的老人长谈。就在这韩江边，他告诉我们：善堂福利会是我们以德心善志成立的，我们从事善事活动，都是合法合理的，比如在韩江上打捞无主浮尸，并为其火化埋葬，上牌位为其祝福，都是先找当地派出所报案，然后由派出所出具委托处理的证明，才能从事这项善事的。做功德，也需要有规矩，不然，好心也会被利用，生成不善之果。讲到此处，他在供着大峰祖师的堂前案上拿出用夹子夹着的单据本，我接过来细细翻看，果然每页都有派出所盖的红印章证明，所述内容也十分清楚明确。

人的恶心不能说是出自天性，同样，人的善良也并非出自人的天性。使人弃恶从善的通途在于有道而为、有组织的管理和形成促人向善的规制。社会的监管机构若十分俱全，管理制度严格有方，从事的善事活动就会有序；善款的来龙去脉笔笔有账，公开透明，善款就会十分清楚。正是人们对这种民间组织的认同度极高，才使这种组织出现社会号召力极强的现象。以至于在潮汕地区，有时政府不得不选择以善堂的名义向信众进行募捐办公益。用我所学的公共管理专业术语来说，就是社会组织在政府的公共服务供给有限的情况下，承担着政府的公共服务职能。

事隔多年，我还能想起那次为王少杰捐款的全校行动，韩师师生及潮州市民的捐款数额一定是很高的，但是这些钱怎么用的，用了多少，剩余多少，实际上成了无解的模糊数学。本来，这种事对大家总要有个交代才好，可是有关部门没有向外公布过，大家都不知道，也不好发问，事情就稀里糊涂地过去了。

我还想起少杰中年而逝的不幸和受到众生关爱的有幸。这种有幸来自韩师正处于对人才求之若渴和倍加重视的特殊时期，来自潮州市领导在开展党员先进性教育时正需要有一个鲜活的契机，来自医学领域器官移植医术迅速发展的特殊时代。舍去这些，人的生死就可能是个人境遇了。住在我家楼下的刘玉斌老师早我几年来韩师，他是物理学的教授，2006 年，因患有肠癌不幸离世。家人虽尽全力，却终不治，不就是经历了绝大多数人都要走过的年老、生病、住院，最后亲人与单位同事举行追悼仪式，与之永别的过程吗？

哀哉，人的一生，是幸是哀，是荣是辱，或是出自机缘，不过如此。

王少杰是在医学上尽了最大努力，进行肝移植后去世的。在我研究的生命伦理学领域，曾对器官移植问题有过深入思考，为此还发表了相关学术论文，我知道，受中国"身体发肤，受之父母，不可毁伤"的传统文化观念影响，中国是世界上人体器官捐献率最低的国家之一，而供体严重不足从来就是一个极难解决的问题。王少杰在生命垂危之际终有幸得到难得的供体，实为不易。可是即使这样，也没能挽回他那年仅 45 岁的生命，又实在令人唏嘘。

18 韩山诗群现象

2004年5月，我想创作一本以师生对话的方式展示当代大学生学习生活现状的书。因为体裁设计的需要，得有一个学生配合创作，我想到了我历史专业的学生茹绮芸，以前读过她发表在学院校报上的散文诗，文笔很好，完全可以担当此任。可我找到她时，她却一再向我推荐也是在历史专业的同学郑子龙，这样，我通过绮芸认识了子龙。不久，子龙送给我一本书，是他与当时在读中文系的陈崇正同学合著的诗文集，书名为"生命不过是一种意淫"。

这本书就像铁遇磁石一般吸引了我，通过这本书的牵针引线，我又认识了一些韩师校园内十分活跃的诗歌爱好者，后来发现，他们不是几个人，而是一个庞大的群体。他们在这个有人认为诗歌已经走进死寂的时代里，过着放飞自我、吟诵歌者的生活。

韩山诗群的主力在中文系，中文系是韩师的一个大系，系里诗歌文学爱好者历来人数众多。有人说，学中文的就容易有诗人的情怀，好舞文弄墨，这话不假。当后来中文系的赵松元主任与我聊起这个话题时，却更强调20世纪特别的时代背景。他说，或许因为当时电脑尚未普及、没有网游也没有手机的缘故，学生们的娱乐活动大多还是打篮球、踢足球等体育项目，不然就是文雅地下象棋、围棋，更多的时候是泡在图书馆、教室里复习。而真正能够抒发自己情感的平台就是写诗和创作小说了。因此，有许多学生一有时间就是写诗。他们为诗疯狂，嗜诗如命，笔耕不辍，不断地宣传诗歌文化，借此宣泄自己的情感并逐渐地向外围扩散终形成影响，带动了全校诗歌文化的兴起，从而培育和维系了韩师的诗歌传统。他没有说起自己，其实，韩山诗群，就是在他从湖南老家调到韩师中文系任教以后的出现，自然也就与他多有"干系"。

自韩师升为本科始，最先存在的校园文学团体是求知文学社，这个由林瑞平同学及一些文学爱好者创办的社团，成立于1991年，最初办《求知文学报》，他们曾请饶宗颐先生为该报题写刊名，当时著名剧作家郭启宏、著名画家陈维、著名作家碧野等一大批知名学者也曾为该报题词，当时中文科的邢风梧、陈香白老师，政治科的郑烈波老师曾对该刊有高度评价并给予很多支持。二十年后，当时社团所办的社刊《求知文学报》现在已被潮州市谢慧如图书馆收藏。

1993 年，虽年轻却学养深厚且爱好诗歌的赵松元老师走进韩师，开始给中文专业学生讲授唐代文学。"在雾霾时代，没有乌云裂缝，漏出金光，我们往哪去？"他像当代诗人杨炼因存在忧思而寻找出路一样，热心策划组织一些年轻的师生成立韩山诗社，以求诗歌像在黑暗中漂游着的一盏油灯，给予有些落暗的世界一点星光。让青年人能在一起吐露心扉，聊聊诗歌与梦想。经过一番准备，赵松元老师与周珩、张介凡、李让畅等师生一起，共同成立了以青年老师为主力的韩山诗社，他们还聘请当时的中文科主任罗英风，还有谢礼荣、陈香白等一些老教师作为诗社的顾问，自此开始了诗歌创作之旅。

韩山诗社的创立，等于在潮州的笔架山麓、韩江之畔开拓出一片诗歌创作的沃土。受研究古代文学赵松元老师的影响，最初的诗社以发表古体诗词为主，主要通过开设讲座、沙龙、茶话会、校外采风等活动，帮助文学爱好者提高诗作的创作能力与研读诗歌的理论水平，以从中培养一些优秀的校园诗人。诗社新人创作的作品就发表在该诗社办的每学期一期的《韩山诗报》上。通过诗社，爱好文学的师生同气相求，切磋诗歌，出现了云蒸霞蔚的韩山诗群现象。

半山半水半云天，一桥一木一仙园；
石径弯弯通幽处，凤城遥看沉浮间。

玉林题，文科写

韩山诗社成立一年后，诗社归属于校团委管理，逐渐变成了以学生为主体的文学团体。其发表的诗品也多由旧体诗变成了新诗。因为有了诗社这个平台，韩山诗群中的一些学生代表，如谢玄、周运华、郑景森、姚则强、陈剑州、郑子龙、许统绪、陈泽韩、余史炎、黄剑锋等，他们承先继后，在韩师这个青春驿站，以极高的热情投身于著诗评诗的追求中，其中许多人的作品在《人民文学》《星星》《散文集》等全国性文学刊物上发表。陈剑州还在人民日报出版社出版了《幸福的疼痛》，余史炎和黄剑锋同样在人民日报出版社出版了合集《住在城市的角落》。2008 年，由黄景忠教授主编，在中国戏剧出版社出版的《韩师诗歌十五年》收录自韩山诗社成立之初至 2007 年 15 年间韩山诗群 60 多位诗人的近 20 首诗和 20 余篇相关诗评。它真实地记录了韩山诗社薪火相传、守望诗歌的风雨历程。

20 世纪末，在韩师诗群中崭露头角并享有诗名的学生是 1996 级学生周运华。他长得又高又瘦，戴着眼镜，知道他的人都说他有诗人的气质，那时他已写出《太阳之子》《在阳光下，触摸资本论》等优秀作品。在他的诗中，或是与饥饿艺术家、自杀诗人对话，或是思考诗人、文化知识分子恶劣的生存环境，到了毕业前夕，他已出版了诗集《怀念是清明的雨》，诗集中收集的大部分作品，都是他自己的创作。据说周运华入学时文学水平并不高，但极善于模仿，先模仿后创造，于是进步极快，当时名气甚响的朦胧诗人顾城、海子，甚至是 1995 级政史系的在校诗人谢玄，都是他模仿的对象。功夫到自然成，来校后不久，他就在当时的韩山诗群中成长为当时未有人能逾越的诗歌高峰。

1995 级政史系学生谢玄，人称谢伯，这位来自山西的虬须大汉，因为当过《韩师团讯》（后来改成《韩师青年》）的编辑部部长和《韩山诗报》主编，在校内可谓名噪一时，人们都说他在韩山诗坛是个承上启下的人。他对现代主义诗歌的领悟与学习，影响了后来者郑景森和周运华。

2002 年，傻正在韩师就读，傻正本名陈崇正，因在韩师时一直用傻正这个笔名发表诗歌，在学生中的名气又很大，所以大家便习惯叫他傻正，以至于许多后来的师弟师妹并不知道他姓陈，只知道他是傻正了。傻正是勤于创作的有思想之人，在字里行间燃烧着一个青年人的激情，他在韩山脚下飘荡的思想，激发了许多人思维的拓展。他很年轻，当他的大师兄周运华在韩师诗兴大发时，他还是个年龄不过 10 岁的毛孩子，当他是韩师 2002 级中文系学生时，已是韩师的诗坛新秀，大四时就挂上了许多头衔，跃升为韩山诗社社长、潮州市湘桥诗社副社长、《九月诗刊》副主编，并与挚友郑子龙合著诗文集。傻正把自己的热情和诗意写成了文字，《后来》是他的思想前行的足迹，《九月》是他成长历程的演绎。后来，他真正成了社会上的时代写手，创作了小说集《宿命飘摇的裙摆》《此外无他》，诗集《只能如此》。

傻正说："韩师是我的大学。我在里面度过了我的黄金时代。但韩师在文学的触角上无疑是相当闭塞的，在诗歌方面尤甚。当外面的世界经历了无数次的颠覆与被颠覆之后，当边缘与中心出现无数次的更迭之后，韩师人的诗歌却仍然有七八十年代的'歌颂园丁、八九点钟的太阳、春蚕和蜡炬'的存在，这无疑是令人痛心和哭笑不得的。在一个屋子里坐得太久了人就容易变得麻木而不知道疼痛，这就使诗歌失去了它的国度和土壤，唯一的出路就是走出去，到闹市中去体会喧闹的寂寞，到山野中去看看盛开在麦田之上的夕阳，到海边去不为什么地走一走。只有知道了这些，你才算真正进了诗歌的门槛。但难点在于如何由'小我'的自我宣泄走向'大我'的生命演绎，那才是真正的出路。"

自走进韩师开始，傻正的足迹遍布韩园，他的思想，开始在韩园四处飘荡；他的才气，已开始在韩园张扬。作为一个用自己独特视角思考的另类，他的思想可以在此打开飞翔的翅膀，于高峰、于深渊、于天际、于海底，寻找属于自己的诗篇。同时又用深刻的文字传达自己对生活、对人生、对爱情的思考。如果说这样只是一种生活的方式，如果说文字只是一种记录，那么，傻正这样的生活却为韩园注入了一股新的活力，为文学的创作开创了另一种思维模式。

傻正不傻，他思想深刻、文笔流彩，在他笔端流淌出来的是对人生的深刻思考，人还没有走到中年，创作的小说、诗歌、随笔就已达一百多万字，作品遍及《中国作家》《芙蓉》《儿童文学》《诗歌月刊》等刊物；2004年1月，他在由全国十大高校与《萌芽》杂志社联合举办的"中华杯"第六届全国新概念作文比赛中获得二等奖；2004年12月，作品《为命名那段路上的哀伤》在首届全球华文青春写作新人选拔赛自由写作类作品竞赛中荣获入围奖。尽管如此，他依旧带着厚厚的眼镜在生活中寻找灵感，继续为他的创作努力着，后来他在20世纪就名响全国的四大文学期刊之一的《花城》当上了专职编辑。

傻正认为诗的生命力在于年轻人对人生的思考，他在诗中写道：

我将死去，十年，二十年，五十年，
或者干脆就是今晚躺下去，就永远都不会醒来。
死于癌症、心脏病，或死于车祸，死于意料之中或是始料不及。
再过一百年，或者更远的时间，
有一个无聊的人在网络上，无意间搜索到傻正这个名字，并且看到他的文字。
他或许是一个老教授，一个逃学的中学生，一个妓女，一个恐怖组织的头目。

总之，那是一个网络横行的时代，但已经没有人再谈论小说和诗歌。

他打开了，看看，笑笑，又把网页关掉了——

或者很严肃，召集网友开了一个追悼会，

在傻正这个名字的下面，精心配上一张摇曳着烛光的图片。

人这么多，名字也这么多，

死去的很多，还没死的也很多：男人、女人，还有人妖。

但没有人知道名字背后的这个人，

他花了几十年的时间，都干了些什么，想过哪些可笑的事。

闪光的星星也不过是块石头，没有谁会仔细去辨认一只蚂蚁走过的痕迹。

傻正并不傻，他还在文学的路上奔跑。后来，他还当过东莞市的签约作家。他思想的丰盈、想象力的丰富和轻逸的诗歌技巧还在神州大地上游荡，不知游荡到何时才会停下。

郑子龙是政史系历史专业的学生，他的同学称他是一个少年风姿、意气飞扬的新生代诗人，可是在诗人群中，他是对诗歌写作有着较多思考的一个，他的诗歌实践也曾充满着冲突和摇摆，恍如一个有疑问的捣蛋鬼，对一切曾认为美好的东西发出质疑，自觉地摆脱了朦胧诗的泛滥抒情，但是向下的思考有时并不能够达到他所追求的高度，于是他常常进行其他尝试，这些尝试并非不好，它们其实是郑子龙诗歌中的重要部分。他在《六月，我是谁的孩子》中写道：

六月，我是谁的孩子？

我一喊出了，这所谓的诗句

父亲粗大的手掌，就落到我的脸上：

兔崽子，连这都忘了

说完就操起墙角的锄头，向田野走去。

这使我陷入一种困境

昨天我喊：生活就像一块糖，就被他踹了一脚（至今隐隐作痛）

然后扔给我几毛钱：去买一包盐巴，他指着肮脏的案头说。

父亲用他的身体，奸杀了我诗意的生活。

郑子龙从韩师毕业后一年，出了一本属于自己的诗集《本质》，依然保持诗如话的风格，如有一篇写道：

我的朋友老剑毕业了，

他骑着自行车在市区里跑，到处贴自己《最后的诗篇》。

在一支电线杆前，他的手被另一只手抓住。

警察说，你乱贴什么？老剑说，贴诗歌。

警察显然没有想到，大吃一惊：但你这样乱贴跟乱贴广告有什么区别呢？

老剑看着电线杆上乱贴着梅毒淋病之类的广告，想想说：

至少，我的诗歌贴上去后，梅毒和淋病都没有了。

郑子龙诗中的老剑，是他的师兄、中文系 2000 级的学生陈剑州。陈剑州是从梅州一个小山村考进韩师的，原来对潮州一无所知，后来花了两个月的时间，才基本搞清楚了这座城市的脉络，最后熟悉了每一个景点的后门以及没有后门的景点的墙头。在郑子龙的眼里，陈剑州是执着于为人做事，常以感觉为先的人，感性有余而理性不足。

陈剑州爱好文学，他是《韩师青年》元老级的人物。他爱写诗，而且诗如其人，既传统美丽又很有诗意，他说，诗，首先要美，然后就是要有像夸父追日般执着的追求。那年，他从乡村来到城市，韩师的诗歌唤醒了他的梦想，他在《幸福的疼痛》中写道：

在这夜色重叠的夜晚，远方褐色的鸟群最终抵达乡村。

像凸现的音符必将回到乐谱，发生过的事，正在岁月路上慢慢磨平。

风中的陌生人终将出现，看见了我的信仰和雪白的表情。

陈剑州的诗，朴实无华，是在向人说话，话中却有着绵绵的情感。他从韩师毕业后，找了一个安身立命的工作，但是依然不想放弃他自己的诗歌理想，他对母校，特别是对曾在一起的诗友，有着过多的情感依恋，以至于毕业多年后还常常在诗里怀念他们。

如他写培峰：

很多年没有见到他，也不知道还要多久才能见到他，

但是他的那张精瘦精瘦的脸，在我脑海中一直都没有变。（2008 年 7 月）

他回忆傻正：

傻正原本不傻，他说傻和聪明存在明显的哲学思辨，平常人没有必要懂。

据说他早年经历感情数段，无不伤痕累累，从此变成傻傻的样子。

可以想象，傻正从一名执着的文学青年，奋斗成为一名人类灵魂的工程师，

需要花费比平常人更多的时间和精力。

但是不管多忙，从当初在韩师的初识，到许多年后各奔东西，傻正一直

都惦记着我。

　　我想，如果过些年傻正死了，我就去看看他，

　　在他的坟前上上香，烧些纸钱，并在他的墓碑上刻下：傻正是个好人。
（2006 年 10 月）

　　他谈起子龙：

　　子龙比我有才，文章写得比我好，这我得承认。

　　不过他的成名作，却是写关于我的一个故事，

　　这让他上了《人民文学》，还获了奖，得了点小名气。

　　但是让我一直耿耿于怀的是，他拿了一大笔稿费，

　　请客吃饭，却连招呼都没跟我打一声。（2005 年 12 月）

　　继陈剑州之后，2001 年走进韩师中文系的，还有姚则强。他给自己起了个笔名——向北。他很有才气，在读书时当过韩山诗社主编和《韩师青年》编辑部部长，毕业后留校，做辅导员工作，成为教师，任教之余仍在写诗，在《诗选刊》《作品》《诗林》《中国诗歌》等刊物发表诗文，出版个人诗集《心如止水的忧伤》。作为韩山师院诗歌创作中心《九月诗刊》副主编，姚则强用自己的体会去审视周围的事物并不断地修正自己。他说："在长时间的阅读与写作中，我发现诗歌或者就是一种人与世界（自我）的相遇，不期而遇。而相遇是在时光中寻找灵魂的安顿。只有这种时光的遇见，才能让你感到生命的存在，而不是虚无。或者也是虚无，但那是被生活生生打亮着的，尽管孤独地暴露在眼前。"

　　于是，他在诗中写出自己的"意象先行"：

　　花在要开放前，最爱沉默。

　　我呆坐在土地里喝水，

　　别人都爱鲜花，如女人，我却爱花籽。

　　与上述韩师的一些诗歌创作者相比，向北的诗既不喧哗，也不高调，其中却充满了浪漫的想象，轻柔而令人神思遐想。他在一首《初冬》的诗里写道：

　　我要把唯一的白色开满你的全身，

　　像月光洒在睡熟的海上……

《九月诗刊》的主编，诗人黄昏评向北的诗"写的大多属于情感诗歌，即

使在关注当下社会中一些黑暗面,他的心里头依然亮着一盏灯,尽管有时候他感觉到这种文字的无能为力,有时候他也只能沉默……他的心一直都是热的,现实中,向北乐观向上,这不等于他漠视生活的伤痛和苦难"。

黄昏也是韩师学生,他最先读的是化学,却爱上了诗歌,并使自己成为一个具有个性的诗人。黄昏的诗歌,题材涉猎广泛,写作风格多样,兼容并蓄。既有细致入微的白描,也有知性哲理的沉思;既有温情大爱的抒发,也有现实冷静的逼视。其诗歌语境的精妙纯粹,更是思想的纯粹、诗性的纯粹。这让他的诗歌散发着一种独有的魅力。

黄昏的哲理诗语言干净,意象纯粹,思想深邃,境界高远,读来颇耐咀嚼。从《如果没有遇见你》到《感恩节》,每一首都简洁凝练,充满韵味,又不乏张力与弹性。如他写的《关于鸟的一种说法》:

> 这个城市,树越来越少,鸟越来越多
> 这个城市的空气,除了灰尘,看得见或看不见的泡沫
> 剩下的就是一片鸟声
> 他们有些土生土长,有些从别处迁徙而来
> 他们生长在理想中的翅膀过于单薄,提不起肉身的重量
> 他们努力往城市的高处攀登,满足自己内心飞的欲望

诗人运用借喻手法,以鸟喻漂泊在城市的人,城市提供给他们的窝——"树越来越少",寄居于其中寻求生存的"鸟儿"却越来越多。他们来自何处,他们到哪里找到归宿?在一个失序的不平衡的世界里,人所经历的迁徙之苦,漂泊之难和浮世之感,甚至是悲怆与不幸,都指向了人的生命本身。那是对栖居人生的呻吟,也是一种对向上追求的呐喊。

韩师校园最是山花烂漫时所涌现出来的一批又一批才华出众的校园诗人,他们前接后续,在笔架山麓、韩江之畔,硬是开拓出一片诗歌的沃土,成为韩师文坛的奇葩。

为了追逐诗歌的梦,这些诗歌爱好者还于 2004 年 4 月办起了一个在国内很有影响力的诗歌民刊——《九月诗刊》,刊名为"九月",因为九月为成熟和收获的季节,又是学生新学年开始的月份。诗刊的规格为大二十四开季刊,每季的最后一个月出版;每期 168 页,版式考究,印制精美。诗刊的办刊经费全部自筹,部分来自热心企业的资助,部分是办刊者自掏腰包。发表的大多是诗社社员和韩山师院学生的作品。与《九月诗刊》相配套的是诗歌创研中心不定期出版的"韩山诗歌文丛"系列丛书,如黄昏诗选集《那些消逝的事物》、傻正诗选集《只能如此》、杨子怡旧体诗集《木雁斋诗赋选》等。

韩师的这群诗歌爱好者从热爱诗歌到创办《九月诗刊》,似乎有着一种如

母亲恋子的必然情结。其实这必然是诗人广交诗友、甘为人梯、扶掖新人的胸襟和使命感所成就的，在当下诗歌寂寞的芳径上，他们的这种自觉行为，也是钟情诗歌痴恋诗歌的人对诗的一种自觉守望和捍卫。

对于韩山诗群，多年参与其中的黄景忠教授曾有过充分的说明："这个世界需要诗人的吟唱，大学尤其如此，大学不仅要培养人在社会中的生存与竞争能力，还要赋予人精神超越的气质，这就需要诗歌的滋养。幸运的是，我生活着、工作着的韩师，就有着诗歌创作的传统，昔年饶宗颐、詹安泰等在旧体诗词上创作自不必说，90年代之后群星闪烁的校园诗人所完成的诗词创作，即使是放在整个中国校园文学当中也散发着夺目的光辉。"

黄景忠是在韩园环境下成长起来的一代新韩师人的代表，他从初入韩山师专开始，到被送到华南师范大学培养后又回韩师任教成为教授，后又担任教务处长，成了一个学者型的行政干部。他工作虽然繁忙，但诗歌仍是他的最爱，他也最了解韩师的诗群传统。其所描述的韩山诗群，抓住了根本。

韩师的诗歌创作其实早有传统，韩山依偎着碧波荡漾的韩江，形如笔架，树木葱葱郁郁，风景秀美，浸染着浓厚的历史人文气息，最能陶冶性情，触发灵思。自晚清以来，就有许多诗人、学者与这座山，与这座学府血脉相连，地灵则人杰，积淀深厚的文化土壤，自然容易绽放烂漫的文学之花。像韩山书院时期的山长丘逢甲就是著名的诗人，早年的石铭吾也曾是韩师杰出校友。

石铭吾曾于1905就读于韩师的前身惠潮嘉师范学堂，深得监督康步崖赏识，认为他"异日当为我国文豪"。30年代曾与饶宗颐的父亲饶锷、杨光祖等人在潮州结诗社，饶锷去世后继任社长，主盟潮州诗坛数十年之久。他一生"耽诗一室成天地，不向江山坐夕阳"（詹安泰《挽石铭吾》），研读杜诗，耽于旧体诗创作，著有《慵石室诗钞》。80岁时，还说自己"慵也年龄才八十，读书半生诗为急"。所写诗以七律见长，雄峻奇横，得剑南（陆游）之气，入少陵（杜甫）之室。

石铭吾临殁前数月，尝自为挽联：

伟哉窃二老名称，老律老童，问行为稍留余地，不愿平生坐尽；
笑乎践双孝故实，孝妻孝子，看存殁全是虚声，由来今古皆空。

后来，他在与友人对弈时，竟"三著而溘然逝世"。

温廷敬是清末民初时粤东地区卓越的学者诗人，编著宏富，他曾与丘逢甲等师友在汕头创办岭东同文学堂，是韩师的前身惠潮嘉师范学堂首任校长。饶宗颐在汕头主持潮州修志馆，曾聘其任顾问，兼撰作人物传。温廷敬生平编著多达23种，包括史学、金石及自作诗文。他编纂的《潮州诗萃》保存了大量潮州先贤的诗作，有6000多首，在潮州诗歌史上起到了继承与发扬光大的里程碑般的作用。特别是他在汇集的每个诗人名字的下方,基本会"考作者生平,兼扬榷其风格",写了不少或长或短的诗评,把诗人的生平经历结合起来,兼顾时代背景,知人论世,以诗附人,为潮人诗词诗风的阐扬,起到了不可估量的作用。

詹安泰是中国著名的词学家,因为他的存在,才把中国的诗词推向一个黄金时代,是他的词风影响了学生陈新伟,陈新伟后来也成为韩师的老师,又把对诗词的热情传递给了学生。

在广东省内这个远离发达地区略显幽静之地,韩师人保持了自建校以来就有的优良诗教传统,特别是自 20 世纪 90 年代以来,诗教工作绵延二十余年,甚至取得了一定的成果,并且还有自己的诗歌研究机构——韩山师范学院诗歌创作研究中心,创立了在全国都有影响的诗歌民刊,创办诗词刊物《诗词学》《九月诗刊》,这个中心与《九月诗刊》的使命就是推出好作品,推出有潜力的诗人。这对韩山诗歌文化的建设起了重要的作用。韩师编辑出版《韩山诗歌文丛》第一、第二辑共 20 部著作,还经常出版发行一些诗歌集,如《韩师诗歌八年选》《韩师诗歌十五年》《最是山花烂漫时》,并把学生作品推向社会。

2011 年 3 月,韩师举办了首届"诗歌文化节",期间举办了诗歌朗诵大赛。2012 年 1 月,广东中华诗词学会授予韩师广东首家"广东诗教基地"的称号。9 月,韩师中文系与广东潮汕文学院联合举办"南海诗潮·广东省第二届韩江诗歌节暨"中海油杯"诗歌大赛,活动更是受到了省内外多家媒体的高度关注,在社会上引起强烈反响。

2015 年 6 月,学院文学与新闻传播学院举办"向未诗歌暨韩山诗群《九月诗刊》学术研讨会",禅诗诗人向未、《广州文艺》主编鲍十、著名评论家徐肖楠教授,著名诗人评论家世宾、梦亦非、黄雪敏、陈芝国、林馥娜,著名诗人郑小琼、游子衿、陈崇正、陈计会,学院教务处处长黄景忠教授,文学与新闻传播学院院长赵松元教授与李彬、段平山、陈培浩等老师,以及韩山诗群及潮汕优秀诗人代表黄昏、向北、许程明、丫丫、阮雪芳、小衣、余史炎、翁义彬、黄春龙、蔡小敏、林程娜、柯素琴等欢聚一堂,围绕禅诗诗人向未的诗歌世界、韩山诗群的个人探索与群体现象、《九月诗刊》及诗歌民刊的困境与未来三个主题展开探讨。

韩山诗群的诗人们在一起创造韩山诗群的同时,或许也使自己成为使诗歌走出弱势文化困境和可见未来的前锋勇士。韩山诗歌的成就引人关注,他们守望诗歌的精神更是弥足珍贵。

逝者如斯,桃李在韩园,他们是继往开来的歌者,这正如以研究和创作古体诗为乐的赵松元教授所吟:

韩山兮青青，韩水兮悠悠。

百年学府兮，在潮之州。

九畹兰馨兮，百亩蕙幽。

薪火相传兮，几度春秋。

念我学子兮，青春飞扬。

方舟搏浪于学海兮，秋菊绽放于严霜。

鲲化为鹏兮，将乘风而翱翔。

19 韩江传说与鳄鱼龟

　　我住的地方离湘子桥很近，可谓在潮州极尽地利之势。如果从楼顶俯视眼前的韩江，视野极开阔，除了眼下的湘子桥，横在韩江之上的南桥和北边的金山大桥也都尽收眼底。如果想再近距离接触韩江，从楼里出来，顺韩文公祠大门前的台阶而下，经过几个石板平台，走到江边的石栏处，就可以俯身尽情地看清澈的江水和近在眼前的湘子桥了。

　　历史上的韩江曾名恶溪，因过去溪中有鳄鱼而成名。韩江从北源汀江出福建西南宁化县西南部武夷山，南流至广东省大埔县三河坝汇南源梅江后，到潮州以下河道岔进入韩江三角洲，经汕头市区注入南海。长度达410千米，落差为920米，流域面积达30 112平方千米。

　　著名的湘子桥横卧于韩江中段，成为潮州连接古城与东岸的交通要道。因有石桥的存在，每当春天水涨时节，滔滔的江水被厚重的桥墩阻挡，形成了桥北与桥南极大的落差。水流直泻桥下，就形成了汹涌的激流，汇成大大小小的漩涡，奔腾着，翻滚着，蔚为壮观，以至于

韩江春美在木棉，两岸赤火照航船，
最美更是新雨后，清波遍地涌红莲。

玉林题，文科写

"湘桥春涨"被列为潮州古时八景之一。

因为离湘子桥距离近和喜爱观水的缘故，韩江边便成了我时常进行晨练和夜晚散步的地方。

2006年3月的一天早上，东方刚露出鱼肚白，我像往常一样，晨起后在江边做跑步前的准备活动，突然看到湘子桥附近围着一群人，便走上前去看个究竟。原来是一位垂钓老者用网捕鱼时，捕上来一只模样特别的龟，这龟背上长着坚硬的三角形棱片，头大鼻子小，瞪着绿豆般的眼睛，嘴巴张得像工夫茶茶杯一般大小，样子凶巴巴的。有人用随手捡来的木根碰碰它的头，它不但不缩头，反而张开大嘴迅速咬住木棍不松口，人往上一提木棍，就把这只龟提了起来。

围着的人七嘴八舌地议论着，有人说它跟鳄鱼长得太像了，如果浑身不是圆形的，就一定是鳄鱼了。有人说韩江从没有这样的龟，如今这样的龟被钓上来，可不能轻易动它。见老者不知该怎样对待这只怪物，有人还讲起韩江上青龙古庙发现小青蛇的故事。说中华人民共和国成立前，每当韩江水涨时，常有小青蛇出现，这时只要有战乱，人们带着香火出征，就会达到奏捷班师的结果。所以人们将其当作灵物对待，一旦遇见它，就用石榴枝将其引上去，插在花瓶中，再喂上生鸡蛋，带到韩江边上的青龙古庙将其当作神灵供奉和祭拜，青蛇攀在树上一动不动，过几天后，不知不觉地消失得无影无踪，只是后来，这种现象已不多见了。如今，突然出现这样一只特别的龟，说不定它会有着怎样的神奇呢！最好把它放生算了，免得招惹麻烦。

我在裤兜里摸出手机，拍照后便离开了。我能想象得到，因为当地人比较信神，而且遇到什么奇异之物都可能视为神灵，看到这类他们从来没有见过的动物，一般是不会把它当作食物吃掉的。

潮人有自然神崇拜的传统，例如韩江在历史上就是潮州人心目中的一条具有神奇色彩的江，由于它在上游与下游之间落差较大，所以形成了一路曲折跌宕、水急滩多的现象。每遇洪汛，便是"其流急如马骋而汹涌，触之者木石俱往"，一路下来，挟带着大量泥沙。到了下游，则是泻水平地，舒缓宽厚地在汕头注入南海。而属于下游的潮州在宋元时期临近出海口，江宽水深，人们所看到的韩江一般是一副温文尔雅的面容。然而，韩江毕竟热情、率直，每到春夏之交，数场大雨之后，它就会容颜大变，激流澎湃，露出那猛士风华的真容，正所谓"百里白练变黄带，冲天一怒破长堤"，韩江从来就是一条不平静的江，有关它的历史传说故事也从未中断过。

"仙佛造桥"就是其中一个流传久远的传说。

据说湘子桥建桥之前，潮州民众时刻为韩江的汹涛恶鳄所威胁，韩愈因《谏佛骨表》被贬潮州，在治潮期间，常过韩江登东山小憩，深知过江之苦和潮人平日渡江的危险，就下定决心在韩江上建桥，还要求他的侄孙韩湘子过来帮忙。而尽管韩湘子是仙人，面对水急流深的韩江他自觉独力难支，于是就找来自己的好朋友，组成八仙，并且联合潮州的广济和尚一同来造桥。

经过商议分工，广济和尚负责带领众僧在西段造桥，他也觉得力量不足，于是就去请十八罗汉来帮忙。到了桑浦山下，便将山上的石头化成羊群往回赶，没想到在半路上碰到当地的一个恶霸地主，这地主想掠夺羊群，便说羊是从他家跑出来的。广济和尚被纠缠得不耐烦，便说："既然这是你家的羊，便赶到你田里去吧！"地主把羊往回赶，羊群竟化作两座山将他压死，这就是现今的乌羊山。

以韩湘子为代表的八仙负责在东段造桥，他们把潮州附近的凤凰山石头点化成猪群往回赶，结果铁拐李碰到一个丧妇在一座坟前啼哭。受到这丧气的冲撞，符法竟然失灵，那群黑猪倒下去，一下子就变成了一座山，这也就是现在的猪山。灵气冲散，石头也少了许多，桥建到江心就没有石头了。为了救急，何仙姑匆忙中抛下莲花，花瓣在江心散开来，变成十八条梭船；这时对岸的广济和尚看到了，他就急忙把禅杖丢到江心，瞬间变成一根大藤，把十八条梭船连成一体，这座 500 米长的桥就这样造好了。后来，这座横跨韩江的桥就有了两个名称："湘子桥"和"广济桥"。

仙佛造桥或许是潮人心中一个不灭的神话。官帽造桥也是潮人常常提起的另一个为官造福一方的传说。

据说清代道光年间，有一潮州知府吴均，他为官清廉，关心民间疾苦。道光二十一年（1841 年），韩江水涨淹上城墙，就连广济桥上的九个石墩也被洪水冲溃。灾难过后，吴均发动盐商和富户维修被冲坏的桥墩，但因工程浩大，仅修好五个。次年七月初，大水又冲崩了广济桥近江心的东墩，连桥墩上的铁牛也被冲走，无奈之下，吴均被迫在东门楼上祭水，乞求水退，但水始终没退，于是他把自己的官帽、官服投于水中，表示自己愿与城共存亡。说也奇怪，此时洪水竟然退下去了。之后，老百姓为颂扬他的功绩及清廉，在东门楼上设了吴公祠，立了吴公像祭祀，以为感念。还在湘子桥的东桥上建了"民不能忘"的德政牌坊。

韩江上还流传有"龙湫宝塔"的传说。

某年，一位在京城任职的官员刘龙图回乡休假，他的母亲是位目不识丁的妇女，因为看见新任的知府林监成出外办事，欲回府衙，护送他的队伍竟然排成长长的一列，好不威风，便嘲讽自己的儿子刘龙图说："你在帝都做一品大官，回乡时却只带了两件破衫裤，还不如小小知府，你看人家出行时鸣锣开道，旌旗簇拥，哪如你一般寒酸？"刘龙图听后只是淡然一笑，说："母亲要是不相信我当了大官，明天早上可把我的朝服拿到官道上晒，看那知府有何反应？"说完，便继续喝他的工夫茶去了。

次日早上，刘龙图的母亲拿了朝服放在官道上晒，此时林监成的大轿正好在此经过，忽见前面有一大红色官袍挡路，顿时吓得面如土色，急忙下轿跪倒在地，那妇人从未见过这等场面，觉得十分害怕，便跑回家中。而林监成这一跪就是几个时辰，跪得筋疲力尽，膝盖破皮，感到自己受了晒袍之辱，心有怨恨，无奈官小职微，无法与刘龙图一家相斗，便恨起潮州的地灵人杰来。

林监成请来风水先生窥探潮州风水，风水先生受命走遍潮州府城，发现了一处风水宝地——潮州府城东南边急水埠上的鲤鱼山。风水先生说这山正处潮州东南，居巽方，巽属木，又有韩江水滋养，水生木，木盛则文秀，故潮州府内文风兴盛。且这鲤鱼久居此地，曾经修得道行，大有翻跃龙门之势，假以时日，鲤鱼过了龙门，潮州地域更是文盖天下。只有在鲤鱼山上建成七级宝塔，将鲤鱼钉死，潮州的风水便能破开。

林监成闻言，即大兴土木，在鲤鱼山上兴修风水塔。耗时三年，把塔建成，它就是位于金山东侧韩江江心的洲渚。唐宋时称"水心浮屠"，明时称"恋州塔"，清时称"龙湫宝塔"。

传说，历史上的龙湫宝塔似擎天巨柱，蔚为壮观。若沿塔内扶梯登上塔顶眺望前方，可见湘子桥如长虹横贯江上，后面是高接云空的凤凰山，右边是炊烟袅袅的闹市，左边是一片广阔的绿野乡村。三山一水护古城的天然风貌一览无遗。只是在清代，它已经倒塌，寺院也荒芜，残存的塔基后来也被洪水冲走。后来，潮州官府因整治韩江而将其炸掉，仅存水下残基。几年后人们发现在鲤鱼山下，突然出现了一种指头长短的小鱼。传说这是鲤鱼自觉无力再庇佑潮州风水，死前泪流不止，因此化作无数名为"鲤鱼虫"的小鱼，游在江中。

后来又出现了"凤凰塔"，"凤凰塔"由明万历十三年（1585 年）知府郭子章所建，因它的位置遥对凤凰山，又与隔江的凤凰台相对而得名。塔右边有条北溪，旱时溪水常常干涸，所以叫"涸溪"，凤凰塔因此也被称作"涸溪塔"。凤凰塔位于韩江东南侧，犹如一道堤防护住塔后一带村落。夕阳残照或旭日东升时，水流影动，金光闪烁，甚是奇妙。只是因它暗隐镇邪功能，或者是身负"龙湫宝塔"替身的嫌疑，邪气过重，这一景点很少有人光顾，年复一年地被冷落在韩江之边，孤寂无痕。

我来潮州时，就发现当地人所卖的鲤鱼价格便宜，问其原因，他们说很少食鲤鱼，有人买鲤鱼也并不是将其食用，多是用来放生的。后来我发现，果然有钓鱼者钓上鲤鱼，就会将其扔回江里，还有人开车到韩江边，一筐一筐地把鲤鱼倒进江里放生，这可能与当地的鲤鱼传说有关吧。潮汕当地还有一种民间传统舞蹈，跳的就是鲤鱼舞，又称舞鲤鱼。传说在唐代，人们为了纪念韩愈驱鳄鱼的行动，便创作了鳄鱼舞，但在起舞的过程中，发觉不好操作，后来改成以鳄鱼头为头鱼，加上四条鲤鱼，由此形成了鲤鱼舞，一直流传于民间，至今已形成一套较为固定的表现形式。我想，这些都可能与龙湫宝塔的传说有关吧。

想到这些有关韩江的传说，我便对那只奇怪的龟产生了兴趣，决定找杨玉林教授问一问。玉林教授是个喜好游山玩水、赏花观月的"旅行玩家"，又是摄影和诗词歌赋样样都通的"公共知道分子"，还是一个兴趣广泛、乐于助人、喜形于色的性情中人。他对植物有着特殊的识别本领，刚来南方时，遇见一些原来在北方从未见过或不认识的植物，向他求教咨询，他基本能答出来。

玉林教授看了照片，回答说可能叫鳄鱼龟，他在广西的一个农贸市场曾见过这种龟。

后来，我带着照片去找从事植物学研究的曾宪锋博士，向他求教答案。曾博士看了照片，问我是在哪里发现的。最后以十分坚定的口气说这只龟叫鳄鱼龟，是以海洋为家的好食肉的家伙。这只鳄鱼龟个头不算大，他以前在广西北海时曾见过更大的，有十多斤重。可是他也感觉奇怪，这种龟是生活在海洋里的，为什么到韩江来了。

曾宪锋博士是河北昌黎人，北京师范大学的硕士。来韩师后，又在职读了华南农业大学博士学位，已被评为生物学教授。因为从事植物分类与区系学研究，特别是外来入侵物种研究，他除了在学校教学以外，常常独行侠般一个人骑着越野摩托在粤东地区钻山入林，寻花弄草，做了许多现代青年人做不了和专门研究人员不愿做的田野植物调查和标本采集工作。不过收获的成果也十分丰厚，几年时间就在广东，特别是粤东地区发现了外来入侵植物一百多种，发表了许多专业研究论文，引来许多"羡慕嫉妒恨"的目光，他倒是满不在乎，照样独来独往。时间长了，为了让人们还记得他，他偶尔会在学校内网 KOA 平台上，发表一些自己的"奇谈怪论"。

曾宪锋告诉我，他不是研究动物学的，所以知之不多，但是因为自己正在研究外来入侵植物课题，对这鳄鱼龟是否为入侵动物的问题也感兴趣。这种鳄龟，民间称为鳄鱼龟，是现存最古老的爬行动物、世界最大的淡水龟之一，有淡水动物王者之称，分为两大种类，即大鳄与小鳄。大鳄又名真鳄龟（产自北美洲美国东南部），小鳄又名拟鳄龟，有四个亚种。鳄龟体形大且攻击性强，除了短吻鳄较少有天敌，曾因人类的猎杀失去栖息地，被世界自然保护联盟列为易危物种，在世界濒危动物中排行第六位，后因其观赏价值高，适应性强，深受国内龟类爱好者青睐，被誉为"水底熊猫"。

从韩江抓上来的鳄鱼龟硬角上的横纹上生长的年轮，可以看出这只龟已经有六岁了。曾宪锋经研究做出的判断是，鳄鱼龟出现在韩江未必是好事，因为鳄鱼龟最大体重达 160 多斤。这种外来物种和巴西龟一样性情凶猛，极具攻击性，且食性极杂，不仅仅通吃鱼虾、水草，甚至连水鸟及同类它都能采食，这种龟，对原本就已稀少的本地野外乌龟的生存产生了巨大威胁，因此不宜将这类带攻击性的龟类放生，以免破坏韩江水域的生态平衡。

那么，本是海里的鳄鱼龟为什么会出现在韩江里呢？莫不是海水环境发生变化了，致使它游向淡水生活。曾博士查找潮汕地区的环境地理信息后，认为这种鳄鱼龟不会是从海里游来的，一定是人为引来的，潮汕人有"放生积善"的习俗，常常买一些活的乌龟、鲤鱼、青蛙等野生动物放归大自然。或许这只龟就是被人放生的，或许是被人弃养丢到韩江中的。

曾宪锋提供的答案给我带来一个新疑惑：依他推测的这种情形，鳄鱼龟是现在才出现的呢，还是历史上就有的现象？如果是历史上就有，那传说的韩愈用《祭鳄鱼文》驱走在韩江上为害的鳄鱼是不是就是鳄鱼龟呢？这又是一个研究问题的"启发原型"。带着新的疑问，我决定到学院图书馆六楼的内藏室查找有关潮汕文化的历史文献。

传说中韩江历史上有很多鳄鱼，而且这种鳄鱼很凶，能吃下过江的人，所以过去人们把这条江叫"恶溪"。当地的黎民百姓，因为继承了远古的迷信传说，认为鳄鱼乃水中之神灵，每到鳄鱼成灾时，都向江里投放牛羊猪狗等生灵，以求平安。

韩愈初到潮州，正是潮汕江河鳄鱼成灾之时。有一天，又有一个百姓被鳄鱼吃掉了，韩愈知道后很是着急，担心鳄害不除，将后患无穷，便不顾疲劳来到江边，思考除鳄良策。

最后韩愈命令宰猪杀羊，决定到城北江边设坛祭鳄。韩愈在渡口旁边的一个土墩上，摆了祭品，点上香烛，对着大江高声朗诵《祭鳄鱼文》，他说：鳄鱼！鳄鱼！韩某到这里来做刺史，为的是保土庇民，你们却在此祸害百姓。如今姑念你们无知，不加惩处，只限你们在三天之内，率族类南徙出海，以避天子之命吏，三天不走就五天走，五天不走就七天走。七天不走，就是终不肯走的意思，便要严处，"必尽杀乃止"！韩愈将这篇文章在河边设祭焚烧，又把猪羊投入溪中来拜祭鳄鱼，到了晚上，恶溪上空乌云密布，电闪雷鸣，狂风大作，暴雨倾盆，人们都慌忙躲进屋子里避雨，这场暴雨下了整整一夜。第二天，阳光格外炫目，天空分外清澈，人们惊喜地发现恶溪里的鳄鱼全部迁徙完毕，潮州从此便无鳄鱼了。后来，人们就把韩愈治鳄的地方叫作"韩埔"，把渡口叫作"韩渡"或"鳄渡"，把恶溪叫作"韩江"。

韩愈一篇祭文驱退鳄鱼的事传开后，唐宪宗知道韩愈对朝廷的忠诚，于是将韩愈诏回京城复职。传说，韩愈接到诏命返京途中，路经家乡东都洛阳时暴病身亡，上报朝廷后，被安葬在洛阳北面的河阳。而在潮州，因为韩愈不仅让潮州百姓免遭鳄患，还趁驱鳄之机兴修水利，给封闭的沿江大地带来五谷丰登的好年华。因而，后人一直念其德政，于是在韩江边立起个祭鳄鱼亭以纪念韩愈。

其实，韩愈祭鳄，并未真正把鳄鱼赶出韩江流域，之后潮州还有鳄鱼出没的记录。但韩愈在时，肯定使鳄鱼受到重创，在人与野生动物争地盘的斗争中，人肯定胜利了。在唐代，潮州向朝廷进贡的贡品中就有鳄鱼皮和蟒胆。但并不意味着从此"潮无鳄鱼患"了。

我来韩师不久，就听过一次蔡鸿生老先生关于《唐代潮州鳄滩上的昆仑奴》的讲座，他介绍了李德裕带昆仑奴（昆仑奴，指来自南洋或非洲一带卷发黑身的佣工）的故事，说唐宣宗大中元年（847年）初春，正是韩愈被贬潮州的二十七年之后，当时身为中央检校司徒平章事的李德裕也像韩愈一样被贬潮州，从宰相一下子降职为地方的司马。他从京都长安出发，在广东段是沿梅江（恶溪）下潮州的水路而行，当官舟行经蓬辣滩时，由于滩险流急，水手稍一疏忽，船身擦碰礁石，船体立时受到破坏，船上人员虽幸免覆溺，但行李、图书等却落于江中，李德裕急命昆仑奴下去捞取，但见江中游动着许多鳄鱼，长吻锯齿，蟹目龙麟，狰狞可怖，这昆仑奴如何下得去。此时江面上瘴霭重重，天空中淫雨霏霏，触目岸边一片蛮荒，这是多么凄凉之景，于是李德裕吟出了思乡的《过恶溪》："风雨瘴昏蛮海日，烟波魂断恶溪时。岭头无限相思泪，泣向寒梅近北枝。"

梅江在韩江的中上游，韩愈驱鳄鱼又是在李德裕之前，由此可知韩江的鳄鱼并没有因恐惧韩愈而消失。但它使人们知道，韩江历史上不但确有鳄鱼，还知道了把韩江叫成恶溪的原因。

韩愈之后韩江还有鳄鱼，宋代科学家沈括在《梦溪笔谈》中，曾记述当时的潮人把猪绑在竹排上投入江中，去钓江中鳄鱼的故事。甚至到明代，民俗史料中还有人们一次又一次围歼鳄鱼的记载。再往后，史料中才没有了潮州韩江出现鳄鱼的记载，说明韩江中的鳄鱼可能真的灭绝了。

我在查找史料时发现，宋朝陈尧佐出守潮州时，曾发生鳄鱼上岸吃人的事件，一个姓张的小孩被吃，陈尧佐立即派人追捕那条鳄鱼，将它抓回衙署，鸣鼓聚众，将鳄鱼杀而烹之，并写下一首《戮鳄歌》："水之怪则曰恶兮，鱼之悍则曰鳄兮，二者之异，不可度兮，张氏之子。年方弱兮……鸣鼓召众，舂而昔斥兮。而今而后，津其廓兮。"陈尧佐最先对韩江是否有鳄曾有过怀疑，但事实又让他不得不承认，因此他在《鳄鱼图赞》中说："江有鳄鱼，大者数丈，玄黄苍白，厥类惟错，似龙无角，如蛇有足，卵化山谷中……会蜓网于渊，获始化者以献，悍目利齿，见者骇焉。"如果没有捉到真正的鳄鱼，怎么会有如此详尽的描述，怎么会说"见者骇焉"呢？

曾宪锋是植物分类专业的研究者，研究这个属于动物学领域的鳄鱼龟时还是遇到了问题，难以搞清楚鳄鱼与鳄鱼龟的关系。后来还是潮州电视台调查清楚事情的来龙去脉，说潮州海洋渔业局有关专家确认这是鳄鱼龟。并分析说在2000年的时候，潮州曾经引进鳄鱼龟进行试验，这只可能是试验过程中跑到韩江中的。

　　鳄鱼龟的引进或许可以理解为其经济价值远远大于其对现代人类的威胁，是经批准且合法的。但是有些动植物的引进则存在一些问题，我想起先前在潮州电视台的节目中，看到就当地一些池塘到处生长繁殖的水葫芦问题对韩师生物系马瑞君教授的专访。作为植物学研究专家，马瑞君回答记者说水葫芦又名水浮莲，是外来的一种水生植物，水葫芦的生命力十分顽强，能够适应各种水质，生长极快，在哪里停留，就会迅速占领哪里的水面。如果这种植物无节制地繁衍，种群快速扩大，甚至造成水面的全覆盖，就会发展成为优势品种，水下的其他植物就会因无法接收阳光而死亡，由此对其他物种的多样性构成极大的威胁。大面积的水葫芦生长还会淤塞河道致使水体流动性差，水就容易变脏发臭，非常损害生态环境。

　　水葫芦危害如此大，可是其并非土生土长，它原产自南美洲的委内瑞拉，后来是作为观赏植物引进我国的。此外，还有像福寿螺和食人鱼是被某些商人打着推广新品种的幌子引进的，红火蚁是混于进口花卉的栽培土壤中夹带入境的。当初，人们从国外引进这些新异的东西，可能主要是以获取商业利益为出发点的，但是根本的原因可能还是缘于对此方面知识的缺乏和无知。

　　人生在世，其实最重要的财富便是知识，世上的邪恶则是愚昧无知，因为无知而失去对入侵者的警惕且变得麻木，其实远比因为敬畏而产生的神灵崇拜更为可怕。韩师作为潮州知识精英集中的高等院校，我们身为教师，承担科学研究与知识传播之责，任重而道远。

20 爱在学生社团

　　大学校园，是人生最好的心灵栖息地，这里的山水草木，总会少几分世俗的功利，把社会上物欲横流和赤裸裸的人心争斗与喧嚣淡化、消解和过滤。而大学生社团又于这份沉静中多了几分靓丽的色彩。社团可以培养青年人的兴趣，把积极优秀的校园文化寄于社团活动之中，还能打破班级、专业与年级的界限，让志趣相同的人聚集在一起，提升自我，点燃每一位学子青春萌动的热情。

　　韩山师院的大学生社团组织从来就是一个热热闹闹的大家庭，校级的、系级的、体育的、文艺的、文学的、理工的，各种性质的社团包罗万象，例如心理健康促进协会、绿色志愿者协会、科普协会、阳光志愿者协会、计算机爱好者协会、创业者协会、电子协会、韩山诗社、吉他协会、书法协会、灯谜学社、美术协会、爱乐协会、动漫协会、烧杯摄影学社、插花艺术兴趣小组、中文系新月剧社、政法系礼仪修养协会、数信系风华艺术团、美术系动漫协会、旅游管理系茶艺表演队、武术协会、羽毛球协会、定向越野协会、乒乓球协会、毽球协会、足球协会、三棋协会、体育系裁判协会、体育系排球协会等，林林总总，实在太多。

　　社团中名气比较大的是一个全校性文学社团。在诗社人的共同努力下，十多年来已成功举办许多届校园诗歌创作大赛，培养了一批批文学新人，在很多领域取得佳绩，有名的韩山诗群中的主力也多是在诗社里历练出来的。科普协会也是学院社团联合会部属下的一个文化社团。自从 1995 年成立以来，一届又一届社团成员坚持推广普及科学知识，通过内容丰富、形式多样的活动，如"三下乡"、开设讲座、参观访问、举办知识竞赛、校园科普宣传、科普进社区等，吸引了许多学生参与其中，当地的新闻单位如《潮州日报》、潮州电视台、潮州广播电台、《汕头特区报》等多次对这一协会的活动进行报道，活动也多次受到学院、潮州市乃至广东省有关部门的表彰。学院还有许多社团，它们各自寻找自己的独特之处，活跃着异彩纷呈的校园文化。

　　学生社团最为热闹的场面是每年的招新活动。每到新生入学季，军训结束后就是社团招新工作的开始，也是大二、大三、大四学长们拼脑力、玩创意的巅峰时期，堪称"百团大战"。科技、体育、文化、艺术四大类一百多个学生社团联合招新，忙得不亦乐乎，大到校内悬挂的横幅，小到社团招新的海报。为了在新生中招到令人满意的人才，各个团队各显其能，玩出自己的花样和风格。他们支起琳琅满目的招新帐篷，摆开擂台，争相向新生推荐自己社团跌宕辉煌的发展历史和丰富多彩的社团生活。阳光志愿者协会打出口号："年华里的倒影，你的生活将会在哪里？加入我们吧！在这里你将得到最美丽的诠释！"插花艺术兴趣小组的标语写道："有人的地方就会有生活，有生活的地方就会有我们。我们真诚期待你的加入！"创业者协会强调："加入我们，我们会帮你发现自己的闪光点，让你发现美并创造美，让你的大学生活如理想般充实、快乐！"众多的社团组织者高呼着令人激情澎湃的招新口号，吸引新生成员来加盟，一时间成了校园内一道独特的风景线。

大学生社团是韩师校园文化的重要建设者。这种社团由学生自发组织而成，因为社团可以打破年级、系科以及学校的界限，所以它在使学生由"教学单位学生"变成"社会社团学生"的过程中，把这群由青年人组成的群众组织变成了能丰富人生交往阅历的平台。由于社团内一些兴趣爱好相近的同学在一起活动，这样可以充分发挥他们的特长，开展有益于学生身心健康的活动。

大学生社团的重要作用还在于能丰富课余生活，让年轻人体会到大学生活的充实和意义。

我来韩师的第二年，赶上政法系学生成立阳光志愿者协会，当时提出组建协会的会长吴胜烈是我教的思想政治教育专业的学生，他希望我做他们协会的指导老师。

起初我并不看好这种以学雷锋为目标，主要从事志愿活动的社团。而他们却坚持认为这一社团在各大学具有普遍性，并认为它存在的意义很大。吴胜烈还举例说像北京大学阳光志愿者协会因为选择以拯救生命、提升健康为愿景，致力于提供骨髓配型和患者教育、咨询、互助、权益维护等服务，来抗击严重血液疾病，提高白血病、淋巴瘤等血液癌症患者的生存机会，提高患者和其家庭的生活质量。结果这一社团获得广泛响应和支持，后来还在北京市民政局注册，从一个学生社团转型成一家专业的慈善组织，实现了在更广阔的平台上为更多患者及其家人提供更专业和深入服务的目标。

后来令我没有想到的是，这个社团在社会中做了许多公益之事，如组织成员利用寒暑假到乡村"三下乡"开展义教，组织青年学生进行"爱心献血""爱心募捐"活动，特别是每到三月的学雷锋活动月，阳光志愿者协会更是本着"完善自我，影响他人"的宗旨，以"情系雷锋月，爱撒三月天"和"用心撒播希望，用爱温暖人间"等为主题开展各种宣传活动，说明雷锋精神永远不会过时。雷锋精神的内涵在于奉献，而奉献正是美的真谛，使人们在切实感受身边好人好事的过程中激发奉献的精神，学会用心去关爱与帮助周围的人，共同营造一个和谐友爱的生活环境。这种宣传竟然在学生中有广泛的影响力，在校园内和社会上都产生过强烈的"蝴蝶效应"，团员最多的时候有数百人。这一社团的影响越来越大，最后由系级社团上升为由学校团委直接管理的校级学生社团。

吴胜烈是阳光志愿者协会第一任会长，两年后就毕业了。后来他在汕头特区的一个乡镇中学做了政治老师，也成了家。但是毕业多年，他对自己一手创建的阳光志愿者协会依然很有感情，曾几次从汕头到潮州来看协会的师弟师妹，参加他们组织的活动。有一次，他还带来任教中学奖励给他的 600 元奖教金，全部捐给阳光志愿者协会作为活动经费。他还经常找我这个指导老师，要我多多指导协会，比后来几任的会长还积极。

阳光志愿者协会成立那年，外语系学生社团中还有一个与其活动内容相似的外语系爱心小组，外语系这个社团成立的初衷，是大学生们企图做一件他们青春期最想做的事，即"伸出一双温暖的手，奉献一片真诚的心"来关爱弱势群体。与阳光志愿者协会不同的是，爱心小组的服务对象十分集中和明确，有两项使命：引导人们正确认识旧社会遗留下来的麻风病及关心潮汕地区的麻风病康复者群体；呼唤社会关注留守儿童。为此他们要做的主要工作就是协调组织潮汕地区的麻风病患者工作营，组织服务康复村常规活动，举办各种与麻风病及工作营相关的公益活动；以及关注潮州山区留守儿童，主要形式为家访和义教。

自 2003 年 8 月成立以来，这个爱心小组从外语系走向全校，从一个十几人的小组发展成为后来有百余人的志愿者大队；从潮州岭后麻风村开始，走向潮汕地区的揭东坑麻风村，普宁甘石径麻风村，以及兴宁、梅县麻风村，服务范围慢慢地覆盖了整个粤东地区。后来又通过媒体的广泛宣传和网络传播，逐渐被社会所熟悉，并被说成是中国第一个走进麻风康复村的组织、中国第一个有外国志愿者参加的麻风康复村组织。

外语系爱心小组最初锁定的服务对象是潮州市潮安县古巷镇枫洋岭后村。那里是个麻风病人集中生活的地方，这个麻风村因为信息隔离，很少为外界所知。爱心小组为了践行成立组织的宗旨，每个学期都会有一些成员提着大包小包捐集来的可以为患病老人们所用的物品，一去就在村子里生活几天，照顾这些麻风病康复者的起居生活和带来社会爱心人士的至善温情，同时也用他们的实际行动，唤醒人性的良知和消除社会对麻风病康复者的误解和歧视。

在党和政府的关怀下，麻风村村民的生活条件和健康情况日益改善。经过 50 多年的综合防治，患病率和发现率呈逐渐下降趋势。到 21 世纪初，广东全省还有 64 个麻风村。然而，政府和社会的注意力主要放在治病上，使得麻风病患者病后畸形和残疾的康复工作进展非常缓慢。麻风给病人带来了白内障、兔眼、睑外翻、截肢等困扰，直接影响到了他们的生活质量，从而导致他们的心理压力加大，使病情不稳定或康复速度慢，造成恶性循环。再加上社会上的许多人对麻风病康复者有偏见和歧视，致使他们多半生活在孤独的几乎与世隔绝的环境中，社会似乎也在逐渐遗忘他们。

爱心小组成员们给他们带来了人间的温情，给他们以安慰，而这些学生也在服务麻风病康复者的过程中，升华了自己的精神境界。

在志愿者为麻风病人服务的活动中，还出现过日本青年志愿者原田僚太郎与韩师大学生志愿者蔡洁珊的一段跨国爱情。

日本志愿者原田僚太郎早年是华南地区数十个麻风村老人们的老朋友。来中国之前，太郎家境优越，像许多生活在东京的大学生一样，作为家中的长子，他从小就生活在父母的宠爱和厚望中，日子过得多姿多彩。

在早稻田大学读书时，一次偶然的机会，改变了僚太郎的人生轨迹。有一天，他去听了一个由麻风病康复者主讲的讲座，受到极大的影响，使他产生了加入友好国际工作营的想法。为此，他报名参加了一个日韩义工组织的工作营。后来，就随这个义工组织来到了中国，开始以工作营组织者的身份活跃在广东省各地的麻风病康复村。

在潮州地区活动的时候，为了方便开展工作营工作，像以往的做法一样，僚太郎在当地招募了8名大学生做他们工作营的志愿者。因为韩师是当地唯一的一所本科院校，僚太郎便把招志愿者的目标集中到这里。那时正在读大三英语专业的蔡洁珊因为即将毕业，就借最后阶段课程不多的机会，报名并成功参加了僚太郎的工作营。

暑期到了，"潮安县麻风村爱心活动劳动营"开始按计划进入潮安县古巷镇岭后村。这个跨国界组建的共计18人的爱心小分队，需要到这里开展为期10天的有计划、有组织的一系列活动，如帮助村民们清洗伤口、缝补衣服、清洗被子、搞卫生、锄草、挖水沟、修整村道、在屋顶上架设防晒网等劳动。

蔡洁珊来麻风村开展工作时，因为自己所学专业是英语，僚太郎也懂英语，所以她便充当起僚太郎与村民之间进行沟通的桥梁。而两人正是在对麻风村病人的一次次扶助活动中，在一个个不经意的细节里，感受着彼此的爱心和真情。蔡洁珊每天看到僚太郎和老人们在一起，拿着药物和工具给村民做溃疡护理，护理完后就很自然地搬张凳子和大家围坐在房子前的空地上，喝着潮州当地的工夫茶，听老人们说着他听不懂的潮州话，但还装作听懂的样子，点着头耐心听他们说，时不时地还哼一些老人们愿意听的潮剧曲调，她的心里就会涌起一股感动之情。

就在这个偏僻的村落，两个青年擦出了爱情的火花。

僚太郎和蔡洁珊的恋情刚开始，就遭到洁珊父母的强烈反对，洁珊是家里的独生女，依她的条件，毕业后能在家乡澄海顺利找到一份做高中英语老师的稳定工作，如果嫁给一个日本人，父母将来怎么办？而僚太郎从事的是完全义务性质的工作，当时自己的支出都要依靠家人供给，何谈以后养家糊口。面对父母和亲友们的不理解和不支持，蔡洁珊却很坚定，她心里清楚，对病人能够像对亲人一样照料关心的僚太郎，是值得她依靠的。

在两人的努力下，洁珊的父母在听了洁珊讲起太郎为老人洗脚，护理那些已经糜烂化脓伤口的故事后，渐渐地改变了想法，蔡妈妈的心最终软了下来，同意两人在一起。

有情人终成眷属。2005 年的一天，来自汕头市澄海区的蔡洁珊与来自日本的原田僚太郎选择在麻风病人生活的地方举行了婚礼。一对青年身着中华民族的传统汉服，而后又穿上大和民族的和服，相继跪拜在场的日本和中国父母面前，组成了一个幸福的跨国家庭。

2008 年，他们的第一个孩子出生了。因为岭后村是他们有缘相识的纪念地，就依日本人把男孩的名字取成与地理环境有关的"田中""山下""河源"等叫法的习惯，给自己的孩子取名"岭后"。

经过多年的建设，韩师的救助麻风病村的爱心接力仍在传递，一拨又一拨，一年又一年。他们用爱心和毅力守候着这些生活在社会边缘的特殊人群，而他们自己也感受到生命的坚强并受益终生。

21　诗意的真性情

　　2012 年 10 月 17 日，韩山师范学院隆重举行"《叶瑞祥教育口述史》发行式暨叶瑞祥从教 60 周年座谈会"。为一位退休 15 年的教授举办这样的活动，在韩师历史上，甚至在粤东的许多学校，都可说是第一次。它充分表达了韩师领导对老知识分子和知识创新者的尊重。会上，学院教务处处长黄景忠教授代表主办方致辞，赞赏了叶瑞祥教授热爱教育，执着科研，无私奉献的高尚人格，希望 75 岁的叶瑞祥教授身体健康，学术常青。会上，叶瑞祥教授非常感动，他看着身着正装，代表母校向自己致辞的黄景忠处长，想起自己在学校教务部门工作时就已看好的这位腹有实学却为人低调的在校生，心中自然是十分喜悦。

　　黄景忠 1965 年出生于广东省普宁市南溪镇。1983 年，他考入韩山师范专科学校的中文科。当时韩山师专急需有资历的任课教师，而依靠组织分配下来的师资十分有限。困难当头，当时还在师专教务科任职的叶瑞祥便向学校领导建议，外援不济，就应当由学校自己送出学生，接受名校培养，学成之后再让他们回来任教。恰在当时，为了解决高校人才的短缺之需，省教育主管部门也制定了这样的"代培"政策。学校领导班子经过研究做出决定后，开始动员和选拔在校学生中的"尖子"进行有计划的培养工作。有了这样的机会，黄景忠与其他选出来的学生一起，经过省里组织的选拔考试，获得高分，于 1985 年得以插班华南师范大学中文系汉语言文学专业进行学习。1987年毕业并获文学学士学位后，便如约回到韩山师专中文系任教。以后就是踏踏实实地工作，一步一个脚印，直至韩山师范学院教务处处长的管理工作岗位，专业职称晋级为汉语言文学教授，学术发展道路上成为云南大学文学院硕士研究生导师。

　　我与景忠相识的时候，他已是教务处副处长、汉语言文学副教授。他在教书育人及治学方面的良好口碑，我虽刚来，却早有耳闻。

　　一些景忠教过的学生说他教学水平高，他在韩师多年从教，主讲过"中国当代文学史""新时期小说研究""二十世纪中国散文史"等课程。据说他在讲课时常常引经据典，深入浅出，文化气息浓厚，于平实的阐述中传递着深刻的人生哲理。讲课风格给人以亲切之感，那种生动、声情并茂、激情、投入、渊博和真性的风格是许多教师努力追求的。因为他课讲得好，所以曾多次获得"广东省教书育人优秀教师"称号和韩山师范学院优秀教学成果奖一、二等奖。

我曾看过许多中文系的学生对景忠老师的赞美，有的学生写过："我一直都非常喜欢黄景忠老师的课，我觉得他教会我的不仅仅是知识，更是一种人生态度，他的为人处世也让我敬佩。在当今社会，很多领导都会给人一种不好的刻板印象，但是黄老师作为教务处处长，却得到了我们学校许多老师的敬佩，我经常都能够从其他老师的课堂中听到他们对黄老师的赞美。就读于师范院校，我真正感觉到身边喜欢当老师的人并不多，但在黄老师身上我能感受到他对教学的热爱与执着，每次我很早到才林楼的时候，都能看到他在电脑前忙碌。我觉得一个教师如果能像黄老师一样，那他的思想也一定能够达到一种澄明的境界。黄老师经常强调人的生活应当诗意地栖居，我想一个人若能自始至终都保持着一种诗意的态度去看生活，看世界万物，那么他的人生必定也会充满诗意。"

后来我们有了较多的接触，自然也就明白了为什么他讲课好。他把对职业的喜爱转为对事业的追求，就自然提升了自己的境界，功随其成。对此，景忠在他写的《教师断想》中有过说明："现在回想起来，当初我安于教师这一职业，实在是因为我喜欢纯粹：校园、学生、书斋，这一切可以构成抵御喧嚣社会的象牙塔，这一切可以带来一个清洁的家园……这些年，我喜欢静静地思考着一些问题，我也常常想教师这一职业。我觉得那是一条亘古而来川流不息的长河，而我就是其中漂流着的一条船，面对着它，我渐渐有了一种神圣的情感，我想我会尽量按照我对它的理解去要求自己，尽管我知道我最终可能会是我所厌弃的教书匠，不过，有一点我很欣慰，我已渐渐忘却了教师是一种职业，我觉得，那是我人生的一种存在方式。"

景忠自己认为，老师就应当拥有一颗从容淡定的内心，才能用正确的、美的、善的眼光来看待世界、影响世界。他说："同样是教书，精神与境界不同，会产生出不同的意义和效果。如果我教书很快乐，不给钱我也教，否则，生命的长流没有东西留下来……"

在同事的眼中，景忠是一个与人为善、谦逊低调且平和的人，但是他工作却从不拖泥带水，是一个细致入微的行政管理干部。在与人沟通和做思想工作时，又有着睿智的思想头脑，说起问题来似涓涓之泉，润物无声，更有着平和的长者风范。

我到学校几年后，正是学校准备接受本科院校办学水平评估之时，已经评上教授的景忠成为教务处处长。在高校，教务部门从来都是教学管理的枢纽机构，地位高、任务重，教务处处长作为部门之首，更是责任重大，何况他还身兼评估办副主任之责，压力自然更大。高校评估的实质是对高校整体办学能力、办学水平和社会影响的认证，参与评估的学校都十分重视，韩师也不例外。制订评估方案，自评与迎评，每一个阶段的工作都是一场硬仗。这些重活儿，景忠都坚持下来了，而且把自己分内的迎评工作做得风生水起。体力当然也透支得很厉害，到2012年评估结束，取得优秀成绩时，大家发现本来就瘦的黄处长更加消瘦了。

我在与景忠的接触中，认识最为深刻的是他有开阔的视野和长于教育的理念。他积极了解这个社会，熟悉韩师的教育环境，对此常常有自己的思考和行动。

景忠认为，现在大学十分强调应用教育，一方面经济社会的发展需要大量应用型人才，另一方面就业的压力也迫使学校必须重视学生应用能力的培养。其实真正的大学教育应该是应用教育与人文教育并重，仅仅强调应用教育，会把人工具化，而人文教育会赋予人灵魂，促进人的全面发展；应用教育可以培养学生强大的竞争力，使学生在社会获得立足之力，而人文教育培养学生良好的综合素养，让学生获得持续发展的后劲；应用教育可以让人变得更聪明、更富有，而人文教育能够让人活得更优雅、更幸福、更有意义。

景忠通过对多年教育教学经历的思考所形成的全面培养人才的理念，对我曾力主在全校开设生命教育课程，甚至将其发展成为学院的特色教育内容的成功，起过决定性作用。记得那是在2008年，我已任政法系主任，但还坚持每学期向学生开设"生命伦理学"的选修课。因为自己专业研究方向的缘故，我有多年从事教育教学工作的深刻体会，认为生命教育是十分重要的，甚至是大学生接受人文思想教育的根本所在。基于这种认识，我曾计划编写一本大学生生命教育教材，并且把这门课推出，成为一门面向全校学生开设的人文通识课。然而当时全国高校没有先例，要实现这个目标并不容易。那时，正好教务处提出教学改革思路，要求之一就是各教学系部每学期可拿出两门课作为文理专业交叉教育的试点。借此机会，我提出建议，经系领导研究讨论，决定代表系推出生命教育课程。

我到教务处找景忠，拿出面向全校开展生命教育活动的计划，并把这一开课及创新学校办学特色的发展设想全盘托出。他听后非常赞同，并明确表示教务处会以行动支持我们这一计划。后来，我们组建了一个专职和兼职教师结合的师资队伍，编写了适于面向大学生教学的教材，将生命教育课面向全校逐步推广，使之成为正式的人文通识教育课。再后来，又申报课题，获得省教育厅的生命教育教学视频公开课课题立项。这一系列教学活动的开展，都离不开景忠的积极支持。因为他作为教务处处长，有配置教学资源的权力，也承担着实行教学改革的使命，才能把生命教育教学课程建设落到实处。

景忠喜欢文学，因为中文专业出身，长期以来，他勤于写作，工作之余，笔耕不辍。在现代文学和当代文学研究方面，颇有成就。出版过的专著及教材有《潮汕新文学论稿》《作家的精神立场与创作姿态》等。另外，在《文艺理论与批评》《民族文学研究》《文艺争鸣》《当代文坛》《小说评论》《学术研究》等国家级、省级学术刊物发表论文50多篇。他曾说：这个世界需要诗人的吟唱，大学尤其如此。大学不仅要培养人在生活中生存及竞争的能力，还要赋予人精神超越的气质，而文学能够重新激活我们的感情，能够召唤回原来驻守在我们内心深处的诗意，当我们以富于诗意、富于激情的心灵去感受生活时，我们会发现，自然是多么美丽，爱情是多么美丽，生命是多么美丽。

景忠也爱好诗歌，他在《韩师诗歌十五年》的序中谈及大学时，认为："大学是需要诗歌的，诗歌可以使僵硬的人心变得温暖、湿润，可以把人从功利的俗世中提升到精神和理想的世界，我所理想的大学生活，应该是人文地、诗意地探究与生活的方式，而诗歌在其中是不可或缺的。"从20世纪80年代中后期韩师成立三角梅文学社开始，韩师中文系乃至学校积极开展"诗书教育"，举凡人才培养方案和课程体系的改革，诗歌创研中心的成立，《九月诗刊》《诗词学》两个诗歌刊物的影响，《韩山诗歌十五年》《韩山诗歌文丛》（第一、第二辑）以及《韩山诗报》《后来》《馀音》等学生诗歌报刊的编辑出版等，景忠均参与其中，积极推动且乐此不疲。

他曾对韩师的诗教文化有过很好的概括："我生活着、工作着的韩师，就有着诗歌创作的传统。昔年饶宗颐、詹安泰等大家的旧体诗词创作自不必说，90年代之后群星闪烁的校园诗人的诗创作，即使是放在整个中国校园文学当中也散发着夺目的光辉。"而他在其中，总是尽力发现和培养新人，给予支持。

黄国钦是潮州市文联主席、潮州市作家协会主席、《韩江》杂志主编、一级作家。他曾讲过景忠发现和培养一个学生的故事：《韩江》杂志和韩山师院喜欢文学的老师和学生，一直很有缘。那时，班上有一个女学生，作得一手好诗，但是为人很骄傲。有一天，景忠把这个学生的诗推荐给我，也给我讲了她骄傲的性格。我连夜阅读了这首诗，觉得这个学生非常有才气，但是，假如再打磨打磨，这首诗肯定能更好。于是从晚上7点多，我就坐下来，帮她推敲、修改，直到凌晨1点多，才改满意了。第二天，我把经过修改的诗稿寄回给黄老师，请他给作者过目，征求她对修改的意见。黄老师后来告诉我，作者对修改完全没有意见。从这个故事中，可以看出景忠对培育学生的师长之心。

"潮学集大成，桃李满天下"，景忠似乎是想在潮州这方土地上打一口深井，捧出甘甜清醇的井水，来滋润在校园里为学习与生活而奔忙的师生们。

22 拥挤引发的电梯伦理学

2008 年，韩师东区新建了一座文科大楼。这是一座八层钢筋混凝土框架结构建筑物，总建筑面积达 17 300 平方米，包括多媒体教室、阶梯教室、专业机房和办公用房，同时可容纳 5 000 名学生上课。

据说，文科大楼的设计者最初重点考虑的是这座新建大楼如何与原来学校东区的建筑风格保持一致并与环境相融，追求的是实用、经济、美观的原则。可是，不知是设计有误，还是当时没有考虑那么多，可容纳 5 000 多人的大楼里，电梯却只有两部，因此在上下课时间，出现了学生乘电梯拥挤的现象。特别是早晨上课前 15 分钟，电梯口处总会挤着一层又一层等待上电梯的学生。这种情景，日日复演，成了韩师文科楼里一道独特的景观。

砺锋卧石路，研善东丽湖。
僻壤兴文教，新笔绘宏图。

玉林题，文科写

中文系、数信系办公地点都设在文科楼，这些天天要上班的行政人员自然就有意见。被安排在这座楼里上课的老师们则天天挤电梯、爬楼梯。当时我所在的政法系，虽然学生都在文科楼里上课，但我们系的办公室还在伟南楼，所以只有上课时才需要光顾文科楼。反正不是天天来上课，我又觉得大家挤在一起乘电梯不舒服，所以习惯于爬楼梯，就当锻炼身体了。

挤电梯的时间长了，学生们也有抱怨。有人就在校园网上发帖子，利用挤电梯现象指人说事。还有一个网名为"窍门"的家伙总结经验，说怎样才能最有效地挤上去，他认为挤上电梯与人跟电梯之间的距离不成正比，左右两侧候梯才是合理选择，因为一般规律是出电梯的人从正前方出来，所以等电梯的人站的地方一定得挑电梯门的左右两侧，否则容易被出电梯的人冲出来。即使没有被冲出来，站的位置也可能因为比较靠近电梯门口，当电梯超重的时候，自己就得成为先下去的那位。而侧身进入的人就能避免这种情况：侧身可以减少阻力，依靠后边的推力顺利滑进电梯。值得注意的是，如果提着笔记本上课，侧身的时候笔记本包也一定得和身体一样保持侧的方向，否则很容易发生人进去了包还在门外的情况。

一位老师对电梯的安全问题道出了自己的担忧，他说："电梯是高层建筑内唯一安全、迅速、舒适和方便的垂直运输交通工具，而随着高层建筑数量的快速增加，电梯的使用量也随之急剧增加，在电梯的使用中最被重视的是安全问题。学校文科楼电梯太繁忙，尤其是上课前，因而也就有了安全隐患，请学校管一管。"

关于文科楼电梯的争论还没有停止。当然，更多的人是对现状的不满，要求学校解决电梯拥挤问题。

网上继续有帖子，其中一个帖子建议设计电梯选择停楼层的方案：

经常听到老师们在抱怨文科楼的电梯人太多，虽然目前对两部电梯的停靠楼层做了优化，但仍然不能满足"坐者有其梯"的需求，特别是在上下课高峰期。经研究总结，本人认为原因在于电梯停靠次数太多导致电梯运行总时间过长，从而引起大量用户无法分流，滞留1楼排队候梯，效率明显降低。

方案一（注：该方案版权归属数信系胡能发老师）

方案内容：文科楼两部电梯，以1楼为起点，一部只停4楼，另一部只停7楼。

方案解析：所有楼层用户都只最多走一层即可到达，1、2楼的不用坐电梯，步行即可；3、4、5楼的坐停4楼那一部；6、7、8楼的坐停7楼的那一部。

方案总结：

（1）有效减少电梯停靠的次数，节约了电梯开关门的次数和运行总时间，提高了电梯的运行效率。

（2）楼层用户的有效分流，使电梯的利用效率得到更大的提高。

（3）本方案遗漏了负1楼的需求，即负1楼的同学必须先走到1楼，然后再选择停4楼或停7楼的电梯。

方案二（注：该方案由数信系赵芜野老师设计）

方案内容：在方案一的基础上，令两部电梯均在4、7楼停，采取双通道疏导楼层用户的办法，进一步优化用户分流。

方案解析：在运行总时间和用户分流上，偏重于后者，同样达到提升电梯使用效率的目的。

方案三（注：该方案由数信系张君敏老师设计）

方案内容：综合方案一、二，在使用时间上划分出高峰时段，高峰时段采取双电梯双停靠的方案二，在非高峰时段采取双电梯单停靠的方案一。

方案解析：既考虑节约运行时间，也考虑用户分流情况。

这已经是最优化的方案了，不过鉴于人太多，电梯太少，时间太集中，我个人认为：电梯拥堵状况可以忽略不计，只要不涉及超重安全问题，允许继续存在！

又有人提出自己的建议：

看到大家都在为电梯拥挤一事积极建言献策，我也提一点补充意见，那就是错峰上课。电梯的拥挤其实只是发生在上午和下午的第一节课时间，如果把一些课错开来排，譬如有些三节连堂的课反正都需要差不多一个上午或下午的时间，何不让这些课从第二节开始上？这样早上有课的老师可以错开上班高峰的交通拥堵，而下午从第二节课开始的好处就更不用说，老师学生都可以美美地睡个午觉。

当时我在政法系所教的课程是伦理学，利用上课的机会，给学生们讲了电梯不文明现象中所蕴含的伦理学原理：非道德行为的易循环性。

我说："在有些公共场所，人们因为慑于群体的压力，但凡有些自觉能力的人，都会发现自己的不文明行为与文明行为的差距，在干净的环境里你就不好意思乱丢垃圾；在安静的博物馆里你不可能去大喊大叫；在铺着地毯、十分整洁的宾馆客房里你不会随意地去点支烟抽起来。同理，在人们都有序排队的环境下，你刚到就不可能贸然地挤上前去插队。这种现象说明，人们对自己行为的约束，不仅出于自己的道德需要，也与群体环境的感染力或压力有关。"

接着进一步阐释非道德行为的易循环性：

效应分析：谁都知道学生不排队挤电梯一不文明，二无效率。可是为什么要挤着上电梯呢？人通过理性思考可预知行动的效果，此时如果一个人排队，众人都不排队，可以预知这个人的结果一定很惨。问题是如果行动参与者都不排队，没有参与者会受到道德谴责。而一个人不排队行为所引发的从众行为，正说明公共生活空间存在着非道德的易循环性现象。

解决方案：一是努力增加各类资源的供给，并且尽可能让硬件设施更加人性化；二是合理地安排制度，因为它可以规范和引导人的行为；三是派人监管，惩治违规者，可以预防非道德的易循环性；四是坚持通报制度，外在规定可以慢慢内化人的行为习惯。

问题启示：一是人的行为是否体现道德文明，不仅取决于人自身对行为的道德判断，而且取决于制度安排的合理性。电梯的使用规则应体现人先出后进，排队进梯的对等公平原则，而不是对乘梯人提出"先人后己"的道德要求，设想人人都成为先人后己乘梯的道德公民，同样会出现无序乘梯或无法乘梯的结果，由此说明在制度安排中寻求对等和公平原则，才能解决问题。二是构建遵守秩序、遵守规则的软环境。关于秩序，不能理解为让别人遵守，使自己受益，也不能狭隘地认为自己守规，别人违规，便是自己吃亏。健康的公共活动空间氛围需要大家的共同努力，有序会提高效率，合理的规则能够确保公平，最终与人方便与己方便，与此同时继承和发扬良好的传统礼仪和习惯。

后来我与同事谈起"电梯伦理学"时，他告诉我系里研究经济学的老师也在网上参与了讨论，他提出一个命题——电梯的经济学现象：上课电梯发生拥堵时，有些在高层上课的学生抱怨在4楼以下上课的学生也用电梯，在上课高峰期他们要是走楼梯的话，许多在高楼层上课的同学就不会迟到了。这一现象体现了经济学中的公地悲剧原理：当资源或财产有许多拥有者，他们每一个人都有权使用资源，但没有人有权阻止他人使用，由此导致资源的过度使用，即为"公地悲剧"。

分析：这种抱怨情有可原，但是在4楼以下上课的同学并无过错，因为电梯对个人来说是"公地"，个人都不需要交费付出代价，不承担任何具体责任，为什么不乘坐呢？就像免费的停车场会被挤爆一样，不存在不公的问题。

解决办法如下：

（1）增加成本。电梯空间有限，乘电梯高峰时段在高楼层上课的同学要想保持乘运效率，必须用一种方法控制乘坐电梯去低楼层上课同学的数量，就是让乘坐者有"成本"。比如，像坐公交车那样每次打卡收费，一次一元，这样，在低楼层上课的同学会减少乘电梯的次数，但这种方法因不公平而不切实际。

（2）个人套利。既然早上乘电梯高峰期电梯口会挤满人，担心挤不上去，可选择走上2楼等向下的电梯，乘上后先坐下来再到去上课的楼层。会出现三种情况：第一，当次向上的和向下的电梯都没在2楼停，因此上课迟到了（损失）；第二，一部向上的电梯在2楼停下，有人下来，在2楼有机会直接乘电梯到高层楼，没有迟到（收益）；第三，一部向下的电梯在2楼停下后得以进入，先乘到 1 楼再乘坐到高层楼，没有迟到（收益）。

综合比较，上 2 楼等楼梯可以产生套利行为，通常情况下节省时间成本，可实现收益最大化。

一场网上争论，引起了学院领导的重视，要求后勤处拿出改进方案，为此后勤处联合学生处开了一次会，最终决定，由后勤处负责找电梯安装厂家重新设定控制系统，两部电梯，各自分层停。学生处则组织学生社团开展维持学生上电梯的秩序并向学生开展文明乘电梯的教育。

如今的文科楼，东西两边一个只停单楼层，一个只停双楼层。但上楼的集中时间，仍显紧张。好在大家都排队了，两边同时排队时，会接上一条人墙。不过，这也成了上课前韩师校园的一景，到后来，在一楼的楼层口处，管理部门还划出了一条带箭头的标志线，直行指向电梯门的，明确告诉这是同学们排队的地方，还有一条斜箭头，上面标上是老师站位。于是，教师来上课时，相对就有了优先权。

再后来，在电梯口的门墙上，一首文明诗出现了：

扶梯入口别推挤，依次搭乘按顺序；
拖拽衣裙要提起，应把松散鞋带系；
上梯之前瞅仔细，黄线以内安全区；
左侧急行右站立，方便他人利自己。

原来这是学生社团自行组织的活动。如今，新的景观是每当上课前，两部电梯口排起了长队，有时两个队伍会接龙合成一排长线，倒是成为韩师文科楼一道新的风景线。

老师们来上课了，有的按规矩选择站在标志线处，电梯门一开，学生们就自然让出来让老师先行。我呢，还是没有改变原来的习惯，不管在几楼上课，照样是不乘电梯，选择自己一步步地爬上去。

23 三大评估之旅

　　1998 年，经历近百年的艰难跋涉，韩山师院终于有了自己培养出来的本科生。1994 年第一批招进来的数学、物理、化学、汉语言文学、思想政治教育五个专业的学生马上就要毕业了。在他们毕业前三个月的时候，学校就做了充分准备，向省学位委员会申请学士学位授予权的资格，并顺利完成相应的审批程序。

　　这年 4 月，潮州满城绿色，一树橙红的木棉花已渐近尾声，花落红满地，把绽放的壮美献给了受细雨滋润的大地，树枝上却又吐出鲜绿的嫩芽，生命的再一次轮回即将开始。

　　韩师召开自升为本科以来的第一次党员大会，经选举产生了第一届党委，包括党委书记汤慕忠，副书记黎羡君，委员吴伟成、吴愈中、吴瀚文、余浩明、陈三鹏。除了黎羡君同时任纪律检查委员会书记外，其他人也都有行政职务，从武汉大学数学专业毕业的汤慕忠任院长，三位行政副院长则是吴瀚文、余浩明和刚从教务处处长职位提升上来的陈三鹏。这个新的领导集体志存高远，第一步所努力追求的目标，就是汤慕忠在党代会的工作报告中所说的"高举邓小平理论的伟大旗帜，把韩师办成合格的本科师范学院"。

　　怎样才算合格的本科院校？标志就是经省专家委员会评估合格，获得学士学位授予权。当年 5 月，省学位委员会组织 32 名专家教授如期来到韩师，进行为期 4 天的实地考察评审，统一意见后，省学位委员会副主任委员、省高教厅副厅长钟佩珩就在韩师的教师大会上宣布：经省专家委员会讨论，一致通过，同意韩山师院列 5 个师范类专业为学士学位授予单位。

　　一个月后，学院召开学士学位授予单位申报评估工作总结会，会上，汉语言文学专业负责人罗守让教授、数学专业负责人王根强教授、物理专业负责人黄文勇副教授、化学专业负责任人李伟副教授、思想政治教育专业负责人蔡俊雄副教授分别做了总结汇报。与会者心里明白，从这时起，学校的性质发生了根本改变，即由过去的以专科生为主变为以本科生为主的真正意义上的本科院校。这是多么重要的改变！欢喜之情弥漫在整个会场。

因为这一改变，当年 9 月，学院开始面向广东全省 21 个地级市招收本科生，新生总数达 1 212 人，全日制在校生数迅速增至 4 000 人以上的规模，创了历史纪录。

韩师第一次接受评估，就有了令人期待的收获，其中最为韩师人得意的是韩师从惠潮嘉师范学堂开始，直到惠潮梅师范学校、省立第二师范学校、韩山师范学校、韩山师范专科学校、汕头地区教师进修学校、汕头地区工农师范学校、汕头地区师范学校，这个带师的校名叫了近百年之久，其表达的办学层次是完全不同的。最早的韩师之名也曾体现在 1928 年的校歌与校徽上。那时韩师还是广东省立第二师范学校，王显诏先生作词谱曲，校歌歌词开头一句就是"韩山之麓湘桥东，我校几立气势雄"。歌名就叫"韩师校歌"。同年设计出来的校徽上就有"韩师"二字置在山形与水形图案之间。但是，直到 1994 年升格为韩山师范学院，这个"韩师"才代表着属于大学的高等学府，通过全国统一考试而入学的大学生，其含金量得到提高，令人遗憾的是，获得学士学位还得找有学士学位授予权的高校承认并代发证书。

如今，参加学士学位授予权的审定评估，省专家全体通过，一致同意韩师列为学士学位授予单位。韩师自此名实相符，走向了通向未来发展的快车道。

汤慕忠本是潮州饶平人，他早年毕业于武汉大学数学系，1995 年来到韩师，成为韩山师院的院长兼党委书记。这位数学学科的硕士研究生导师还是韩师当时为数不多的几位教授之一。人们说他既赶上了好时候，也没有让机会在自己的眼皮底下溜走，对韩师在历史转折点上的发展功不可没。

然而时间无情，岁月不待，韩师参与评估，成为学士学位授予单位的两年后，他就到了退休的年龄，不得不从领导岗位退居二线了。当时，韩师已接到省教委的指示：参加教育部安排的新一轮本科教学的合格评估。

韩师成为本科学校后，仅过四年，又迎来新一轮教育部要求各省进行的本科教学工作的合格评估。

改革开放以来，全国新建了许多本科院校，仓促建设，难免良莠不齐。为了提高这些新建学校的办学质量，教育部提出对在 2000 年后建成的本科院校进行办学条件评估，评估结果分为合格、暂缓和不合格三种。经评估为不合格的学校将被"亮黄牌"限制招生，严重的"红牌"拿下，停止招生。为了显示评估活动的公正合理，当时还规定符合一定条件的学校才可以参加评估。这意味着符合条件的高校无论主动申请参加评估还是被动接受评估，都没有选择的余地。

韩师属于主动申请参加评估的学校，初定评估时间为 2002 年。毫无疑义，这是韩师发展史上一件极其重要的大事。那是 2000 年 6 月的一天，学校召开迎接评估的全校师生大会。汤慕忠院长因为年龄原因即将退出行政领导岗位，他最后一次以院长名义做《把握机遇、真抓实干、把学院各项工作推向新的阶段》的动员报告，刚从汕头大学调来韩师任党委副书记、代院长的薛军力做《振奋精神，深化改革，全力以赴，搞好"迎评促建"的讲话，以此为标志，韩师长达两年的迎评战役拉开序幕。

迎评促建工作开始了，全院师生紧急行动，这期间几百个日夜的辛苦劳累自不必说。在迎评过程中，学校的投入力度加大，面貌焕然一新，但是评估能否合格，谁心里也没有底。到了临评估前半年，学院决定请专家来校进行试评估。于是四处联络，请来教育部咨询组专家、原北京师范大学教务处处长云自厚教授、华中师范大学原教务处处长万洪文教授、首都师范大学教务处处长沈孝本研究员、教育部师范教育司师资培训处处长林奇青来学院进行指导。这些专家来了之后，自然是向学校指出一大堆急需改进的毛病：如学校的硬件建设不够、场地不够，教师的数量不足、质量不高等，特别是在教学管理上，专家认为学校没有做到规范化，比如有的毕业论文选题水平不高，研究范围、参考的外文文献、开题报告、指导过程等都有硬伤，无法体现学院的管理过程；再如教学管理中实验课开出率要逐年计算，不能只有平均数，计算要分专业等。

发现问题就需即刻解决，学校再次召开迎评促建誓师大会，开始加强师资队伍建设，制定优惠政策，加快引进人才，强化规范管理制度。

2002年2月，距本科教学工作评估还有4个月的时间，省委组织部对学院领导班子又一次进行调整。杨炳生被任命为学院党委书记，任职不到两年的党委书记梁明则从韩师调任到省科协任党组书记，从汕头大学调过来的薛军力任韩山师范学院院长。

新班子临阵受命，打响了一个又一个的迎评促建战役，把全校师生都赶上前线参战，迎接评估大考。

那年初夏，韩师校园里的树儿正绿，花儿正红，空气中裹挟着股股无处可泄的热气，那些耐不住性子的知了藏在高大的法国梧桐树里叫个不停。由教育部派出的以首都师范大学副校长刘新成教授为组长的10人专家组，对韩师的本科教学工作进行评估。专家组通过实地考察、听取汇报、审阅材料、听课测试、走访调研、召开座谈会等形式进行全面考察，形成评估意见后，汇总上报教育部。

花开终结果，而后不久就从北京传来消息，教育部高校审委员会根据专家组的意见，经认真的讨论和研究，确定学院为本科教学工作合格院校。

又一次大考以取得全面胜利告终，达到预期目标，学院的全体师生总算松了一口气。

可是，还没怎么休养生息，就听说新一轮的评估浪潮又将在全国高校开始，而且比以前的声势来得还要急切汹涌。

一切问题源于全国教育大背景的改变，或者说是教育部高层领导的变动，带来了高等教育管理模式的改变。据说在周济任职教育部部长的时期，高等教育的管理理念中非常看重评估的价值，认为这是考核高校的重要手段，所以周济部长在任期间着重的工作之一，就是推动高校的全面评估。

所谓全面评估，就是在全国高校拉成大网，把评估标准分为优秀、良好、合格、不合格四个层次，评估不合格的本科院校要被"亮黄牌"，规定的时间内没有改进的，则"红牌罚下"。因为进入本科行列的院校都需要过教育部评估这一关，所以对高校来说，这是一场更为重要的攸关学校生存与发展的"输不起"的战争，岂可怠慢。因此参加评估的学校领导们压力都很大。

按各种评估计划整体排序的结果，已成为本科院校的韩师迎接教育部专家组评估的时间预定在 2008 年 4 月。

新战役的冲锋号已经吹响，为了使评估取得满意的成绩，学校领导使出了浑身解数。先是成立由院长直接领导的评建办公室，然后多次组团，由各主管领导到已完成评估的兄弟院校取经，积累经验，联系学校问题实际，制定整改目标，再召开各层次大会，进行动员，发动各种力量，在全校范围内学习评估文件、向全体师生提出要求，严肃纪律，再通过各级管理部门的一轮接一轮的检查"以评促改"。各单位党政一把手都作为第一责任人，严肃认真地做好各项工作。

那时，正值学院中层干部换届，学院领导层决定新一届中层班子必须在德、勤、能、绩符合条件的基础上，特别强调要把职称高、科研学术能力强的人选拔到领导岗位上来。这样，在马拉松般的换届过程中，经过组织部门的反复调整，一些在教学岗位上的高职称老师被安排到领导岗位任职。我因为当时是学科带头人，也就成了政法系主任。

从原来的普通老师到主管一个系的全面工作，所带的又是一个新班子，还是要对评估负责的第一责任人，我当时压力还是挺大的，想起过去自己只用管好教学工作，悠闲自在，甚至还有些后悔，可是既然已经上任，又哪里好意思说退就退？只好硬着头皮边学边干了。

记得召开全校誓师大会后，按照学院评估办提出的要求，作为系部单位就要召开各种小规模会议，一次一次会议把任务一项一项地交给各教研室的老师，再安排办公室反复检查，以防有误。对此我不敢大意，与系里的老师们一起研究迎接评估的创新方案，成立评估领导小组，全面开会动员，布置迎评任务，反复检查，每天都有种食不知味、寝不安席的感觉。

老师们所要承担的具体工作也不轻松。对评估可能要讲到的课程反复试讲，请人听课提出意见，调整后再讲，直到听课的满意为止。试卷质量在评估指标中权重较高，因此，根据本科教学评估的要求，现在对于考卷必须计算每道题加多少分，然后求和得出总成绩。

评估大事，谁都不轻松，就是校长代表受评单位为评估所做的汇报，都是经过反复试演汇报，众人参与其中提出修改建议而形成的。学生们更是不能游离于评估准备活动之外，学校开展各种活动，以进一步激发广大学生参与校园文化建设的热情，为学院迎接本科教学工作水平评估做贡献，如学院团委会《韩师青年》编辑部和中文系三角梅文学社共同举办"我为评估献一策"征文大赛，动员全院学生积极参与，以创造全员参与评估的氛围。学校还下发了评估宣传手册，要求学生们熟悉与评估有关的内容，还要注意自己的衣着服饰和言谈举止，出门要佩戴校徽，要携带学生证或校园卡上课，遵守课堂纪律，不迟到不早退，按学校的规定时间作息。为落实制度，每天晚上都有专人查晚归，清早六点钟就要起来去操场进行早签。

高校评估的目的之一就是要推动滞后的教育投入和改善办学条件。各学校自然心领神会，把好钢放在刀刃上，舍得花钱投入，舍得聘用人才。就拿教师队伍建设来说，到评估那年，由于用优惠政策引进了许多"两高"人才，学院教职工总数一下子上升为892人，其中具有正高级专业技术职务任职资格的教师迅速增至39人，有博士学位的教师达到47人。学院还添置了价值千万的教学实验设备。在韩师杰出校友陈伟南、林进华的支持下，赶在新生9月入学前在东丽湖畔建成了伟南教学实验楼和进华教学实验楼。那一时期，学院的后勤服务工作也上了一个大台阶，食堂的饭桌进行了翻新，饭菜花样和质量也好了许多。

准备工作已然就绪，只等评估大考的到来，可是就在韩师距评估还有一个多月的时候，传来了一个坏消息，广西师范大学在迎接评估的工作中出事了。

2008年4月，为了本科教学评估，广西师范大学六位校领导隆重迎接教育部教学评估专家组，教育部教学评估专家组到达桂林后，该校六位校领导全部出动，远迎贵宾，对专家组两位女秘书，亦以鲜花迎宾之礼相待。他们还不假思索地将其当作好的宣传题材，把这些消息与图片放在了广西师范大学校园网首页。令校方领导没有想到的是，这一迎接女秘书的图片很快流传到互联网上，立即引起了一场舆论风暴。对新闻敏感的人首先发现大学领导班子成员为讨好评估秘书，给她们以不合常理的高规格接待，原因在于大学校长干得好不好，得由教育部的评估说了算。两位秘书只是科员，专家们也只是普通的高校教授与校长，但他们位列教育部评估中心2 000余名专家库之中，做出何种结论的评估，决定着一所高校在主管部门眼中的优劣。

一石激起千层浪，社会上对高校评估的指责越来越多，他们认为"高校评估"浪费了各高校大量教育资金和资源，增加了高校大量不合理开支，是劳民伤财的造假运动，影响了学校的正常秩序和教学工作，增加了教师负担，对学生产生了不良影响，助长了官僚主义和弄虚作假等不正之风，为教育界和教育部官员的腐败提供了又一温床。

这一事件的不断发酵，导致后来全国"两会"期间，十余名政协委员集体炮轰教学评估弊病。当时的中国人民大学校长纪宝成甚至在《人民日报》撰文批评高校评估存在的三大问题：评估太多太滥，缺乏总体设计；教育评估体系、方法单一，拉不开差距；评估造假，敷衍了事。大学评估造假就是一场"花轿子人抬人"的游戏，烧着钱往"评与被评"的两方脸上贴金。评估组织者想从评估中要政绩，要权威，以永远被"重视"；高校更钟情于当下的评估，只要关键时刻全力公关、高调排演，平时不用花太大的精力，便可获取合格乃至优秀的评估结果，这评估结果就是"牌子"，有了这块"牌子"，就可在扩招等赚钱买卖上赢得社会认可。可见，评估成了评估方与被评估方展示成绩、牟取利益的共同契机。

受此影响，教育部部长周济开始公开强调，评估没有错，但学校在以评促建中要实事求是，绝不允许弄虚作假。于是，教育部高等教育教学评估中心发出信息：今后高校教学评估工作将不断完善和改进，使评估方法更加科学合理，更加简化易行，更有利于减轻被评高校不必要的工作负担，更符合被评高校的实际。教育部将减少进校考察评估专家的人数、缩短专家考察时间，并严肃评估纪律，一旦发现高校在评估中有弄虚作假的行为，将对其一票否决。在派出评估专家时，要求专家关注学校的诚信问题，发现学校提供虚假材料要立即报告、严肃处理。教育部还将进一步加强对高校平时教学基本状态的监控，建立高校教学基本状态数据采集与发布制度，同时把高校自评报告和专家的进校考察评估报告向社会公布。

评估照样进行。因为教学工作评估与太多的利益牵连在一起，包括学校的地位和知名度、教育部或地方政府的经费投入额度、学生招生人数等。这些可都是事关学校命脉的大事，谁都输不起。

2008年5月是韩师接受教育部本科教学工作水平评估的时间，校园内外的环境早已焕然一新，一切准备工作就绪。

25日，由陕西师范大学校长房喻教授为组长，安徽大学原副校长易佑民教授为副组长的评估专家组进校进行实地考察。次日，评估汇报会在伟南国际会议中心举行，省教育厅副厅长魏中林、潮州市副市长刘波及省市有关领导出席大会，学院院长薛军力主持会议，学院陈庆联书记在会上致辞。然后是专家组组长房喻主持第二阶段会议，薛院长做汇报，随后，专家组成员与与会代表一起观看介绍韩山师院的专题片《世纪同行》。

听取汇报后，专家组在后来的几天里，进行考察基础设施、审阅自评材料、随堂听课、学生技能抽样测试、抽样抽查毕业论文与试卷、召开各类代表座谈会等活动。

潮州的5月，本是鲜花盛开，放松身心的好时节。然而，正在接受评估的韩师校园里却凝结着紧张不安的气氛。尽管穿着正装的老师们在办公室、教室里会开一两句玩笑，其实也难掩内心的紧张。面对评估大事，四年的积极努力和准备，都要在这几天接受查阅。

那些由学校挑选安排的，负责全天候陪同专家的联络员们就更为紧张和忙碌了。他们既要接待到位，还要把专家的反应与要求不露声色地提前传递出来，以使学校各具体工作部门做好安排。

还好，在开展评估的两天半的时间里，担心终化作虚惊，从跟随专家左右的联络员那里没有传出专家们差评的消息。专家们听课、询问、调查等各环节上也没有出现大的纰漏。

生命的根在大地上，
青春在学习中成长，
积蓄足够的力量，
人生的路才能通向远方。

玉林题，文科写

最后一天上午，按照计划，专家们在伟南国际会议中心召开面向全校副处级以上干部的评估反馈意见会。会上，每一个专家都从自己的任务分工部分及总体印象，谈了自己的观点与意见。他们真不愧是教育专家，谈问题时一针见血。肯定学校的成绩与优势的同时，也能恰如其分地提出问题，全面、客观。

最后，评估组长陈词，对韩山师范学院在本科教学评估工作中所取得的成绩给予充分的肯定，也提出了一些整改要求。最终评估结果，需要教育部评估办在统一全国各参与评估高校的总体情况后，才能发布评定等级。

这评估的结果虽然未定，但心中已然放松下来，累了一千多个日夜，平时加班加点，甚至法定假期都休息不了，到此时总算结束了。至于结果是什么，这一刻倒不去想了。我招呼平日里常聚的朋友，告诉他们，今后上哪儿玩？短信传我一声，我也要散散心了。

2008 年 12 月，从教育部传来令人期盼的消息：教育部本科教学工作水平评估专家委员会召开终审会，韩山师范学院被评为优秀。这正应了那句老话：千淘万漉虽辛苦，吹尽狂沙始到金。

成绩优秀，评估的结果令人欣慰，吮吸着韩山钟灵之气，沐浴着韩愈翰墨惠风的韩山师范学院，尽管前行的路上有起伏波澜，甚至是坎坷，毕竟是功成意远，经历三大评估战役，韩师终于在自己的历史发展进程中取得了具里程碑意义的成就。

24　从"名师"到"良师"

　　我自认为是个"三书"之人：用挤出来的时间读书；用有理性的思考著书；用负责任的态度教书。从北方到南方，从中学到大学，从教师到教授，大半辈子就在追求"三书"中过去了，围绕教书活动而产生的居住地理位置迁徙和职业身份转变，从未让我对此感到遗憾和厌倦，有人问我原因何在，我的回答是，我喜欢这个职业，从没有想过离开我的学生。

　　想教好书容易，真正被学生认可却很难。现在的大学生因为人人手中有手机，正可谓一机在手，便知天下事，过去那种知识只为少数"知识分子"所垄断的情形已不复存在。于是学生不再读经典，高校找不到真正的大师。这并不是说像季羡林、饶宗颐那样的国学大师现在不存在了，而是因为碰上互联网时代，知识不再被学术权威独占，学生们就不易认同老师的知识权威性。所以，相比过去，在更为开放的教育环境和变化迅速的社会生活下，要想当个好老师就更难了。

　　做个好老师需要自己的学生叫好，而学生对教师的要求却很高。有学生曾在韩师的校报上发文说：

　　我心目中的老师，必须有基本的道德修养。能够保持良好的整体形象，不把课堂当作创收的生意场。

　　我心目中的老师，要有一定水平，知识结构完整，具备教书育人的实力。课堂上，讲课活泼生动，切中要害，不照本宣科，也不天马行空。幽默风趣，激发学生的创造性思维，满足他们走进社会后的需要。

　　我心目中的老师，要有一定风范。知识广博而精深，见解精辟而独到，能够"思承千载，心通古今"，让学生"心骛八极，神游万仞"。

　　我心目中的老师，要有大家风范，能够海纳百川，可以容许存在不同声音，做到"不耻下问"、虚心学习，体现学术包容性的博大。

　　我心目中的老师，最好还能成为我们的益友甚至知己。和蔼可亲，没有师生的等级观念，为我们分担忧愁，并锤炼我们面对狂涛和骇浪而不惊不恐，享受鲜花与掌声而不骄不躁。

照此标准，成为一个所有学生都承认的"好老师"，真的十分困难。

2003 年，教育部根据中央领导"教授要上讲台"的指示要求，决定将高等学校"教学名师奖"列为教育部的常设行政性表彰奖励项目，每三年评选出 100 位名师，给予奖励。依这一指示，当年就开展了第一届高等学校"教学名师奖"评选表彰工作。据说，教育部设立"教学名师奖"，目的就是鼓励教授上讲台，使他们能长期在教学第一线上教书育人。通过奖励在教学改革、师资队伍建设上做出突出贡献的教师，带动高等学校的教学队伍建设，从根本上提高教学质量。

教育部有要求，高校就有行动，韩师人事部门以教育部评选"教学名师"的样本，设计了评选院级"大学名师"的条件和指标，筛选出符合条件的老师，再经过各级部门层层评选的程序，最终选出两位名师。

2004 年教师节前，韩师开展了"大学名师"评选活动，经过全面考评，我与住在我家对门的杜运通教授同时成了韩师的第一届"大学名师"。每个月给 400 元补贴，到下一届评选出新的名师停止。所以就物质奖励来说，它并不那么诱人。但它体现了教师的荣誉，从中还表明学院对教师的教学水平和能力的肯定。就这一方面说，获得奖励的意义还是蛮大的。

我是从东区研究生公寓搬到笔花园后认识杜教授一家的。杜运通教授原是河南大学文学院现代文学教研室主任、硕士研究生导师。自 1999 年调入韩师中文系后，不久就任系主任一职。大家都知道中文系的工作历年来都在各教学系部评比中名列前茅，而大家对他的评价，又多是一个踏实做学问的学者和谦虚且低调做人的优秀教师。

杜教授是一位以治学为重的学者，勤于学海遨游，笔耕不辍，著书刊文立说，成果颇丰，在《中国现代文学研究丛刊》《高等教育研究》等学术刊物发表几十篇论文，出版专著《伊甸园之歌：林语堂现象透视》，合著《从新潮到奔流》，主编《中国现代文学作品选》等 16 种著作。曾主持并完成 2 个国家社科项目、2 个省级社科项目和多项校级重点项目。获得过河南省教委优秀专著三等奖、国家级优秀教学成果二等奖、曾宪梓教育基金奖、中国大学出版社协会优秀学术专著一等奖等 24 种院级以上荣誉或奖励。入编《世界文化名人辞海》等 20 余种大型文化典籍。

喜做园丁育新绿，甘为蜡烛照后人。教书育人，是教师的天职，而教得好，体现出来的则是教师的教学艺术。杜教授的生活经历也不例外，一次在他家的阳台上，我们一起喝茶聊天，他说过自己曾有几次从政的好机会，但都没有去，主动放弃了，原因是自己的兴趣在于教书，喜欢做大学教师，尽管这个工作很累，但其中的乐趣，是什么也换不来的。

在教学上，他重视培养学生的创新思维和解决实际问题的能力，课讲得有质量、水平高，教学效果好。我的夫人王家芳老师因为多年被学院教务处聘为教学督导，所以有机会听杜教授的课。她说，没想到平时杜教授话语不多，讲起课来却滔滔不绝。而且说话的声音很大，一口河南口音的普通话里充满了一生做学问所积淀的底气和自信，偌大的教室可以不用麦克风。并且能在讲课时谈古论今，旁征博引，深入浅出，实在是难得。学生对他讲的课印象颇为深刻："'砰！'大家在课堂的沉醉中被吓了一大跳！原来是杜老师猛拍讲台——他讲课讲到兴致处，时常如此。"

杜教授一家是韩师有名的"双杜"，确切地说应当是一家"四杜"，杜家的两个女儿读大学时学的并不是师范专业，可能受其父母影响，毕业后先后走进韩师的教师队伍行列，成为韩师校园里名副其实的教师之家。

人人都说一个成功男人背后必有一个支持他的女人，杜兴梅老师不仅是支持丈夫的女人，也是一位成功的教育工作者。自打她随杜教授来韩师，勤奋于学问、认真于教学而晋升职称，成为中国现代文学教授。杜兴梅老师热爱教育事业，关爱学生，工作中她认真上好每一节课，改好每一本作业，关爱每一个学生。她告诉学生："作文如做人，要写好文章，首先要把人做好，人品比文品更重要。"中文系主任赵松元曾评价她治学严谨，科研成果丰硕，是中文系教学科研的骨干。

2006年，又是百花争艳时，学院开始又一轮评选"大学名师"，这一次，数学系刘玉教授拔得头筹，两个名额中空缺其一，刘教授高坡独步，成为韩师第二届"大学名师"。

刘玉教授是我的同乡，年长我一岁，因为同属50后，生活和工作经历都较为相似。他先我一年来韩师任教，最初我们还是楼上楼下的邻居，后来我搬到西区的笔花园，彼此又分别在两个系，见面时间便少了。但是因为平时一起开会和共同参加一些活动，再加上东北老乡好往一块儿聚，所以在一起交流沟通的时候还是比较多的。

刘教授早年从东北的一所高校来到揭阳学院任教，不久就成为主管教学的副院长。后来又调到韩师数学系任课教学。刚来时，系里没有老师能教，抑或是不喜欢教这门既枯涩又难教的拓扑学的课，系主任詹仕林教授问他可不可以上这门课，他一口答应，没想到教了一学期后，就教出了名堂，学生都反映刘老师讲课深入浅出，能将一门复杂难懂的数学课讲得透彻入理，活灵活现，生动有趣，为此不被人看重的课竟然引发了学生的学习兴趣。第二年，系里的教学计划中取消了拓扑学，他又开始教本行的专业课程——高等数学、数学与应用数学、统计学等，照样能讲得既新颖又有趣味，加上不断吸收数学的前沿知识，学生说听他的课，既能知其然，又能知其所以然，课堂上能尽情地品味"在学习中研究，在研究中学习"的乐趣。

人人都说，一个合格的教师知道教什么，而一个优秀的教师知道如何教。刘教授显然属于后者。每次学生评课，他的得分都很高。时间不长，就成为数学系主任，主管系里的全面工作，而且这一干就是十余年，直至退休。

不同生活方式的选择有时可以映透着一个人的智慧，人称刘教授是最会用脑的经济人，他总能在社会上找到自己劳动的价值。值得一提的是刘教授非常疼爱女儿，赚了钱，更多是用在女儿身上，而他自己却过着本真、朴素的生活。工作几乎成了他的全部。他整天骑着一辆自行车穿行于办公室、教工宿舍、食堂之间。老伴常年陪伴着在北京的女儿，他倒也把一个人的日子打理得有序甚至有质量，身体健康而工作效率高。

因为教学与管理上的工作成就和为人处事，正应了那句"是金子在哪里都会发光"的老话儿，他先我一年退休后，便应聘到广东省内一所民办高校任教务处处长，直至做到主管教学的副校长。尽管此时他已年过花甲，操心于烦琐的学校教学工作与家庭诸多事务之中，人却依然精力旺盛，在主持行政工作之余，还能抽出时间讲些课。

韩师的"大学名师"评了两届后，后来校级的停了，代之而起的是每年一届评选的"大学良师"。"大学名师"则成了省一级专有称号，层次高了，能评上的也就更少了。

韩师曾获广东省高等学校"教学名师奖"的教师，是来自兰州大学从事生物学教学与研究的马瑞君教授。马教授的履历颇有意思，她的祖籍是陕西兴平，籍贯却是甘肃平凉，在国内读的博士学位，却在读博期间赴挪威从事研读生态学工作近一年，在生物学、生态学领域的研究成果丰硕，颇有建树，却喜欢文学，除专业课，最乐于上的课是社交礼仪。她爱好广泛且追求高雅，对各种文体活动都有兴趣而重在健美身心，如选择跳国标舞、打网球等。

知性优雅的马教授来韩师前，曾任西北师范大学生命科学学院副院长。到韩师不久，作为引进的"双高"人才，经学院学术委员会考核推举，很快就成为学院植物学学科带头人，被学院任命为生物系主任，兼资源植物研究所所长。行政管理、教学与科研担子上身，责任与压力自然非常重，她的先生又作为国家驻外使节，常年公务在身，不能与之相伴，而她是一个既追求高品质生活，又不放弃有成就感的教育事业的人，真不知她如何克服来自工作上的压力和生活上的困难，把一个新时代的高知女性人生的光彩绽放到极致。她是一只不知倦的知更鸟，致力于寻求一种令人仰视的高飞人生。

马瑞君教授教学科研样样在行，业绩骄人。在教学中，她能及时把国内外教改经验和最新研究成果引入教学中，激发学生的学习兴趣，促进学生积极思考，给学生以深刻的创新熏陶，深受同行好评和学生爱戴。她提出的"生物科学教育研究型教师培养方案"，理念新，可操作性强，被确立为国家级特色专业建设项目；她针对我国中学生物实验教学现状提出在高师院校建设"中学生物实验教学多功能平台"项目，曾得到当地企业的高度认同，并因此获得了国家财政支持，开创了校企合作的新模式。

　　记得初次参加评选省级名师，学院推荐马教授与我两人向上申报。填申报表和总结材料参评有一定的程序，而且必须按要求申报。我遂找到马教授的申报表以做借鉴。这一看，我一下子有了"珠玉在侧，自愧弗如"的感觉。那厚厚的总结材料有着真金白银般的分量，表中所述的成绩有血有肉，我哪里能与之比肩争锋，只有甘拜下风的份儿。后来，那一次的参评结果是都未成功，然而有这一亲历，我心里明白自己的落选实属必然，但马教授失去获奖机会实在出乎意料。又过了一年，学院再次推荐她申报，终成正果，这在我看来，则是毫无悬念的实至名归。

　　在评"大学名师"时，学院制定的章程规定若当选过"大学名师"后，就没有资格参加下一届"大学名师"评选，这意味着教师只有一次获得"大学名师"称号的机会。改成评"大学良师"后，条件变了，教师可以多次获得"大学良师"称号，也因这种变化，我有幸成为韩师首届和第二届"大学良师"。

　　"大学良师"评选每年一届，每届最多不得超过10人。2006年首届评选的"大学良师"中，还有教育系王贵林副教授、教务处副处长王革教授、旅游管理系陈树思教授、物理系陈洪财副教授、音乐系刘元平副教授、化学系衷明华教授、外语系办公室副主任许伟智老师、数学与信息技术系詹仕林教授、美术系郭建军副教授。他们都可说是近些年韩师教师队伍中的杰出代表，他们教书育人的事迹，在韩山师院校报上曾做过整版介绍。

　　"大学良师"自2007年以来，评了好多届，其中的上榜者，绝大多数是韩师的教学骨干和中坚柱石，对韩师的进步与发展起到了重要作用。第一届"大学良师"陈树思教授就是其中脱颖而出的佼佼者。

　　陈树思教授毕业于华中师范大学，2001年到韩师之前，是湖北黄冈师范学院生物系副主任。主要从事植物学、植物生理学等课程的教学工作以及被子植物导管发育形态学的研究工作。他的科研能力很强，曾主持省教育厅科研项目2项，校级科研（教研）项目3项；参加广东省社会发展计划项目1项，共在权威期刊、核心期刊等不同刊物上发表学术论文40余篇。

　　陈树思皮肤黝黑，眼神坚定，不说话时有种不怒而威的气势，做事时又表粗里细，能在讲课时创造出自己的风格，受到学生的好评。他自己总结经验时认为那是讲课时心里有学生的缘故，他说："教授对学生的教导，不仅是知识的传授，更重要的是要让学生'知其然并知其所以然'。"他常常教导学生在学习过程中要开拓思维，敢于怀疑，大胆设想和实验。学生对他的评价是授课新颖独到，颇有见地，常将自己的旅途见闻、读书感悟悄悄地注入学生的生命脉动中。

　　我曾听一个他教过的学生说他有一次在讲人体结构时，为了让学生更好地理解知识，一着急，竟用身上的衣服做教具，用粉笔在上面画图，绘声绘色地讲演一遍。

陈树思来韩师的第二年，就担任生物学专业两个班的班主任。关于如何做好班主任工作，他认为老师应当是学生的良师，也应是学生的朋友，不仅要关心他们的学业，还要关心他们的成长和前途，更重要的是教会学生如何做人。当学生遇到问题时，他总是召集学生们开会谈心，或严格要求，或苦口婆心，"洗脑会"成为影响学生们流金岁月中的风景，陪伴着学生们成长。他还十分注重学生的素质教育，鼓励学生们不仅要在生物专业上取得好成绩，还要发展自己的兴趣爱好。在他的学生中，有获得"潮州市形象大使"二等奖的，有在全省高校"爱我中华"歌唱比赛获得非专业组民族唱法二等奖的，有获得全院演讲比赛一等奖的，有的还成为潮州市小有名气的节目主持人等。他所带班级有8位学生考上硕士研究生，录取率在全院各专业中排名第一。自他任班主任以来，学生们逐渐喜欢上了这个"苦瓜脸、刀子嘴、豆腐心"的湖北人。2006届毕业生毕业时，学生们在赠送给他的纪念册上留言："亲爱的班主任，感谢您一直把我们当自己的孩子看待，为我们倾注了您许多感情和心血，四年来我们深深地感受到您对我们这群人慈父般的爱。"

我来韩师不久，学校的系部进行结构调整，生物化学系分设，陈树思成为生物系主任。时间不长，他就把马瑞君教授以学科带头人的身份引进生物学系，一下子把韩师生物学系的重点学科、重点实验室建设推上了省级的强势高地，自己则离开了与其专业关系紧密的生物系，到刚从政法系分出去的旅游管理系当主任。也就在那时，我也新任政法系主任，第一次因旅游管理专业的交接工作与陈教授接触。此后就在学院召开的教学会议、迎接评估工作会议上经常接触，开始知道他管理水平确实高，颇为得法，总能创新，得到学院领导的肯定。学校评估过后不久，他到科研处任处长，我们之间的接触更频繁了。其间，在政法系争取国家级全国预防青少年犯罪基地建设上，他曾从学院科研管理的职能部门角度，给予我许多工作上的支持。又过了几年，学校领导班子调整，由于陈教授对教师职业的执着和坚定，他的教学管理工作的业绩与成就，他的为人处事的正义与无私，最终他成了学校副校长。

韩师有许多学生心目中的好老师，虽然一千个读者心中就有一千个哈姆雷特，一千个学生心目中会有一千个好教师样本。但是，好老师自有好老师的长处，也自有在学生中的好口碑，他们经得住时间的考验，愈久弥坚。

25 "老天"的走马生涯

从来韩师工作到满 60 岁退休，我已在这儿过了 12 个春秋，其中有五年被安排在政法系主任的位置上做行政管理工作。而与我合作的党总支书记，先是在韩师工作的时间比我长得多、领导经验丰富的林天卫和蔡国亮两位仁兄，后是同是东北老乡的童冬柏书记。五年间与三位书记打交道，我们之间工作相互配合，紧密沟通，关系都很融洽。

三位书记中，在一起工作时间比较短的是林天卫，算起来他到政法系只做了半年书记，那年他刚到任上，就赶上教育部委托华中师范大学所办高校管理干部培训班开班，组织部门就把一个培训指标给了他，这一走就是两个月，学成之后回到系里不久，就接到组织部的一纸调令，改换门庭，被安排到学院保卫处做起处长来了。

林天卫来系里工作，因为人随和，一些同事与他在一起，并不管他叫林书记，而是叫"老天"。他也自称是"老天"，每当在一些社交场合需要向人介绍我们俩时，他总是在递烟的同时向人说："这是王教授，系里他是老大，我是老天。"

老天几乎是从参加工作起就围绕韩师这块场地不停旋转，在校内调换过好多部门，行政、后勤、成教、教学部门，他都干过。不管身处何处，他总是从心里把韩师当成自己的家，工作十分投入。熟悉他的人说他是一个只知道工作，不太会休息的闲不住的人。

老天是一个生于斯、长于斯的潮州人，20 世纪 80 年代，韩山学校复办师专初期，同全国的高校一样，其办学面临最大的问题就是师资队伍人才短缺，当时省教育部门也没有引进人才的特殊政策，各学校师资来源渠道单一，主要依靠从各大学分配进来的大学生来充实教师队伍，然而对韩山师专来说，当时人才的主要供应单位是华南师范大学，而华南师范大学的毕业生十分紧俏，能到韩山师专的优秀人才不多。面对这种情形，当时在教务科工作的叶瑞祥老师就向教学处的杨开乔科长建议：既然人才难以引进，我们就自己动手培养，制订人才培养计划，送一些学生到省内的高校深造，培养成才后让他们回校为己所用。杨科长就向学校建议，再经蔡育兴校长召开领导会议，组织大家讨论叶瑞祥提出的建议，最终同意打报告向省高教局请示，最后获得支持。

学校领导做出的这一战略举措，事实上给了韩师优秀毕业生留校发展的机会，包括老天在内，先后有 12 名在校生被学校推荐送到华南师范大学深造。当时，韩山师专的优秀毕业生质量还是蛮高的，就是那次入学考试，全省中文、数学第一名都是韩师的学生，还有几名学生包揽了全省师专考试的前几名。

在华师接受代培期间，带着一种使命感入学的韩师学生如在春三月开满枝头的樱花，朵朵都是花开无尘。他们心无旁骛地学习，后来几乎个个都取得了令人满意的成绩。像黄景忠老师，原是韩师班级里的学习委员，当年参加培训统考时取得全省中文第一名的成绩，学成回校后成为中文系中国现代文学教授，后来又成为学院的教务处处长；像许晓红老师，原来也是学中文的，到华南师范大学学习时，改学思想政治教育专业，回校后在宣传部门工作一段时间后，回到思政部，成为马克思主义思想政治教育专业的教授；像陈洵老师，原来学的是数学专业，到华南师范大学教育系改成学习心理学，回校后就从事教育心理学的教学，后来也成为教育系副主任、心理学副教授，还被学院评为大学教学良师和讲课名手，在市里好多单位开办过讲座。

这批学生在韩师特殊的发展时期，获得特殊的成长机会，最终成就了自己，多数成为韩师的教学骨干和行政管理队伍里的中坚力量。

曾与黄景忠、许晓红等人属同窗的老天是个"老韩师"，他是韩山师范专科学校的留校毕业生，留校后从一名普通任课老师开始，一步一个脚印，走马灯儿般在母校从教学岗位走到行政管理岗位，奉献了自己的青春年华乃至职业生命的全部。

记得 2007 年 5 月，潮州韩江边的木棉已落下长垂红艳的花朵，长出新绿的牙苞等待春雨接济，好绽放嫩叶。我被学院正式任命为政法系主任，同时到系里新任党总支书记的，正是从学院成教部副主任位置上调转过来的老天。而此前，我既没有想过会去做系主任，也不知道做系主任时要与谁搭成班子开展工作。

在中国，高校的管理体制一直实行的是党委领导下的校长负责制，高校所设的二级学院，在管理上走的是两条线：一条是行政线，教师教学科研等一切事务都由系或院主管行政的主任或院长负责。另一条线是党务系统，各系党总支或党支部的工作虽然包括对教师党员的组织管理内容，实际上更多的工作是通过辅导员或各种社团组织层面对学生进行管理。在二级学院，系或院领导与党总支书记或党支部书记就需要在一个班子里工作，彼此之间是各有分工、相互配合的关系。传统上，党支部书记的安排调动，都是由学院党委组织部门负责，与我们行政关系不大，所以不征求基层行政部门意见就安排党务工作一线的人选，也属正常。正是在这样的背景下，老天来政法系走马上任了。

回想我最初来韩师时，最先认识老天是在汕头一个由韩师成人教育学院办的成人教育教学点的中学办公室里。他那时在教务处工作，是教务处副处长，主管的工作是成人教育与培训。那时韩师所办的成人教育学历班在潮汕地区可谓声势极盛，函授生源充足，每年在社会上的招生人数多达几千人，同期参加函授的学员总数保持一万多名。几乎与全日制在校生持平，这在当时广东省及外地来粤东办学的高校中，处于最优。所以我们这些做教师的，就有了新任务，除了在校内给本科生授课外，寒暑假期间还要到分散各地的韩师教学点给成教班学员讲课。

我来学校不久之后，第一个暑假就被系里安排到汕头给成教班上课，人生地不熟的，也不知上函授课对老师有什么要求。见到老天，他倒是十分随和，主动上前与我说话，还向大家介绍说我是韩师最年轻的教授，他如此热情，坦诚而不做作，一下子拉近了我与他的距离。

有了一段上函授课的经历，老天给我的感觉是待人真诚随和，好接触，好与人开些玩笑，没什么官架子。几年过后，想不到我们之间竟要搭成一个新的系领导班子，还得在"一个锅里搅马勺"。

最初与老天一起合作时，我曾顾虑外地人与本地人合作中出现的文化差异，为此多是小心翼翼地做事，唯恐哪些地方出现漏洞。采取的策略是注意不越界干预党内业务和书记分管的学生和社团工作，后来在工作上与老天打交道，发现他很会团结系里的同事，待人处事有节有度，公事公办，私人之间交往坦诚直率，待人以尊，心细有度。我明显地感觉到，他非常注意在我们东北人面前说普通话而不说潮州话。记得有几次开会时，因为几个参会成员都是当地人，他们会不自觉地说起潮州话来。每到这时，老天会毫不客气地打断他们的话，要求改用普通话交谈。

老天是个很能干的闲不住的人，做事不辞辛苦，在急而不火的行为方式中蕴藏着追求完美的决心。我们最初在系里开展工作时，由于学院统一分配给系里的办公经费很少，系里自己想要开展活动，常常是"无米下锅"，筹集不到支持活动的经费。所以我们新班子的成员都希望通过学院成教部的支持，在潮汕地区办成人教育班，开辟出创收道路。

后来与一些有校外办学经验的人商量，制订了办班计划与方案。想到前些年韩师成人教育的兴盛情景，我们最初信心满满，老天更是积极努力地上通下达，找相关部门办各种手续，设计招生简章，下去各地招生，找车找人，跑上跑下的。然而事与愿违，在潮汕当地，经过多年来的各类办班部门办各类班的"捕网打鱼"，造成招生的"网眼"越来越小，招生条件也被迫不断放宽，但是到后来，还是没有中学以上学历的人来报名。最后跑了许多地方，找了许多熟人，还是招不到人，招到的几个人一看学生人数不多，也军心动摇，要求退学，函授班最终没有办成。

好的想法虽然不是胎死腹中，却也是无果而终。不过，我们也有收获，就是相互增进了了解和默契。

系里工作事务繁杂，再加上学校要准备评估，许多休息时间都被挤占，我忙里偷闲，还是尽可能地找时间出去散心。有一次，我约老天与管理系的石中坚教授三家拼成两部车，利用星期天休息时间去凤凰山游玩。凤凰山在当地是一处独特的旅游景观，它坐落于潮州城区北面约 40 公里处的凤凰镇，主峰凤凰大髻海拔 1 497 米，是潮州市的最高峰。

那日天气晴好，我们站在主峰之上环视，群山就俯伏脚下，潮州城远近景色尽收眼底，令人心旷神怡。老天非常开心，他对我说："这儿真好，可是我却有 20 多年没有来了。"看我不解的样子，他又补充一句："整天有事，就是抽不出个空儿，其实我是非常喜欢玩的。"

老天的妻子是在韩师做收发报纸工作的临时工，月收入约 600 元。在韩师，夫妻俩在一个单位工作的有很多，特别像我们这些从外地来的人，绝大多数双双在学校从事教学或做图书馆员，或做机关职员工作。而潮州当地人像他们这样双双同在学院上班，其中一方已是学院的中层干部，另一位还是临时工的，极少见。我曾问过老天，在韩师工作几乎一辈子了，还是个老处级，怎么不把老婆的工作解决了呢？不知有意还是无意，当时他说了另外的事，就把这个话题岔过去了。

老天被学校派到华中师范大学参加学习班学习，对系里来说，书记这么一走，党务这一条线的工作就陷入紧张忙乱，甚至是停滞的境地，我又是一个新任职的系主任，经验不足，困难多多。而他可能是想到了这种局面的存在，有了准备，那一段时间，他人虽在外却没有完全解脱，一边学习，一边打电话遥控指挥，倒也相安无事地坚持下来了。

老天学了两个月后回来了，正赶上学校对各部门班子进行调整，保卫处处长没有合适人选，领导一商量，就把他安排到学校保卫处任职处长。听到这个消息，我有些不舍。他呢，没有做出更多的解释，就去做他从来没有做过的保卫处处长工作去了。

因为属于两个不同性质的部门，我与他的接触少了，只能间接地感受到保卫处工作状态发生的一些变化。如我刚到韩师时，每天上班要经过的韩师西区偏门处的门卫室只有白天有人值班，晚上则拴着一条样子凶猛的狗，当他做处长时，狗不见了，替代它的是门卫。我们家楼下笔花园的大门是晚上上锁，早上由门卫负责打开，我们住在北坡的人才可以进出，原来的门卫很晚开门，我早晨出来打太极拳，就常常被挡在门里出不去。后来，情形就发生了变化，门卫人员固定了，开门准时，再也没有出现关在门里的情形。

又过了一年，学校成立了主要招收大专学生的陶瓷学院，校址选在离老校区有 8 公里的潮安县官塘镇，占地 250 亩。新生当年要入学，教师队伍要尽快组织起来。谁都知道新建学校管理的活儿多，工作繁重不好做，容易费力不讨好。学校领导高度重视陶瓷学院的建设，此时老天又被学院组织部门安排到这所新的学院做副院长去了。

老天就是到哪里都能找到自己位置的人。到了陶瓷学院，他一头扎进学校新区教学建设的工作里，忙得不亦乐乎。

一转眼过去了几个月，我有好长时间看不到他了。有一次，利用在陶院新校区上课的机会，我特意到他的办公室拜访他。正好他在，我发现他的头发忽然间白了许多，像是顶黑白相间的小帽扣在他的头上。我有些吃惊，便问他："多日不见，头发怎么就像李闯王一样，过不了河，就变白了？"他笑着答我："你不知道，我原来的头发可是染的，是个赝品。现在都当上姥爷了，还怕啥！也就不包装，由它去了，所以你才看到白发了。"

可他也真的老了，我就说："真是姥爷级的人物了，我原来不知道你还会装啊！"我们笑了起来。

又过了几年，陶瓷学院的组织建制逐渐完备，教学管理发展走上了正轨，变得有模有样了。正在这时，学院遵照省里的意见，把在潮州市省属的陶瓷学校并归韩山师范学院管理。学校在过渡时期，需要实行一校两制的新的管理体制，组建新的领导班子，谁去当主要领导呢？老天又成为学院领导讨论时负责人的首选。

那时已是 2015 年，老天是不管自己能上山还是能下河，总之是成了韩山师范学院陶瓷学校的校长。他的行政级别依然没有变化，还是一个正处级。此时，我已退休，听到这个消息，虽不觉意外，但有些感慨：我的老天，等你在韩师的各个管理岗位转得差不多了，头发可能不是有些白了，而是会满头白发了。日渐稀少的头发也不会是"地方照顾中央"的问题，而是它们要牺牲自我，成为和尚的脑袋——光秃秃了。

我把这个意思用微信发给他："祝贺任新官。"

过了一会儿，他回我："多干点活多点累，多份快乐少受罪，累并快乐着。"

26 潮文化的研究者

人说天下有潮水的地方就有潮商，有潮商的地方就一定有极为独特的潮文化。潮文化是潮人生存发展中累积出来的民俗传统，也是热衷于研究潮人历史人文的学者不断挖掘出来的精神财富。

一个平常的日子，因为到市政府办事，就顺便到政府大楼附近的潮州日报社去看看在报社里任编辑的老乡丁兆军，当初他靠着当地报纸招聘编辑几十个字的信息，从东北来到这里发展，经过多年打拼，成为报社里的中坚力量，也完成了一个东北人到潮州后的蜕变，已完全融入当地人的生活中。

在他的办公室里，不经意间发现了一张《天下潮商》报，顺便看了几眼，不想竟为其所报道的内容所吸引，从中发现研究潮文化有个好平台，此后好长一段时间，我就像一个缺少食物果腹的乞讨者到处乞食一样，经常找人收寻这类报纸。

由羊城晚报报业集团民营经济报创办的《天下潮商》报，以大气、深度、灵性为报道特色，是国内第一份公开发行、以全球化视角深度关注潮商发展的财经报纸，也是目前全球范围内所有潮人潮商类报纸期刊中定位最高端、发行量最大、影响力最广的媒体。

2011年，我在《天下潮商》第31～32期中发现了该报记者对韩师林伦伦院长的专访，访谈的主题是百年韩师的潮学者立足于潮州研究潮汕文化及对潮汕文化与学校办学特色的影响。

恕我有些絮叨，摘下一段记者与学者之间谈话的内容：

记者：您好！您曾在多所高等学府担任领导工作，2010年3月4日起又来到韩山师范学院担任院长。这样的工作调动对您的治学与教学生涯有些什么影响？您将以什么样的理念来办好韩山师范学院？

林伦伦：简单地说，韩山师范学院办校的理念是：擦亮师范教育的本色，打造潮汕文化研究特色。韩师作为师范教育重要基地，到现在已经有108年的历史。"百年师范"拥有相当的文化积淀，但从某种程度上也容易走上因循守旧的道路。所以，我们要学会扬优汰劣，要不断创新，注入符合时代发展的元素，擦亮师范教育的招牌。百年韩师已经为潮汕地区的政府机关、事业单位、学校输送了大量人才，是潮汕地区教育队伍的重点输出院校。而在当今时代下，韩师还要超越师范教育的范畴，要为本地经济社会的发展做出更多的贡献。至于地方文化特色，我们现在打造的是潮汕文化研究的品牌。要办好韩师，扩大韩师的名气，就要做好潮汕文化研究，使其成为韩师的重点学科。做到只要提到潮汕文化研究，人们就会想到韩师。20世纪80年代开始至今，我一直都在研究潮汕方言和潮汕文化。在韩师可以举全校之力来研究潮汕文化，把它建设成为广东省地方文化研究的重点基地，与广府文化基地、客家文化基地鼎足而立。这就是我选择回到家乡的原因。

林院长谈及学校特色和办学理念，强调要突出的是师范教育与潮汕文化研究。

看到报纸中报道的记者采访及林伦伦院长的回答，我能想象得出林院长如数家珍地说起学校的学者时，一定底气十足，他的自信洋溢在脸上定会泛出不露声色的笑容。

我来韩师的那年，刚好赶上学院的百年庆典，知道韩师办师范教育的历史很长，此后在学院工作和生活，每天听潮汕话、喝工夫茶，逐渐感受到学院不仅潮文化氛围十分浓厚，而且研究本土文化的学人济济。

学院第二届教学新秀、2015年广东省师德先进个人、年轻的学者吴榕青老师就是研究潮汕文化的佼佼者。

我在最初接触吴榕青时，曾对他的名字有过猜想。依潮汕当地民间习俗，父母给孩子起名的方式常常是孩子出生后找人算，看金木水火土中缺少什么，对缺的部分，要尽量在取名中将其补回来。我想，可能是少木的原因吧，榕青的"榕"字有木字旁就可以作为他缺木的补偿。或者，父母希望他永远像南方到处存在的榕树那样长青不败。

吴榕青老师是地地道道的潮州人，很年轻，个子不高，瘦瘦的，每当扎进学生堆，与学生在一起相谈时，不熟悉他的人常常分不清一群人中哪一个是老师。

吴榕青为人处事低调谦虚，在社会场合，总是带着一脸的真诚，客客气气地，永远把自己放在一名学生的位置上与人对话，永远是那种时时向谈话者学习的谦虚神态。我看过一次他在学生毕业典礼上作为教师代表的发言稿，那发自内心的文字跃然纸上：

虽然在韩师十七年中，我的工作方向有几次不小的变动，但我一直没离开过讲台，因为长期以来上选修课与外系任课的经历，我更愿意把所有的同学视同一体，为我对大家不能尽责，关注不够而不安。作为一名普通的教师，有幸在毕业典礼上作为教师代表发言，实在诚惶诚恐！大学的时光已经过去，大家即将踏出校园，也将迎来新一轮的挑战。临别之际，本人实在没甚高谈阔论，跟同学们交流几句，以为共勉。

谦虚待人，谨慎做事，这种人自然会获得别人的尊重。学生们在帖子里说他是"人传倩女容如花，日间梳头美空前"。有学生在校园网上说："吴榕青是我在大学里教过我最多课的老师，记得有'史学概论''潮汕历史文化''中国戏曲鉴赏'。他还是潮风学社的指导老师，也是我课题的指导老师，经常去吴老师家打扰他！吴老师实在是太忙碌，只是身体一直不太好，愿老师多多保重。"

我最先与吴榕青相识，是2006年申报广东省哲学社会科学"十一五"规划课题。记得当时在才林楼里的科研处办公室，我推门而入，看到一个学生模样的青年人边忙着在电脑前打材料，边与我热情而客气地打招呼，主动拿出他的申报材料请我看看是否有问题。当时我虽然挂着教授头衔，但是对潮汕文化却是个知之甚少的门外汉。一看他申报的是《古代潮州教育碑刻资料的收集与研究》，哪里能有资格指点。但他并不在意，非常认真地谈起他对申报课题技巧方面的体会。初识其人，我为他的坦诚与谦虚待人的态度所感动。

那一年，我与榕青都非常幸运，课题均获立项。因这一缘故，我与他后来有过多次交流，逐渐熟悉起来，也看到了他的博学多才。榕青做学问功底扎实，潮学文化知识更是非同一般。他那小小身躯里似乎蕴藏着巨大能量，选择正确的目标做正确的事，坚定前行，一以贯之地蕴含着不渝的信念和思想的精魂。对他来说，在自己的研究领域不成功都难。

每一个成功的人都会有自己成功的人生策略，或许"积小成以筑大成"就是吴榕青的人生策略吧。我与他接触的过程中能强烈地感觉到他所具有的执着的品格。他愿意从事教学，离不开学生，在韩师执教20多年来，始终坚守在教学第一线。他教过"教育学""中国古代文学""传统戏曲鉴赏""史学概论"和"地方历史文化系列"等多门课程，可贵之处在于每学期都能超额、高质量地完成教学任务。他还担任过3个学生社团的指导老师，认真指导学生课外科研30多项，在省"挑战杯"大学生课外学术科技作品竞赛中成绩斐然，获奖多达22项。爱岗敬业，有强烈的事业心和责任感，对教学全身心地投入，诲人不倦，循循善诱，尤其注重学生人格的培养。吴榕青老师以对工作兢兢业业、严谨认真、精益求精的态度和对学生高度负责的精神而深得学生的喜欢和爱戴。

在学术研究领域，从事民俗研究对学者来说有一个不好克服的障碍，就是研究成果不好发表，韩师学报编辑部的吴二持老师平素喜好研究潮汕历史文化，他曾深有体会地说："我以前研究过胡适、鲁迅等，文章可以在全国各个地方发表，但是潮学研究却不行，如今有二十几篇论文，从没有机会发表，外边的人不看好这个，基本上不提供版面发表这类文章。能发表这类文章的只有潮汕地区的学报《汕大学报》或者《潮学研究》，发表的平台十分有限。也因为这方面的原因，曾有许多搞潮汕文化研究的人最终望而却步，改弦易辙了。"然而吴榕青老师不管这些，就是一条道跑到黑。从来韩师起，他就一直坚守潮州民俗文化研究阵地，作为潮汕历史文化研究中心特约研究员，他收集过分布在南澳、澄海、潮州和饶平等地区的碑刻拓片400多部，做了大量的积累工作。这些碑刻拓片是重要历史事件的原始记录，为研究民俗历史文化提供了不可多得的第一手材料。

榕青致力于潮汕文化研究，心无旁骛，专心如一，极为严谨认真。黄景忠教授称赞他是一个教书和做学问都很纯粹的人。由于榕青在知识领域涉猎广泛，特别是对目录学、文献学、地方志等有较为系统和深入的研究，尤其善于运用田野调查方法，这使他在区域文化研究当中如鱼得水，常有创获。他发表过许多研究潮汕文化的论文，每一稿都有他的发现，给在潮学研究领域耕耘的人们带来惊喜。作为青年教师，他在课余时间，经常组织学生与他一起搞田野调查，一起做研究，而且乐此不疲。最初还把学生的习作编成一个集子叫《斯土斯民》，后来还出版过教学参考资料《潮学研究丛稿》，其中有许多新颖的观点，这本资料还有较高的学术价值。

榕青曾送给我他早年自己编写的潮州民俗文化教材，在那厚厚的大书册中，充盈着满满的潮州方言、妇女服饰、戏剧、歌谣歌册及民间故事等丰富的信息，这可能与他积累的丰富材料有关。我和他在一起探讨过一些潮汕民俗文化问题，他以一些有力论据来说明自己的观点，分析问题理性而周密。他认为，潮州文化不只是和潮人有关系，也和国内其他地方，甚至国外一些地方都有着千丝万缕的联系。早在宋元时期，潮汕地区与福建地区尤其是闽南地区，在文化面貌上已经是类同了。但是，一个地方民俗文化的存在与延续，既需要有参与其中的民众成为真正的践行者，又需要有对其进行深入挖掘和研究总结的传播者，两者缺其一，就有被历史发展潮流所淘汰的危险。

潮文化研究意义很大。历史上，潮人作为中华民族的民系中极为特殊的群体，外地人到潮汕地区，语言不通，风俗殊异，以为到了异邦。其实，潮汕文化应是潮州文化的别称，因为在千年的历史中，现在的汕头市、潮州市、揭阳市都为潮州府所管辖，而文化正是在这个历史区间里形成的，这也是海内外潮人的共识。潮汕文化的说法是近几年才开始流行的，具体来说它是潮州民系文化。中国有许多民系，如潮州民系、客家民系、广肇民系、闽南民系等。而潮州民系最显著的特征是说潮州方言。简而言之，潮汕文化是说潮州方言的潮汕民系的文化，是包括海内约1 000万和海外约1 000万潮汕人共同创造、传承和发展的群体文化。

林伦伦院长认为，潮汕文化是中华文化中的一个分支，这个分支带有强烈的地域色彩。但它又不同于以地域为绝对特征的地方文化，如齐鲁文化、荆楚文化等。潮汕文化的产生缘于地方，至今仍带有浓重的地方色彩。但是经过长期的，特别是在海外的发展，与海洋文化有过很长的交流融合的历史，其演变和发展的轨迹清晰可见。潮汕文化的性质也不仅仅是"地域"两字所能代表的。因此，用"带有地域性的群体文化"来说明潮汕文化的性质，也许更恰当。

潮汕地区地狭人稠，人口、资源和环境矛盾很大，这种特殊的人与资源的矛盾，激烈的竞争环境，培养了潮汕人的创造、开拓和冒险精神，他们或者外出到海外谋生、国内打工，或者守候家乡，在农业上精耕细作，在手工产品上精雕细琢，极善经营，商业上更是精打细算，甚至有些锱铢必较，因而闻名海内外，有"中国的犹太人"之称。秦汉以后，汉文化向岭东扩展。晋唐时期，中原主流文化影响逐渐扩大，陈元光平定泉潮间蛮僚啸乱、韩愈谪任潮州刺史，是这一时期的重要事件。宋元时期，大量移民入潮，闽文化北来，使潮汕地区全面开发，是潮汕文化形成的重要环节。明清时期，最终形成有鲜明特征的潮汕民系文化。潮汕地区从宋代起由于经济的迅速发展，文化教育事业也相应地得到发展。

天水之间，世外一园。

日复一日，年复一年。

绿了芭蕉，香了白兰。

玉林题，文科写

潮汕文化是中华文化的组成部分，历史悠久且内容十分丰富，在世界多元文化中享有很高的声誉。研究潮汕文化的丰富内涵和特色，弘扬潮汕文化的优良传统，对丰富中华文化的内容具有重要的意义和作用。

潮人文化滋养着处于其怀抱之中的韩山师院，而对潮汕文化的提炼与总结，继承与发扬，又不能离开集粤东地区知识群体于一身的百年韩师。在对地方文化的研究传播、民风教化等方面，韩师承载着总结与宣传的重任，从在韩山书院掌教的丘逢甲，到民国初年的温廷敬、翁辉东等，他们可说是近代粤东文化研究的先行者。1909 年，翁辉东与黄人雄合编出版了石印本的《潮州乡土地理教科书》和《潮州乡土历史教科书》，这两本书应该是粤东地区最早的乡土系列教材。韩师的教师队伍中还有被誉为"澄海三才子"之一的学者许有余，有潮汕民间文学研究先驱林培庐、丘玉麟，有编写《潮州志·药用植物》《潮汕植物图集》的杨金书、翟肇庄伉俪，有名满天下的画家王显诏，美术教育家黄家泽，有"南詹北夏"之称的一代词宗詹安泰，有被人称为"潮汕文化百科全书"的蔡起贤，有著书《潮汕生物资源志略》《潮汕植物志要》《潮州庭园花木》《广东潮州凤凰山植物资源调查报告》的原教育处处长吴仁修等，他们既是韩师历史上的传道授业解惑者，又是潮汕文化传承和传播的优秀先贤。

潮学研究的发动者是饶宗颐，在这位著名的潮籍学术大师饶老先生的倡导下，丰富的、有内涵的潮人文化，逐渐吸引了一大批研究者的目光。在潮州、在广东、在全国乃至在海外，形成了一股不大不小的潮汕文化研究热潮，并逐渐把潮汕文化研究推向高潮。饶老曾亲自策划创办《潮学研究》并担任主编，这份学术性很强的刊物于 1993 年 11 月创刊，一出刊就受到学术界的瞩目。饶老在创刊号上发表《何以要建立"潮州学"——潮州学在中国文化史上的重要性》，在地方文化研究领域，被认为是他几十年来研究潮汕历史文化的总结，也是他为此提出建立"潮州学"的宣言。在饶老主持下，潮学研究相继出刊十多期，每期文字量多达 25 万到 30 万字，这 300 多万字的潮学研究成果，其学术含量之高，已得到学术界的普遍赞赏，成为展示潮学研究的一面橱窗。

半个多世纪来，潮汕文化研究的学术传统在韩师不绝如缕，渐成风气。到 20 世纪 80 年代，当时地方文化研究在中国人文学界开始成为一个潮流，此时的韩山师专复办后，更是把这一传统发扬光大，中文系成立了"潮汕方言研究室"，1989 年又在潮汕方言研究室的基础上成立了"潮汕文化研究室"，并向广东省高教局报批，同年《韩山师范学院学报》开始每年出版一期"潮汕文化研究专辑"。这些期刊的出版曾给潮文化研究学者提供了最好的发表成果的平台，产生了强大的激发力。

韩师早期曾成立潮汕历史文化研究室，研究室副研究员陈香白曾出版《潮州文化述论选》《潮州工夫茶概论》。他对潮州当地唯一的少数民族——畲族也有研究，其论文《畲族源论纲》曾获潮学奖研究优秀奖。

1997 年，中山大学出版社出版了韩师政史系庄义青副教授的专著《宋代的潮州》，全书介绍了潮州历史上发展的一个关键阶段——两宋时期的潮州概况，对潮州当时人口的迅速发展，外地官民的落户占籍，桥道堤防的兴建修筑，韩江三角洲的加速开发，并由此推动本地区社会经济和文化教育的空前繁荣，终成"海滨邹鲁"这么一个历史进程，进行全面的介绍、探讨和论证。对两宋期间潮州古城的城市建设以及湘子桥、韩山、金山、西湖等潮州名胜景观也进行了追溯，特别是对当年饮誉海外的笔架山陶瓷、震动朝野的宰相赵鼎贬潮案件，流传民间的陈璧娘辞郎洲故事以及宋帝传说，潮州人民浴血抗元事迹等，也做了历史分析和评价。全书 16 万字，是学校升格为本科后的首批科研成果之一。

在 21 世纪初年的中国各地，以某一特定地域性文化或某一区域的历史发展做研究的诸多群体里面，潮学研究是最好的几个研究群体之一。潮汕文化研究最好的时期是 21 世纪初年，2002 年，为响应饶宗颐教授的倡导，努力争取与徽学、泉州学、温州学等地方研究相接轨，学校将潮汕文化研究中心改名为潮学研究所，使之成为韩山师范学院的直属机构。2003 年，潮汕史研究专家黄挺教授接手潮学研究所的管理工作后，潮学研究进入正规运作阶段。

黄挺教授祖籍揭阳，后随父母移居汕头市澄海，1982 年毕业于华南师范大学。是中国古代文学教授、历史学研究员、硕士研究生导师。曾任汕头大学潮汕文化研究中心主任、汕头大学中文系主任、汕头大学图书馆馆长，韩山师范学院潮学研究所所长等职位，后来又成为潮学研究院副院长、《潮学研究》论文期刊主编。曾主持数个国家级、省级（广东）重要课题，是潮学主要研究学者之一。他长期从事潮学文化研究，著作颇丰，《林大钦集》《潮汕文化源流》《潮汕金石文征》《潮汕史（上册）》等，都可说是对潮汕文化研究的上乘之作。

黄挺是一位一门心思做学问的研究型学者。林伦伦院长曾对黄挺教授有过较高的评价，说他："做学问，属于'实力派'一类，方法严谨，功底扎实，舍得下功夫。既重视文献资料之发掘，又重视田野材料之收集。社会学、人类学、历史学、文献学、考古学、语言学等多学科方法交叉运用，既讲究学院派之学术规范，又不拘泥于传统的学术窠臼。故此，挺兄之学术成果，著作也好，论文也好，均是力作。出版、发表之后，均获好评。"

韩师从未中断对潮汕文化和地方史的研究，在晚清新学兴起以来薪火相传间直向未来，黄挺、庄义青、吴榕青等人正起着这样的承载学术传统的作用。

27 出访哈尔科夫国立斯卡沃罗德师范大学

2006年，陈庆联走马上任，替代已返回广州的杨炳生书记，成了新一届的党委书记。

陈庆联书记老家在福建莆田，早年在暨南大学读书，学的是数学专业，对历史哲学却颇有研究，多有追求中国人的"飘飘乎如遗世独立，羽化而登仙"的文雅士子之风。他也可说是个"三书"之人：多年做党务工作，担任的职务多是"书记"；平日里喜爱读书，更善思考；也好研习书法艺术。我曾见过他为学院中国语言文学系第二届书法教育专业学生习作展题写"达观"墨宝，作品雄浑有力，大气磅礴。与林伦伦院长所书的意在勉励韩园学子努力学习，不断取得好成绩的"学而时习之"题词相辅而成，其意更倾向于内，抒发出来的是人之气质应达观独立、心境畅通、心胸开朗、见解通达的志向。

陈庆联书记是国家恢复高考后在1978年考进大学的，"金七七，银七八"，那两届入学的大学生都是特殊时代的产儿，其中绝大多数是已成家的社会经历丰富的"老青年"，陈书记当时竟能以20岁的年纪和大他许多的师兄师姐在一起学习，挤进这个行列实属不易。他1982年毕业后就一直在高校工作，到韩师任学院党委书记之前，曾任职广东商学院副院长、广州体育学院党委副书记。

中国的公立大学实行的是党委领导下的校长负责制，因此书记的作用对学院的发展十分重要。陈书记任之时，韩师正有两件大事等着他去组织全校教职工完成，一是准备迎接教育部的本科办学水平评估，这是学院自2002年顺利通过教育部本科教学工作合格评估以来面临的重要任务，需要他带领导党委一班人马把工作做好做实，不出问题，取得评估好成绩。这一任务完成得很好，后来评估的结果是优秀；二是要完成百年韩师申办硕士点的工作。申硕的路途艰难，到2005年，学院全日制在校生已突破万人，成人教育也达到1.2万人，专任教师增加到400多人，校舍面积近30万平方米，教学仪器设备总值近6 000万元。但是办学层次仍属本科，没有硕士点，更没有独立招收硕士生的资格，这是领导心里的一块关于学院发展的心病。陈书记在任时也试图突破，然而因为申硕形势的变化，直至陈书记离职，也没能实现。

2006 年 9 月，广东省教育厅厅长罗其伟与省委组织部干部五处处长何巨峰到韩山师院，在伟南国际会议中心召开教职工大会，代表省委组织部宣读对陈庆联的书记任命，4 个月后，学院召开第二次党员大会，新一届党委成立，陈庆联被选为党委书记，同时，薛军力院长、原学院副院长余浩明，还有同时已当选为纪委书记的王晶等几位当选为党委副书记。

8 年之后，在韩师工作多年，多年担任领导职务，具有清风自来之气质、宠辱不惊之淡然的王晶副书记接替陈书记，成为韩山师院的党委书记，这是后话。

陈庆联任党委书记期间，学院在提高人力资源使用效率和改进工作作风方面做了许多尝试，如实行大部制的管理做法，对学院机构进行调整性压缩，如党委办公室、组织部、宣传部、统战部合署办公，纪委办公室、监察处、机关党总支部（合署）与审计处联合办公等，经过一段时间的实践，效果明显，提高了工作效率。为提升学院的科研和学科建设水平，学院与潮州市政府合作成立市校共建的"潮学研究院"，还多次召开学术研究会议，设想通过对"饶学"的研究带动潮学和岭南文化研究，进而发掘和弘扬本土文化。直至 2011 年，学院与潮州市饶宗颐学术馆联合组建"韩山师范学院饶宗颐研究所"和"粤东方言研究所"。

2007 年，我在政法系任主任职，政法系则是陈书记直接联系的单位。按理说，系主任就有了与领导多接触的天然优势。可是我是一个只好研究问题，不喜好社会交往的呆子，最不擅长的事就是与上级领导打交道。那些年，韩师一些中层干部定期到香港培训或一些出国访问的事，都不会与我有关。我除了学校开大会，听领导作报告外，当了几年系主任，就是在学校里转了几个圈儿，很少有公出的机会，例外的一次正是陈书记特意提出让我随行去哈尔科夫国立斯卡沃罗德师范大学访问。

2011 年 9 月 4 日至 8 日，正值庄稼秋收的季节，陈庆联书记带着教务处处长黄景忠、美术系主任谢恒星，加上由因曾在哈尔科夫国立斯卡沃罗德师范大学读过硕士而担当翻译的周成老师和我一行共五人，前往访问位于乌克兰东部城市的哈尔科夫国立斯卡沃罗德师范大学。

去乌克兰之前，我对这个欧洲国家做过功课，知道乌克兰作为世界上重要的新生国家之一，是世界上第三大粮食出口国，有着"欧洲粮仓"的美誉，地理位置十分重要。

乌克兰是一个新兴的自由市场经济体，经济发达，文化丰富而有特色。特别是在历史上，影响中国几代人的名著《钢铁是怎样炼成的》的作者奥斯特洛夫斯基就是乌克兰人。书中的主人公保尔，在中国家喻户晓，甚至他所说过的"人的一生应当这样度过……"的名言，许多人都能一字不差地背下来。奥斯特洛夫斯基因病而双目失明的生命后程，就是在乌克兰家乡度过的。

乌克兰人性格坚强且温和，严肃而不失开朗，尤其是知识层次较高的人士，颇有儒雅风度。上下车和上下飞机时，男子都会让女士先行；有的地方，小孩见到长辈时还会躬身问安，成人则习惯蹲下来同小孩谈话，大人之间则竭力避免在孩子面前失态或争吵。

哈尔科夫国立斯卡沃罗德师范大学在校学生数与韩师的在校生数相近，有 13 000 多人，师资队伍人数要比韩师少，650 多名教员，可是学历职称却多为高层次，有 121 名教授、博士，300 名副教授在此学校任教。它由 3 个主要的校区组成，每个校区之间相隔距离很远，若从一个校区到另一个校区，需要换地铁或乘坐其他交通工具前往。校区内的建筑风格独特，有古老的欧式风格，也有苏联时期的斯大林方尖楼建筑风格，整个校园整洁干净，井井有条。建筑物内部随处可见的是具有强烈艺术气息的玻璃彩绘和壁画，一些教室陈列有油画、本校教师的著作和荣誉证书等，走进校园，能够真切地感受到该校悠久的历史、优良的校风传统和对自身学术水平的自信。

那几日，我们在这座校园的办公楼、教学楼内转了一圈又一圈，把两校交流的正事一件一件地办完后，却未有时间看看当地风情，更不用说细细观赏这座城市的风光了。哈尔科夫这座乌克兰第二大城市是什么样子，直到走时我们也没有印象，心中多少有些遗憾。

或许是心有不甘，心里搁不住话儿的谢恒星主任对书记说："书记，我们这次跟你来，亏本了！"

留着两撇小胡子的谢恒星是生于潮州的"西北人"，他 1983 年从西安美术学院油画系毕业后，就在青海师范大学艺术系任教，直到 1993 年才从西北回到潮州，后成为美术系主任。

谢恒星主任性格乐观，为人处事直率，说话有幽默感，好开些玩笑，一点不像多数潮州人具有的内敛与矜持性格；倒像生活在高原的西北人似的，做事简单直接，喜欢走直线，人也特别粗放豪气。

此时听了谢恒星的话，陈书记或许真的不知何意，以为他说的是有关与哈尔科夫国立斯卡沃罗德师范大学签订协议一事。那个协议内容涉及双方的权利与义务都是对等的。根据该协议，双方将在教育、科学研究、信息交流等领域，以及互派教师和专家、留学生等方面开展积极合作，所以说谈不上吃亏被占便宜的事。

或许陈书记对此一定心知肚明，却又要问谢恒星什么吃亏了。谢恒星回答说："我们跟你吃亏了，哪儿也没去。"听了这话，书记笑了："你小子哪儿没去？不是与乌克兰胖女人尽兴跳过舞蹈吗？"书记这顾左右而言他的回答，逗得我们大家都笑了。

在哈尔科夫国立斯卡沃罗德师范大学期间，校方别出心裁的安排给我们留下了深刻的印象。在参观历史系时，陈庆联书记应校方邀请，就部分同学对中国、潮州和其他感兴趣的问题进行了现场回答，乌克兰学生积极参与活动，现场的气氛活跃，我们拿出数码相机拍个不停，那些学生大方自信，十分配合，始终带着微笑跟我们一起留影。

在愉快的氛围中，我们与该专业学生的互相了解进一步加深。在外语系参观时，中文专业师生与代表团进行多项互动活动，他们在活动中所表现出的扎实中文水平让人惊叹；音乐系更是非同凡响，以长达30分钟的乌克兰民族歌舞欢迎仪式迎接我们，许多同学还跳起了漂亮的哥萨克民族舞蹈，让我们感受到了他们火一般的热情。在大学的校史馆和哥萨克文化中心所陈列的丰富的历史资料，体现了学校对自己的历史和文化的尊重与重视。应馆里的讲解员之邀，陈书记代表全体出访团员，在那厚厚的留言本上签名祝福。

哈尔科夫在乌克兰的东部地区，但是我们去哈尔科夫的飞机航线是北京—基辅，但我们刚下飞机，就被校方派来的面包车接走，没有机会看看基辅是什么样子。返回时又到基辅，总算有大半天时间空余，可以游览一下这座相传在5世纪初就已在欧洲存在的城市。基辅是乌克兰国家经济、文化、政治的中心，其实它在1934年后有一段时间就是都城，后来在斯大林统治时期被并到苏联版图，失去了首都地位。第二次世界大战期间，基辅遭受战火蹂躏，但战后又迅速复原，成为苏联第三大城市。1991年苏联解体后，再次成为乌克兰的首都。

这座城市拥有400多座教堂，其教堂艺术和手工制品闻名遐迩。

我们曾在基辅的独立广场驻足并留影。独立广场的中央有象征独立的纪念柱，克列夏基克大街与它贯通成线。广场一侧是邮政大厦，楼前有不少画廊，有些游人听从街头画师的摆布，保持各种姿势。我想起俄罗斯著名的油画艺术，很想带几幅回国作为纪念，可是想起为我们送行的校方人员一再告诉我们海关不准把油画带出国外的规定，不得不放弃了。

坐在有喷泉的石椅上，天空阳光灿烂。看着这座城市里生活的人们在广场上来来往往，从他们一张张有些紧张的脸上，似乎也能看出隐伏在其中的淡淡哀伤。在国家的政治发展前途方面，当时这座城市几度成为全世界媒体报道的焦点——反政府示威者和亲欧盟抗议者聚集在独立广场举行声势浩大的集会，抗议政府暂停与欧盟签署联系国协定等国内与国际因素决定了乌克兰既不能全盘"入欧"，也难以彻底"回俄"，或许它需要很长的时间才能在东西方的夹缝中求得生存。

坐在驶向机场的车子里，窗外的景物一闪而过，看得模糊，记住的更不多，只是坐落于基辅城边圣安德烈山的圣安德烈教堂的影像久久不灭，远远望着这座乌克兰国家的四大地标之一，就像是一座高大的天然艺术品屹立在天际的边缘，显得庄严又神圣，令人赞叹不已。

2013年10月，又是一个收获硕果的金秋时节，应我们学院邀请，乌克兰哈尔科夫国立斯卡沃罗德师范大学古巴·安·瓦副校长与该校国际交流中心主任科瓦林卡·奥·安女士一行到我院交流访问，这位副校长，人长得粗，说话嗓门也高，还爱开些玩笑，挺有亲和力的。当初我们访问他们学校时，就是他专职负责接待。他曾带我们到过在当地颇受欢迎的一个乌克兰农家乐餐馆，吃了一顿农家宴，就是在那里，搞美术的谢恒星，在几位胖女士的热情邀请后，与她们跳起了他并不会跳的乌克兰民间舞蹈，那个舞姿，说是跳，莫不如说是弯腰在蹦跷跷板儿。当时他脸上留着的两撇山羊胡子也随着他扭动的节拍一动一动地跳跃着。这滑稽的一幕，曾有好长一段时间，成为我们跟谢恒星主任开玩笑的话题。

就是在那次出访的过程中，出于学院领导的诚意和对古巴·安·瓦副校长及学院各位领导的尊重，陈书记曾代表韩师向他们发出邀请希望他们来学校回访。这次，他们便是应邀而来。

两位乌克兰客人在潮州的几天里，在韩师对外交流合作处有关负责人的陪同下先后到学院中文系、政法系、外语系、物理与电子工程系、教育系和美术与设计系开展交流访问和考察活动。两位客人饶有兴致地观看了物理与电子工程系的机器人表演，参观了韩山师范学院美术展馆以及美术和教育专业的实验室。其间，他们还与韩山师范学院学报编辑部有关负责人交流相关合作事宜，初步探讨了教师在对方学校学术期刊发表学术成果的可行性，并对有关具体问题进行了交流和讨论。

就在客人走后的第二天。陈书记打来电话，要我去他的办公室一趟。我觉得有些突然，因为此时我已回到教师岗位任教，不再做系主任工作，跟陈书记接触的机会已不多了。陈书记找我会有什么事？接了电话后，我急忙走到他的办公室，书记竟然拿出一瓶包装精致的白酒递给我，说："给你，乌克兰人总是改不了好喝酒的习惯，这是那个古巴·安·瓦副校长带来的礼物。"看到陈书记把酒递过来，我心里十分清楚，乘国际航线飞机携带物品有一定的限制，想必这个胖胖的校长也不会有什么特权带出超过限制规定的两瓶以上的白酒，有可能就只有这一瓶呢！我说自己从不喝酒，表示拒绝，但陈书记不答应，说老哥一定要收下，也算作我们一起到过乌克兰的纪念。此时的我，一介韩师的普通教师，能受书记如此厚爱，待我这般友好，胸中自是暖烘烘的。

28　做人的面子与尊严

　　每年的金秋十月，是柚子成熟的季节，韩师的师生们总会以喜悦的心情迎接校庆日的到来，那时，从西区到东区长长的石板道与柏油路的两旁，每隔一定距离，就会两两相对地竖起一些彩旗，营造出喜庆的气氛。那彩旗在微风的吹拂下飘动，像在为这即将到来的喜庆日子翩翩起舞。间或有些宣传标语牌，上面书写着令人怦然心动的口号，如"校友是母校靓丽的名片，母校是校友永久的家园"等。其内容多为鼓舞人心的维护学校尊严与荣誉的话语，向人们昭示着百年韩师的骄傲。

　　一百多年来，韩师校友有如让人难以忘怀的奇珍瑰宝，为韩师的声名远播起到了重要作用；韩师培养出来的优秀学子有如永不断流的长河，流淌在继往开来的神州各处。而母校韩师则不断地利用各种形式宣传他们，借此方式建设维护学校荣誉的校园文化。

　　韩师曾有岭南词宗詹安泰、国学大师饶宗颐等在此执教，为此韩师多年坚持举办以他们的创作成果为主题的研讨会；有国际摄影大师陈复礼、台湾书法大家陈其铨等学子在此读书，为此韩师为他们设立了展出其大部头作品的永久展馆；有侨界领袖陈伟南，潮商翘楚林进华、何才林等在此学习，并怀着一颗感恩之心热诚回报母校，为此韩师以他们的名字命名的建筑物覆盖全校；有以作家新星陈崇正、画家新秀谢汉彬为代表的杰出学子，在以不懈努力打造学校的名片，为此韩师曾在图书馆的展室里展出他们创作的在社会上有广泛影响力的成果。

　　所有这些都在说明，一所高校之所以成为名牌老校，重要的是其得以存在的荣誉，为了荣誉求成长、发展和壮大，是最为符合国人千百年来积淀下来的民族性格，因为从根本说来，那是一个民族尊严的体现。做人要有做人的尊严，而个体的行为代表着一个族群的尊严，这尊严就是一种价值精神，就其本质意义来说，也可算是人应有的荣辱感的体现。

　　我在上伦理学课时，常常讲到在西方文化背景下青年人有强烈的追求独立与自由的价值取向，原因在于他们的是非感强烈，做事讲究对不对，如果认为对，就会坚持做下去，不对就不做，并不会在乎别人的看法。中华民族的传统文化却不是这样，人们做事总要顾及别人的看法，还有一种从众心理，其实这又是一种荣辱感强烈的表现。例如在婚娶方面，我们都有为参加亲朋好友的婚礼而随礼的习惯，但是现在的礼数越来越重，以至于好多青年人有些吃不消。但是无论承受多大的压力，每到这个时候，仍然会随礼，哪怕借钱也要凑出份子钱。为什么呢？就因为害怕被身边的人笑话，说自己小气，不够意思，从而断了与其继续交朋友的路。这就是一个人荣辱感强的表现。

我在讲课中常常列举圈子内熟人结婚，亲朋好友随份子的事，因我自己也有亲身体会。多年以来，我在家乡的生活圈子里，总会时不时地收到亲朋好友的红色请柬，特别是伴随着年节及良辰吉日的来临，它们往往不请自到，一份请柬是一份充满情分的话语，可是谁都明白，人的感情有时是需要用金钱体现的，请柬可以用真情言语来表达，送份礼金或礼物则是实在的真情体现。大家都在熟人社会里，谁不需要谁呢？何况你来我往的，先随礼算储蓄，后随礼是还账，做的也不一定是亏本买卖，所以这种熟人圈子里的礼金才会经久不衰。我明白这个道理，不想成为熟人中的另类，选择那种被人无视的孤家寡人生活，自然就会选择随礼的从众行为。因为收入还算说得过去，不会为此感到"压力山大"。但是见到那个红色的东西摞成摞堆在桌子上时，我也会"别有一番滋味在心头"。

我曾看过有人在网上发的帖子，典型地反映出随礼是一种为要面子而进行的道德交易行为："我一个朋友结婚时我随了500元，可我结婚时他说他现在手头紧张，先不随钱，等下个月开支了再给我随钱。我当时只能呵呵一笑说没关系。但现在过去这么久了，他也不吱声了，好像忘记这件事一样，有点不想给的意思，我又不好意思开口要，毕竟这跟借钱不一样，请问：有什么办法能让我既显得不小气（不得罪人），又能把钱要回来？用什么理由开口好一点，还是有什么办法不开口就能提醒他？早知道这人这样，当初就不给他随那么多了！"这段话中，"随钱""没关系""不好意思""显得不小气""不得罪人"等用语，表达的意思都与面子有关系。

一个网友给他出招，同样是不丢面子要回钱：张口要肯定不行，你张不开口是一回事，你张口了，人家给不给你又是一回事。也可能他是真没钱。有个比较损的招，不过建议不要用，用完了，这个朋友算彻底没了。我的办法是有机会到他家里，看有没有好东西，有就说借来用，借来了就不用还了，要是他真来张嘴问你要，你就说，当份子钱了。

这一问一答中，可以看出当事人同样意识到社交场合面子的重要，但是需要用钱或利益来摆平，钱没到位，面子就过不去了。

后来我离开家乡，我对过去的熟人圈逐渐地陌生起来，原来所有的资源也随之失去。但我明白这是一个人因生活变动所要付出的必要成本，是必须要承受的。到了韩师，时间长了，陌生也会转化为熟悉，不愁没有新的朋友圈子。

我的想法没有错，到韩师工作一段时间后，除了在校的一些同事与自己教过的学生，我也结交了一些新朋友，他们不仅在生活上给予我许多支持，更是在精神文化层面给我带来了更多新的东西。当然，有些方面与我家乡的民俗还是不同，有时自己不得不像一个走进校门的小学生一样，在他们的言谈举止上努力学习一些新的文化。比如说，婚丧嫁娶是人生经历中所遇到的重大事件，在我们家乡，这些事件发生在不同的家庭，会产生不一样的结果。有些家庭，可以通过操办黑白之事收份子钱而大赚一把。至少，举办婚礼办酒席是不会赔钱的。可是当我在潮州，听说有人家因为办婚丧之事而赔光家底时，最初不得其解，办事要收礼，怎么会赔钱呢？后来，在潮州多次参加好友的婚宴之后，我改变了一些看法。我才知道，生活在中国文化背景下，人们有时有比钱更重要的追求，那就是人的面子，做事做得有排场，在众人面前才有面子，那才算做出人的尊严，它比钱要重要得多。

所谓的面子，潮汕用单字"脸"来表达，如无脸、失脸，也用"面皮"，如不顾脸面叫"卖面皮"；不要脸叫"勿面皮"或"勿面勿皮"。潮汕俗语中有"无脸输过死"的说法，翻译成北方俗语，就是"人活一张脸，树活一张皮"，表达的是同样的价值观。就是脸面比生命更重要，没脸的人，如行尸走肉。

刚来韩师时，系里主管教学的主任在给我安排课的同时，也分配给我一项任务，要我作为指导老师为两个毕业生指导论文，我答应了。刚来新单位，自然要努力把工作做好，所以对这两位学生的论文从开题报告，到寻找参考文献、论文结题，花费了我大量时间，两位学生也很感动。

毕业后，其中之一的蔡新桐在潮州当地做了一名中学政治老师。他平日里工作勤奋敬业，又喜欢广交朋友，很有人缘。来校不长时间就当了年级级长，同时兼任学校的团委书记，还在学校的同事里找到了自己的意中人。

新桐要结婚办喜事时，来我家送请柬，邀请我与家芳一齐出席他们的婚礼，我愉快地答应了。他们的婚礼日，我与家芳如约前往。临行前，还按当地礼金要带数字"8"的民俗，准备了礼金，把480元装进红色的纸包。

那晚，我们喝新人喜酒，我还作为新郎的老师讲了几句祝福的话。临别走到宴厅的过道时，新桐的几个来帮忙的同学拉住了我，说这是新桐特意给老师的回礼，请老师笑纳，望着这个充满喜庆的红包，我不知该不该接。看我有些犹豫的样子，他们热情地告诉我，潮州这儿，按习俗，参加婚礼这种大事，对长辈是要回礼的，我也不能例外。

听他们这么一说，我即想起在我们家乡是没有这种习俗的，送礼就是送礼，没有回的。如果回礼，也是以后以参加对方婚礼送上礼品或礼金的方式，或者以其他的方式回礼，这些是不会明说的。但是到了这里，就得入乡随俗了，于是我接受了回礼。回家后，我打开红包，发现里面的现金依然是480元。送去的与返回的数额是一样的。只不过，红包已经被打开过，而且换成另一种样式。

新桐是与我有多年联系的学生，他还请过家芳到他所在的学校为全体中学生作形势报告。如有朋友来到潮州，需要的时候，我会麻烦他做导游。如今算来，一晃他毕业也有十多个年头了，这期间，他始终在那个中学任教，而且教学能力突出，教出了一批又一批的优秀学生。而我想起自己虽说是他的老师，其实并没有给他上过一次课，只是指导过论文而已。那他为什么请我？可能作为韩师的一个教授、一个他的老师来参加他平生最重要的大婚，出现在邻里乡亲的面前，就足够了。这正是潮人所说的"做脸"的面子工程。人的婚礼喜庆大事，来的亲朋越多越有面子。正所谓"情理通，米瓮空"，谁都知道宁可全家饿肚子，也要保证人情往来中不失脸这个理儿，以至于潮人请亲朋赴宴时，都会说一声"请你到时来给我做脸"。

这如数回礼的原因是否如我所想？我们后来多次见面，却从来没有问过他。

有一天，我收到了一封特别精致的来自潮州市政府办公室的请柬。次日还接到请柬主人的电话，所传递的信息一致，就是邀请我们全家参加他儿子的婚礼，我非常爽快地答应了。

邀请我的人是我在潮州交往多年的朋友陈耿之，陈耿之早年上山下乡，后来返城做过工人、水手、资料员、党校教师、副校长，直到后来走进潮州市委大楼，成为市委政策研究室主任、市政府副秘书长。

陈耿之是一个勤奋的有学者风度的行政官员，他多年来写过许多政论文章、工作总结和调查报告之类的政府公文，这样的文体写作对他来说轻车熟路，像《怎样当好农村党支部书记》就拿过广东省"五个一工程"好论文奖，他还喜好吟诗写作，诗歌、散文、小说样样在行，像散文《村乐》《谢慧如重建育智学校》就被收录进当地中小学教材，有时文友聚会，常有赋诗作词之兴，也出版过《陈耿之诗词选集》。

2008年，他送我他的作品《韩江感怀》，书中有他创作的格律诗、新诗以及诗词评论。从其作品中，我感受到了一个生于韩江边的韩江之子横溢的才华和如花的妙笔，感恩于养育自己的家园，更爱歌颂这个富于激情的时代。陈耿之是一个公务繁重的公务员，却过着富于倾泻情感的诗文创作生活，因为有实实在在的生活感受、有丰富多彩的亲历体验，才写出了那么多令人激情迸发的好作品来。

陈耿之的诗作多咏小物而蕴其情，颂自然而抒其志，如他作于韩江之上的《无题》一诗："林莽一根生，小船百凿成。与君荡其桨，千里赴征程。"他在《我的诗》中写道："我的诗，是生命长河上/荡漾的涟漪。我的诗，是灵魂摇篮中／天真的婴儿。我的诗，是感情季节里／成熟的果子。"

有一次，陈耿之非常谦虚地说："我的作品虽不能登上大雅之堂，但也算集腋成裘。"此话不假，三十余年时间里，陈耿之费尽心力，笔耕不辍，洋洋洒洒，竟有多达一百多万字的诗词、报告文学、小说面世。国际汉学大师、著名书画家饶宗颐曾题赠他"常得所喜"，原中共潮州市委书记、市人大党委会主任陈远睦也题赠他"自强不息"。如果两联加一起，我想是最贴切不过的对陈耿之为文化人的勤奋题联了。

陈耿之与我，纯属文友，我们曾在许多社交场合相遇，刚来潮州时，我曾有一次参与当地文人的文学研究和社会考察活动，会后去考察位于金石镇桑浦山东山湖附近状元埔的林大钦状元墓，参观点位于金石镇塔下村中离溪畔，那里是明嘉靖十一年（1532 年）司正薛侃为其师王阳明建的宗山书院坊旧址。正是那一次，我们邂逅相识，而且相谈甚欢。后来在潮州文化馆馆长陈向军的画展、淡佛院李闻海作品展等场所都有过交流，我们还同是省"十八大"宣讲团成员，经常相聚讨论社会问题，在一起沟通信息。

那天，我与妻子家芳如约参加了陈耿之儿子的婚宴。按潮汕当地习俗，在晚上举行。整个婚礼热闹非凡。特别是每桌席中，还都摆上一头烤乳猪，据当地人说这叫"金猪有福"，是当地人举行婚礼时的传统名菜，早在西周的时候，就被列为"八珍"之一。因其上桌时全身通红，故又名"红袍迎亲"，象征着红运、吉祥，并因为一头小猪整体而上，显得很有气势，代表着富贵和权势，由于它的这些好意头，它成为广东婚庆首选菜式。这是我以前在家乡不曾见的，也算是开了眼界。

参加婚宴，自然是少不了礼数，我也包上一定数目的红包。当席还未散时，倒是有人来到桌前，在逐个问清每个人名字后，把一个个写有名字的红包一人不落地分发到众人的手中。

回到家后，我又一次惊异，我的红包没有打开就回到我的手中。这又是为何？想来我不过是区区一个老师，陈耿之以一个市政府秘书长的身份，以礼待我，我自内心生成一种感激之情。而他也希望我参加他儿子的婚礼，来壮大儿子办大事的场面。

生活中，如果一个人结婚，就希望自己的婚礼越隆重越好，哪怕多花点钱也没关系，有人捧场，主人就会觉得特别有面子。这个面子，其实更多表现为人的一种社会地位，或者为人处事的能力。参加婚礼，对送礼者来说，并不是真的在送礼，而是自己在给对方送一份面子。对收礼的人来说，也不是真的只为收到一份礼，重要的是收到了一份面子，收到了人在社会上的尊严。这意味着，你来了，给了我面子，我就有了面子；你不来，就等于不给我面子，我就没面子。

深受中国传统文化影响的潮人是比较倾向于把他信作为自信的一族。别人觉得自己重要，自己就会觉得自己非常重要；自己觉得自己再重要，如果别人不觉得重要，那还是不重要。有没有面子只看一个标准，就是有没有被人羡慕。这就叫"没面子的人羡慕人，有面子的人人羡慕"。与西方文化相比，自由是西方人的面子，面子是中国人的自由。西方人体面不体面就看你是否实现自由，中国人自由不自由就看你够不够体面。你要是够得上体面就能实现你的目标，就能把事情给做成了，这就是自由。

做人要有做人的面子，就是做人要有做人的尊严，所以面子看起来属于个人的价值追求，但实际上，面子也是一个家庭，甚至是一个族群的价值追求。没有面子，就是不要脸面，何谈做人的尊严。这种做人需要有体面的生活价值观，我虽早有体会，只是到了潮州，进入当地人的生活社交圈子，感受才更为深刻和强烈。

29　生命教育起航

　　我在韩师从事教学的过程中，曾努力要推动的一件事，就是把"大学生生命教育"打造成一门课程。我的这种想法，由来已久，而最初产生的动机来源于一名学生交给我的一篇作业。

　　我来韩师那年，给思想政治教育专业的学生讲授生命伦理学课程。一次，我看到了一篇令我感动的好文：

执子之手，与子偕老——致爷爷奶奶的爱情

　　日本作家村上春树说过："如若相爱，便携手到老；如若错过，便护她安好。"爷爷奶奶的爱情故事没有轰轰烈烈，但在我心中却是最令人感动的爱情。

　　20 世纪 40 年代，一个高大斯文的文艺青年，一个精明干练的姑娘，经人介绍走到了一起。那个时代的爱情很简单，很淳朴。青年和姑娘都是客家人，从小生活在农村，吃过不少苦。结婚后，两人共养育了四女两男。后来，为了谋出路，给家人更好的生活，青年把全家带到汕头。开始，生活很苦，一家八口人挤在一间小房子里，缺粮少衣。后来，青年找了一份公务员的工作，妻子在家专心带孩子。两人拉拉扯扯把六个孩子养育成人。看着他（她）们一个个结婚生子，两个人却不再年轻，这就是我的爷爷奶奶。

　　生命是一座连绵不绝的山，总会有上坡，也会有下坡。我读幼儿园的时候，奶奶得了帕金森症，家里人紧张极了，特别是爷爷，带着奶奶到处奔走看病，却总是得到不能治愈的失望答复。但爷爷不死心，有一天，我和爸爸妈妈陪着爷爷奶奶坐火车到梅州打针，一路上颠簸，却颠不散那紧握的双手。

　　然而，奶奶的病情还是越发严重了，开始不记得一些人和事，说过的话又总是重复，有时还会骂人。但她依然能记得爷爷。后来思维有些混乱了，跟着她的儿女们一同管爷爷叫"阿爸"。再后来，奶奶下坡时不小心摔倒了，股骨开裂。医生征求家人的意见，爷爷坚持要给奶奶做手术换股骨。手术后一段时间，奶奶能在他人的搀扶下勉强走几步，但最终还是站不起来。爷爷

用护理床、轮椅悉心照料她的一日三餐、大小便。这样的日子竟然也熬了十几年。

后来，奶奶的山坡走到底了。出殡那天，爷爷轻轻拍打着奶奶的寿衣，唤了声"云香啊！你听到了没有……"便泣不成声了。

生命是一场人的情感聚与散的花开花落、云卷云舒，有数不清的相遇相识，相处相爱，直到最后永久的别离。在爷爷奶奶的生命历程中，我却学习到了生命的本真存在，执子之手，与子偕老，共你一世风霜。

这是一个普通的三世同堂的客家人家庭。然而不普通的是作者对自己爷爷奶奶的写真描述饱含着丰富的情感，从中对我们教育的启发就是真实的教育应是生命的教育。人只有直面生命，直面生死之情，才能启发心灵中最为重要最为敏感的那部分。

这生命的教育不正是教育的生命所在吗？

还有一次，我在上完生命伦理学的课后，就要离开教室往家走时，遇到一个学生。他在同学们都走后，跟我说他对生命伦理学的课很感兴趣。细想一下，确实是每次上课，我都能看到他坐在前排，认真地听课。

他接着告诉我：老师，我给你发了一条短信，请你有时间看看好吗？说完，向我说声"老师再见"后走了。我回家后发现他真的给我发来一条短信，大意是可否讲讲关于两性的事情，因为中学时的生理卫生课上老师讲授时仍是遮遮掩掩的。

学生向我提出的要求令我吃惊。可是看那条短信，这个学生分明没有恶搞之意。

我还想起一首当时作为课桌文化传下来的一首自由诗：

有人说，这是一个只有吃饭和做爱两项内容的时代，
我很奇怪这个原本纷繁复杂的世界怎么竟变得如此简单，
我问一位朋友："你和女朋友在外面租房子都做些什么啊？"
"吃饭和做爱。"他回答得竟然如此爽快。
——上帝死了，众神在堕落。
梁山伯与祝英台的真挚，罗密欧与朱丽叶的忠贞，
原来一个是传说，一个是小说。
牛郎和织女的凄美，白雪公主与白马王子的浪漫，
竟然一个是神话，一个是童话。
《泰坦尼克》沉没了，《魂断蓝桥》陨落了，
《乱世佳人》在飘摇，《人鬼情未了》也已经离逝了。
如今的这个世界已不再有什么故事，

——上帝死了，众神在堕落。

有一次，我看到学生心理社团做的有关大学生性心理的调查报告，在"如果你的恋人失去贞节，你还会与她结婚吗？"的问卷调查中，统计有53.4%的男大学生回答是"不"。

这种看似矛盾的回答反映的是传统男权社会和贞操观念在现代青年人心中的遗留。因为传统观念的潜在影响并没有消失，女性受这些传统的东西约束显然更为深重。如果有些女性婚前同居，最终又未能结婚，那么无论是社会舆论还是自我评价都于女性不利。更严重的问题还在于大学生艾滋病的传播，据悉，我国预防艾滋病的重点已从过去对吸毒卖淫的社会闲散人员的关注转移到城市农民工与大学生身上，说明大学生中存在的性问题比较严重。

如今的在校大学生还面临着一个新的生命困顿与考验，自杀现象由过去的时有所闻变成当今的频频听说。一些研究资料表明：在自杀率统计中，大学生群体高于一般青年，重点大学高于一般大学，研究生高于本科生。就是在韩师，也曾发生过几起大学生自杀事件，而这种事件每一次出现，总会引起学生们的不安与困惑，也给学校的思想政治教育、学生安全与学生管理工作提出了新的挑战，产生了监控与心理疏导的难题。像患有抑郁症和心理障碍的学生，他们通常就不会告诉别人自己处于心理危机状态，知晓学生病情的家长通常也不愿告诉学校。老师与同学在平时很难发现这样的学生会有什么异常的地方，只有当自杀事件发生后，才可能知道学生患病已久。自杀事件的发生还具有传染性特征，一个人出现自杀行为，可能传染给身边的人。

人的生命只有一次，生死绝非个人私事，而是涉及家庭的、社会的和大众的重大事件。因此必须对青年学生进行生命教育，让每个学生学会与他人沟通，个人生存奋斗的同时也要感觉到亲人和他人、社会的作用，从而使自我在生命层面上与他人和社会联系起来，建构一种生命意识与社会责任感。也唯有从生命教育层面入手，才能使青少年学会承受困难与痛苦，找到生命的意义与价值，学会关爱社会和他人，从一个"自然人"过渡到全面发展的"社会人"。

我们大学的教育究竟是为了什么？我想教育的真正目的应该是深切地关心学生的健康成长，为他们的幸福人生奠基。当有更多能够创造幸福生活的人时，我们的社会才会变得更加和谐、更安全、更有前途与活力。为此，生命教育是大学生在学期间不可不学的一门课。

思来想去，我决定把自己原来研究的生命伦理领域进一步与师范教育联系起来，先向学生开设了一门生命教育课。当我把自己的想法与教务处处长黄景忠沟通后，得到了他的积极支持，这对我是个极大的鼓舞。于是，经过一段时间的准备之后，我选择了几位老师，向部分年级与专业的学生试验着开设了生命教育课程。

生命教育课对大学的通识教育来说是全新的教育课。开课一段时间之后，我又组织从事哲学研究与教学的陈国庆、罗秋立等老师，共同编写出一部对大学生进行生命教育的新教材——《大学生生命教育概论》。再后来，我又组建了生命教育教学的专职教师团队，还向广东省教育厅申请省教学改革工程项目的教改立项。经过几年努力，这门课程作为全校学生的选修课，已经进入韩师的教学计划体系，影响也越来越大。

为了推动生命教育课程建设，同时也为了在社会上产生广泛的影响力，我们生命教育课程教师团队除了参加全国一些有关生命教育的会议外，还邀请国内外一些生命教育研究专家来学院讲学和作学术报告，像北京师范大学的肖川教授，台湾铭传大学的纽则诚教授，他们多年从事生命教育的研究，多有建树。

在开生命教育课程期间，还发生过一次惊动许多人的误会。

2012年的一天下午，某系有一名学生在书桌里发现了一张纸条，她打开看见里面的内容后，吓了一跳。原来这是一封没有署名的遗书，遗书中写道：

> 亲爱的爸爸妈妈，我爱你们，因为爱你们，我是多么想就这样地带着感恩的心生活下去，直至自己的生命走在你们之后，好照顾你们的晚年。可是，女儿今日给你们写信却是绝别的告白。当你们见到这封信时，女儿要走了，原谅我的不懂事、不听话，虽然我有时会让你们生气，请相信我依然是你们的女儿，我会在天堂祝福你们的……
>
> 女儿临别告白

学生看了这纸条，心里发慌，急急忙忙地回到宿舍，与室友商量怎么办，最后决定把信交给辅导员处理。之后，这张纸条以极快的速度从辅导员、系党支部书记、学生处处长，最后传到学院主管学生工作的学院党委副书记手里。

詹必富书记主抓学生工作，意识到人命关天，责任重大，马上召集学生处、保卫处、团委有关中层领导开会，分析这纸条的来源和寻求解决问题的办法。

近些年来，高校大学生自杀现象愈来愈突出，许多大学生一时想不开就自杀，给学校的学生管理工作带来了一个难题。现在这封信的出现，是否会变成一个大家都不愿见到的结果呢？当时谁的心里也没有底。不过谁都明白，时间就是生命，现在最重要的是要找到这封信是谁写的。

经过广泛调查，终于找到写该字条的学生，问她写这一字条的原因，原来是从事生命教育课教学的戴景平老师在讲"感恩生命"这一课时留的作业。

她记起当时在课堂上，老师向学生布置写"遗书"作业：如果你患上绝症只剩 3 天时间，将对身边的亲人说什么？她回忆起写作业时的情形：当时听到老师不断催促要马上写出来并交上去，整个教室已有一种紧张的氛围，自己都紧张得出汗了，手中紧紧攥着的笔也不太听使唤，写完"遗书"后，有的学生当场就开始哭泣了。一位同学说"我还没有挣过一分钱给爸妈花"，而她自己则是在写完"遗书"后，有了想要给父母打个电话对他们说"我爱你们"的冲动，就匆忙地交了作业，可是一着急，就把早先同样撕下的一张纸当成了这次作业交给了学委，偏偏粗心的学习委员没有细看，就把这张纸与同学们的作业放在一起交给了老师。

后来，戴景平教授对这一作业问题向领导做了汇报，说他时隔几天后在批学生作业时，发现了这一作业是读书笔记，内容与生命教育作业毫无关系，他便与班级学委联系，问这位同学为什么交了这样的作业来，才搞清楚，是学生把作业交错了。

事情清楚了，原来是虚惊一场。可是为了处理这件事，大家弄得紧张兮兮的。有的老师借此向戴老师提出意见，说怎么能给学生留这样的作业呢，这不是在诱导学生去寻死吗？

戴景平教授是对人的生命伦理有过深入研究的。那年我们在武夷山学院承办的一次全国伦理学会议上相遇，因为对生命教育课程建设都有共同的兴趣和追求，又听我说正要组建生命教育教学团队，便舍弃到内蒙古师范大学带硕士研究生的机会，与妻子张玉荣教授一起来到韩师，成为学校生命教育课程教学团队的骨干，后来又成为课程建设的负责人。就其生命教育理论研究与教学实践的经验来说，死亡教育其实正是热爱生命、涵养生命的进行生命教育的重要手段与内容。

景平教授说这正是教育学生热爱生命、感恩生活的一种有效的教育手段，开展生命的感恩教育，可以通过让学生写遗嘱或者墓志铭的方式进行，因为老师可以审阅每一份遗嘱，分析出每个学生存在的最大问题，从而进行有针对性的辅导。

景平教授还进一步向领导解释：对于这种写作的方式，他也曾问过学生，有的学生回答说虽然恐怖但可以接受；有的学生说，写完作业后，有好长一段时间都在反思自己的性格、习惯，想想那些虚度的时光，有了紧迫感，也开始思考规划大学四年；但也有个别同学表示不太理解，感觉死亡的话题太沉重了。他在课堂上曾发现写遗书的时候，很多学生都紧张得直冒汗，说自己要做的事情太多了，只言片语根本表达不出来。其实通过写这样的作业，他们已经意识到了人的生命是短暂的，人一生中要做的事情很多很多。为此，每个人都有责任爱护自己的身体，有责任爱这个世界和拥有世界上最美好的事物。

人有时只有在经历了那种刻骨铭心的生死事件后，才会更加珍视生命和人间至纯的真爱。作家席慕蓉说："其实人只有直面死亡，才会真正知道每一朵花只能开一次，由此珍惜自己活着的生命。"以这种思路来看待这种类似死亡教育的作业，我认为它很有以情感人的教育效果，"向死而生"可以让同学们提前"反思"当下的人生，好激励他们做好未来的规划，只有这样人生才会充实。

其实，写遗嘱和墓志铭的过程就是学生认识自我的过程，学生充分认识自我后，才能找到准确的定位，合理规划自己未来的发展。因此，这种生命教育活动是积极的。但是依照教育规律，这种特殊的教育形式一般不太适合大团队，较适合 10 人左右的小团队，否则会影响效果，甚至可能会有一定的负面作用。

在中国，死亡这个话题有很多忌讳，不到万不得已，人们不愿意去主动触碰，而遗书恰恰是和死亡紧密联系在一起的，这些受传统思维影响的大学生觉得难以接受，也就不难理解了。孔子在教学的时候，就回避对学生谈死的问题，当学生问他生死问题时，他就回答"未知生，焉知死"。其实，后来有许多人对这句话是持否定态度的，认为人应当是"未知死，焉知生"才对。人只有对死亡有过深刻的思考，才能重视生命的意义。我们都有这样的体会，好多人走进殡仪馆送别亲人朋友离去，心中似乎感觉想开了许多，所以在世界上才有许多国家对大中学生开展死亡教育。作家毕淑敏曾做过心灵游戏《生命线》，作品中表达的就是生命预期对人生的影响。她认为，人生面对死亡而做出的重大决定，是由心规划的，像一道预先计算好的框架，等待着自己的星座运行。而承认自己的局限，承认人生是波澜起伏的过程，接纳自己的悲哀和沮丧，都是正常生活的一部分，生与死的教育，其实犹如病人需要的甘草和黄连，都是治病的良药。

试想，当大学生以陌生的笔触试探着写下自己"临终遗言"的时候，如果他真的进入想象自己的生命将会消失的情境，自然会给他们带来正视死亡的勇气和珍惜生命的感悟，这种情境一定会对他们重新思考生命价值与意义有启发，而给我们带来的，却是发自内心的感动。比如有的学生虽然把遗书写成了"家书"，嘱咐爸爸妈妈不要吵架，让爸爸多体谅妈妈，从中却可以看出学生是在反思自己的爱。

中国人避讳谈及死亡，但也正是这种长期以来的敏感和忌讳，让国内的死亡教育和生命教育严重缺失，其结果就是一些人无法真正理解生命的价值和意义，也无法理解死亡意味着什么，甚至把死亡当成是一种脱离尘世烦恼和困扰的解脱。

通过提前"写遗书"的方式让青年人正视死亡，一方面可以帮助他们重新思考生命的价值和意义，另一方面可以帮助他们破除死亡在他们心中的神秘感和恐惧感。我们身边的一些人，正是因为对死亡缺乏科学认识和过分恐惧，一旦家里有亲人去世，就会陷入深深的痛苦和迷茫之中，无法自拔，甚至相当长的一段时间内都会郁郁寡欢，无法恢复正常的工作和生活。

说到底，由一封"遗书"引发的死亡教育，不仅可以让青少年了解生命的真实过程，以科学的态度对待生与死，成年之后以达观和超脱的态度去对待生命过程中的一切际遇，而且会让他们更加尊重别人的生命以及热爱自己的生命。既然有着如此重要的意义，这封"遗书"即便是虚构的，也很值得一写。

一场虚惊过去，生命教育的故事似乎还没有真正结束。我们到底需要什么样的生命教育？其实，教育的真正目的是深切地关心学生的健康成长，为大学生的人生幸福奠基。为此，我们做的工作就是面向全校学生开设了"大学生生命教育"课，而且韩师确实也有了专职的教师团队，有自己教师编写的《大学生生命教育概论》教材。作为学生的学业管理部分，生命教育课也成为在校大学生的必修课。

大学生生命教育在韩师已然起步，这在 21 世纪初全国高校中可以说是独树一帜。生命教育其实就融渗在生命教育者这样的追求之中：让韩师校园充满关爱、激励、温暖和成长的成就感，并能陶冶出一种积极向上的人格，让每个韩师学子都能够真切地、更为丰盈地感受到大学生活的美好和意义。

30　太空双星遨游

　　在韩师新图书馆与理科大楼相望的中间地带，建有一组别具一格的不锈钢雕塑，这个雕塑和一个人的名字联系在一起，人们把它叫作"陈伟南星"。

　　这座"陈伟南星"雕塑，在设计造型上糅合了陈伟南星的国际编号"8126"四个阿拉伯数字，并将四个数字的线条连成一个椭圆形，抽象地呈现了"陈伟南星"在空间运行的轨道。雕塑造型上的金色圆球，象征"陈伟南星"，四角小星代表太空中的行星轨道。

　　韩师为什么有这样一座"星"雕塑呢？

　　事情还得从 40 年前说起。1966 年 1 月，紫金山天文台用口径 40 厘米的双筒折光镜观测时发现了遨游在天空中的一颗小行星，后来经过严格测算运行轨道，科学家知道这颗小行星以平均每天 154.8 万公里的速度沿着固定轨道绕日运行，它离地球最近时只有 1.98 亿公里，最远距离可达 6.35 亿公里。于是上报国际天文联合会小行星命名委员会。1998 年 1 月，国际天文联合会小行星命名委员会接受了紫金山天文台的申报，给小行星以国际永久编号8126 号，同时按惯例，授予紫金山天文台这颗星的命名权，紫金山天文台为此在全国范围内展开广泛调查。

　　韩师校友陈伟南先生作为旅港同胞，是一位爱国爱乡、德高望重的知名人士，曾担任过香港潮州商会、香港潮属社团总会等社团首长。他在创业奋斗的同时，将自己的诸多精力贡献于文化教育和慈善事业，捐建了一大批中小学校、乡村医院、文化设施和公益设施，实践了他"人生的价值在于奉献"的人生格言，备受社会各界好评。听到紫金山天文台要为发现的小行星命名的消息，潮州市政府代表海内外潮人向其举荐，紫金山天文台研究后同意，又向国际小行星中心提交申请。

　　关于小行星的命名，国际上一直有着严格的规定。一般来说，一颗新的小行星只有在获得永久编号 6 个月后，发现者才可以给该天体提出命名，连同星名意义的简短说明一并报送至国际天文联合会小行星命名委员会，经组织审议通过，刊登在《国际小行星通报》上，正式通知全世界各天文台后，此名字即为该天体的永久星名，永载史册。

最终，国际天文联合会小行星命名委员会将紫金山天文台发现的这颗8126 号小行星命名为"陈伟南星"。

众所周知，小行星的命名如果指向一个人，那么对这个人来说，可以说是具有国际性和永久性的崇高荣誉。为了庆祝由韩师校友陈伟南先生获得的荣誉，2011 年 11 月 10 日，韩师举行了"陈伟南星"纪念雕塑庆祝仪式。

这天上午，韩园晴空万里，阳光普照，伟南国际会议中心旁的绿茵地上空气球高悬，彩旗飘扬，学院在这里隆重举行"陈伟南星"雕塑揭幕仪式。揭幕仪式由陈三鹏副院长主持，薛军力院长致辞，代表学院师生对在潮州举行的"潮州双星"命名仪式表示祝贺。薛院长说，这座"陈伟南星"雕塑以外形简练、内涵丰富的形象矗立在校园，师生们可以随时观看这座雕塑，仰望星空，心中会涌起对科学的向往和追求。这既是对科学精神的赞扬，也是对伟南先生爱国爱乡爱校且无私奉献精神的褒扬。这一新景观将时刻提醒韩师，应该为国家、为社会培养更多更好的人才。潮州市委副书记黄俊潮在致辞时说，伟南先生的事业成功和高尚情怀与母校的培养是分不开的，在韩师建立"陈伟南星"雕塑是对先生精神的回归，也将进一步丰富校园的文化内涵。

已是九十多岁高龄的陈伟南先生用他那终生不变的潮汕话动情地讲了许多。他回忆了早年在韩山师范学院学习的情景，说韩师是他的母校，没有母校的培养，他就不可能有今天的成就，也就没办法在社会上"办事"（成就一番事业），今日之所以在社会上能够有所作为，全是当时在母校受到了良好教育的结果。如今看到家乡和母校在日渐发展和进步，身为家乡人，真的很开心。

韩师人不会忘记陈伟南对母校的贡献，2013 年韩师建校 110 周年之际，学院在笔架山麓相对高点建起了一座韩师新的地标式建筑——"陈伟南天文馆"。因为它的地势较高，所以每到夜色降临之时，从潮州城内远眺笔架山，就会清楚地看见由红色霓虹灯管发出的"陈伟南天文馆"六个大字。

陈伟南天文馆主体建筑为三层，第一层为陈伟南德勋陈列馆，通过系列文字图片等，真实生动地记录和展现了陈伟南先生的求学、创业历程；第二层为星晖馆，采用先进的光电技术，将浩瀚太空中"潮州星""陈伟南星"和"饶宗颐星"的模拟动画展示给观众；第三层为天文观测台，由专业机构设计并安装天文科普望远镜。这座落成的陈伟南天文馆与校园内的"陈伟南星"雕塑遥相呼应，融科普教育和思想教育为一体，为韩山师院师生提供了仰望星空、探索宇宙的平台。

在无边无际的天空中，其实还有一颗编号为 10017 的以"饶宗颐星"命名的小行星。它是南京紫金山天文台于 1978 年 10 月 30 日发现的，2011 年 7月 17 日，由国际天文联合会小行星命名委员会批准命名。

学界泰斗 丙申
迂夫师、饶宗颐

不说泰山高，
弗论北斗遥。
高寿非诐妣。
只问期颐寿，
古今几风骚。

2016年 文科写题

不说泰山高，弗论北斗遥。
只问期颐寿，古今几风骚！

玉林题，文科写

饶宗颐是著名的学界泰斗和国宝级的文化与艺术大师，他的治学领域涉及敦煌学、甲骨学、史学、楚辞学、回学、目录学、考古金石学及书画，在音乐、文学、宗教、语言文字学等领域也颇有建树，是一位艺学兼修、博古通今、融合中西、贯通华梵、蜚声国际的大学者。尤其是他造诣颇高的学术生命力所成就的文化财富、著作等成果，为人们所景仰，中外学者们在提到饶老时，往往将他与王国维、梁启超、陈寅恪、季羡林等大师并称。

饶老的名声如何大、地位如何重，从他被推举为西泠印社第七任社长便可知。杭州西泠印社坐落于杭州西湖景区孤山南麓，以"保存金石，研究印学，兼及书画"为宗旨，被广大文人士子称为"以文会友，与古为徒"的"天下第一名社"。从西泠印社自首任社长吴昌硕开始，每位社长都如前后山牌坊一般，高雅脱俗，大道至简。尤其是在社长的选择上，更体现出这个文化团体的原则性与坚定性：社长的人选始终坚持宁缺毋滥，如果没有遇到合适的人选，或时机不成熟，宁愿虚位空缺，也不会滥竽充数，回顾西泠印社的历史，社长空缺实属正常，饶先生之前，社长空缺时间累计达六十年之久。由此可知近年来学术界流行"南饶北季"的说法，可成公论。

所以紫金山天文台也以饶宗颐命名发现的新星，以体现对饶先生国学泰斗尊位的景仰。饶宗颐先生也是韩师的杰出校友，与陈伟南先生一样，同是"天顶有星"的潮州人。

二位韩师老人，一位是热心公益的商界名流，一位是潜心弘扬文化的硕学鸿儒，两人的友谊，一直是潮州人传颂的佳话。为潮州饶宗颐学术馆的建设，陈伟南先生尽心尽力；只要是饶公倡导的地方文史研究，陈伟南先生都积极予以支持；而在陈伟南先生赠建的韩师伟南楼、韩师校史馆、宝山中学，饶公也都留下了墨宝。

谈起饶宗颐，作为其终生挚友的陈伟南对其有着极高的评价，这从陈伟南资助出版的《重印饶氏〈潮州序〉序》中就可以看出来："韩江之滨，钟灵毓秀，造就了饶教授如此魁杰之士。论者谓前有韩公，今有饶公，使潮州历史文化名城焕发异彩。韩公'文起八代之衰，道济天下之溺'，在我潮兴学育才，使地方得到'海滨邹鲁'的美誉。饶公以学术与艺术雄视天下，且推动乡邦文化，提倡'潮学'天下闻。二公后先辉映，足为潮汕文化史上美谈。"

饶宗颐教授与陈伟南先生都祖籍潮安县，在这韩文公倡学教化过的岭海明邦中，他们从小都获得良好的家庭教育，同受过海滨邹鲁文化的熏陶。韩文公的余韵惠风和潮州的人文传统对他们有深刻的影响。

饶宗颐字固庵，又字伯子，号选堂，他1917年出生于潮安县城的书香门第，父亲饶锷老先生是当时潮州文化界的贤达名流和收藏家，家中有藏书数以万计的天啸楼。饶锷先生学术造诣专深，著书立说，闻名遐迩。《慈禧宫词百首》《天啸楼文集》等皆为饶锷先生著述的佳作。他曾于1920年、1923年两度受聘于省立第二师范学校，任国文教员。清末民初，潮汕一带的文人群体，大抵以若干深具家学渊源的望族为主体，如枫溪柯氏、庵埠冯氏、揭阳姚氏等，当时的饶锷以其超人的才华和出身富豪之家的丰厚财富实力，常常在这些松散的文人群体中起着举足轻重乃至独领风骚的作用。由于有着这样的家学渊源，加上宗颐自幼聪颖过人，人称神童，所以青出于蓝，自成一家。

饶宗颐幼承庭训，聪明好学，家学成为饶宗颐获取知识的天然摇篮，其父就成为饶宗颐的启蒙老师，而满座鸿儒又不知不觉地熏陶着饶宗颐。饶宗颐5岁就开始阅读《三国演义》《封神演义》等长篇小说；7岁便创作小说《后封神》；9岁即能阅读《通鉴纲目》《纪事本末》；10岁能诵多篇《史记》，阅读经史子集；11岁读蒋维乔《因是子静坐法》并学习打坐；12岁师从潮州城府的杨栻学习绘画，临写110余幅任伯年的作品；13岁时，就能为自己家的莼园"画中游"景观撰写楹联："山不在高，洞宜深，石宜怪；园须脱俗，树欲古，竹欲疏。"这些，无不显示出饶宗颐幼年的学识和气度，加上他博览群书，又习书画，学诗文，植下了深厚的学养基础。

饶宗颐15岁时，父亲饶锷因编著潮州历代文献中里程碑式的著作《潮州艺文志》，其时间跨度上起唐代，下迄民国初期，内容达十九卷之重，为此心衰力竭，不幸撒下家小过早地离开人世，留下"无它语，惟惓惓以是书未成憾"的遗言。饶宗颐在家庭突遭变故的境况下，思父伤心之余，踌躇满志，发愤自励，决心完成父亲未竟之业。他一方面邀集先父的好友郑晓屏、杨光祖、蔡梦香等人整理父翁的诗文遗稿，编辑出版五卷本的《天啸楼集》；另一方面着手收集资料，集佚钩沉，在方志书目中有关艺文之编籍"寥若晨星"的情况下，硬是殚心缀录，奋发不止，终于将反映潮汕文化渊源、对研究和发展潮汕文化具有重要参考价值的《潮州艺文志》，分别发表在1935年和1936年的《岭南学报》上，自此走上了教学及著述的道路，在文坛上崭露头角。

1935 年，韩师著名的国文教师詹安泰先生因病修养需要请假，当年韩师的制度规定："教员告假，照章每月不得超过所任功课八分之一，如有不得已事故，须要告假八分之一以上者，应请人代课，薪水由代课人代支，惟代课人须先时得校长或教务主任同意。"李育藩校长要詹安泰找位代课教师，他就推荐他的挚友，时年仅 18 岁的饶宗颐为他代课，讲授国文课。

当时在校的学生年纪都比较大，饶宗颐尚未行弱冠之礼，年龄比好多学生还小，即顶替名师执教，所以最初学生不买他的账，李校长便出面做说服工作，说可以先试听一段，如果不行，再另聘高明不迟。结果学生听了饶宗颐的课后，均给予好评。这样，饶宗颐先生与韩师结下了不解之缘，因为韩师，他生平第一次登上了讲台。

陈伟南先生与饶宗颐教授两人是 20 世纪 30 年代的韩师校友，虽然他俩的家境和从事的职业不同，饶教授是书香门第出身的学者，陈先生则是走经商办实业的道路，而且经过几十年的艰苦拼搏，饶教授成为学界泰斗、国际汉学大师，陈先生则成为香港商界翘楚、知名爱国实业家，然而潮州崇文重教的人文传统使他俩的家风具有共同的特点：崇尚文化，正派做人，忠厚诚信，敦睦乡谊。而且他俩都爱国、爱乡、爱校，并以此形成了崇文重教的共识，加深了饶教授和陈先生之间的真挚情谊，乡情甚浓，互相敬重，陈先生崇敬饶教授业精六学，才备九能，博大精深的学术造诣和卓越成就，他曾说过："大师难得，富人易求。在全世界，称得上富翁的潮汕人何止千百。但是，像饶教授这种誉满海内外，在学术和艺术上堪称大师的人，却绝无仅有。"饶宗颐教授则对陈伟南先生的义举善行给予高度评价："伟南先生的长处就是不把利放在第一位。他考虑的是利要如何用、要用得其所，利可产生其他的事业，包括文化、各种各样的事业，用佛家的话来说，就是他有这个'愿'，愿意做一些对人有益的事。人家不敢做的，他敢于做；人家不想做的，他也做了。"

因为有着同样的崇文重教的远见卓识和追求，以及为中华传统文化做贡献的默契，这两位大儒与巨贾之间结成了中国历史上少见的深厚友谊。而将他们联系在一起的平台是同为家乡人所关注的潮学文化研究。1991 年 9 月，饶宗颐与陈伟南同赴法国巴黎，参加第六届国际潮团联谊年会。年会期间，两位老人赤诚相见、共叙乡情，建立起深厚的友谊。陈伟南回忆那一段历史时说：有一个晚上，在船上他问我，你为什么对我这么好，是什么意思？我听了很是惊讶，我说我没什么意思，我是无所求的，我尊重你，因为你是一个非常有文化的人，又是家乡人，今天有幸和你在一起，所以我对你特别尊敬。

长期以来，饶宗颐教授和陈伟南先生总是一起莅潮，热情参加潮汕历史文化研究中心的各项重大活动。1989 年 11 月，第五届国际潮团联谊年会在澳门举行，陈伟南先生担任大会名誉主任委员，并借此之便积极支持饶宗颐教授在大会上作的《潮人文化的传统与发扬》专题讲演。饶教授在讲演中则呼吁海外潮团以其雄厚的资财力量，支持学术研究，使潮人文化的研究有更加灿烂的成果。1991 年 11 月成立的潮汕历史文化研究中心，聘请饶教授和陈先生担任顾问，陈先生即赞助活动经费 20 万元。1993 年初，陈伟南先生又参与发起成立潮汕历史文化研究传播基金会，带头捐献基金 100 万元，并出任该基金会终身荣誉会长。年底，由饶宗颐教授倡议发起、香港潮州商会资助的第一届潮学国际研讨会在香港中文大学举行。陈伟南先生作为潮州商会副会长，大力支持和具体参与筹划这次会议。会前，他本人还资助香港中文大学的研究人员，到潮汕调查、搜集有关资料，充实潮学研究的题材。会上，饶宗颐教授提议建立潮州学，阐述了将潮汕历史文化作为一个独立的研究对象，建立潮州学的必要性和重要性，并说明潮学的内涵。1996 年 8 月，由陈伟南先生提议和资助的饶宗颐学术研讨会在韩师举行，目的是为"韩水韩山添掌故，待为邹鲁起玄风"，为此赞助活动经费 30 万元。会后，陈先生又赠款出版《饶宗颐学术研讨会论文集》，出任饶宗颐学术馆事业基金会主席，为饶学研究工作和弘扬中华优秀文化传统尽心尽力。

　　1997 年 11 月，饶教授和陈先生又亲自参加在汕头大学举行的第二届潮学国际研讨会，分别作了专题讲演和讲话，并向研讨会书赠"敦睦木分榆之谊，振兴化育之功"和"文化是民族之根，经济是民生之本"的题词。1999 年底，第三届潮学国际研讨会在韩师举行，饶教授和陈先生更是倍加关切，为开好这次研讨会尽心、费神、出力。陈先生主动资助 30 万元作为研讨会的经费。21 世纪初，潮州市政府为收集和研究饶教授学术论著及书画作品，促进中外学术交流，丰富历史文化名城的内涵，拨专款在饶教授的故居建设"饶宗颐学术馆"，陈先生知道后，为该馆建设和基金捐助 80 万元，并在建馆过程中给予关注和帮助。

　　饶教授十分赞赏陈先生捐资兴学育才的义举，多次莅潮参加陈先生赠建学校的有关事宜。他为陈先生赠建的韩师伟南楼撰书名联"伟业昌文教，南州重德徽"，为陈先生赠建的韩师校史馆题名，为校门内匾额书题"勤教力学，为人师表"，为坐落在学院东区"陈伟南星"雕塑旁的"伟南亭"题写陈伟南先生的座右铭"事业成功在于努力，人生价值在于奉献"。2008 年，在陈伟南先生九十大寿生日那天，他以"懿德仁心"的题词赞颂陈伟南的奉献精神。对陈先生斥巨资为家乡赠建宝山中学，饶教授更是满怀敬佩之情，为宝山中学校门、礼堂、教学楼、科技楼、体育馆、图书馆、宿舍楼等建筑物书题匾额；题书韩愈《进学解》名句及宝山中学"爱国、立志、勤奋、创新"的校训；撰书"为粤东文教树立新楷模"的题词。这些都是饶教授对陈先生兴学善举的大力肯定和支持，鼓舞着宝山中学师生努力办好学校。

　　饶陈二老合作完成的一件大作就是《重刊〈潮州志〉》志书。2004 年，陈伟南先生与饶宗颐教授一起筹划出版补编重印由后者总纂的《潮州志》，《潮州志》是 1946 年至 1949 年，由饶宗颐教授总纂的记述清中期以后潮州府辖地事物规模的宏大地方志，定稿时全志定 30 门 50 册约 1 000 页。这一地方志的修纂，填补了自清乾隆周硕勋《潮州府志》后这一区域约 150 年无府志的空白。地方志是中国独有的记述各文坛情况的综合性著述文体，是一项费力且规模宏大的工程，所以一般是由地方行政首脑领衔主持。《潮州志》最初也是这样，当年的广东省第五行政区督察专员郑绍玄提议修志，就兼了修志委员会的主任，并委任学人饶宗颐为副主任兼总纂，负责具体工作。可是郑绍玄一年半后就卸任了。后来《潮州志》就由专家学者修志。这修志机构先后有 100 多人参加，由专家学者组成的编纂委员会中也有 30 多人，由此可见这是一个多么浩大的工程。这次要重新修志，陈伟南先生深知其中的价值与意义。当时碰到一些困难，陈伟南先生就出面找地方政府相关部门协调，落实经费等。到 2005 年秋，潮州市地方志办公室终于出版了第三集《重刊〈潮州志〉》，集为 8 册，另加卷首、志末各一册，合为 10 册，230 万字，成为浩繁巨著，为当世呈奉了一部珍贵的志书，为后代留下了一部重要的地方文献。饶宗颐教授十分高兴，他在序中坦言："望九之年，竟能获见是书之补编锓锌"，真是"人生之赏心乐事"。

　　修志过程中有一段让人极为感动的故事。重刊的《潮州志》虽然在规模格局上已接近当年的原拟之体制，但当年饶教授带到香港的另外五帙志稿，包括温丹铭、陈海湖先生分纂的《人物志》，林德侯分纂的《古迹志》，以及吴珏分纂的《方言志》却没了踪影。这样重要的资料不可能遗失啊！饶老不顾自己年事已高，一次次地在家中的浩瀚书稿图籍中搜寻。这几帙志稿却有如故意与他捉迷藏一般，迟迟不肯露面。饶老还是不死心，一有时间就继续寻找。终于，在 2009 年 1 月 8 日，他找到了寻觅多年的宝贝，除《方言志》仍未现身外，其余四帙志稿几近完好地展现在他的眼前，捧着这既十分熟悉又有些陌生的手稿，饶老激动之情溢于言表，不断地对身边的人说："天顶有星啊，六十年前的这些志稿找到了！"他急切地让女儿给潮州市政协副主席、潮州海外联谊会会长沈启绵打电话，要把这个消息告诉他。

　　那天，沈启绵正在省里准备参加一个会议，忽然接到饶宗颐女儿饶清芬打来的电话，饶清芬告诉他饶老有话想亲自跟他说。饶老急忙接过电话告诉他这件令人振奋的事。

　　过了 3 天，在会晤赴港拜访的已在韩师退休的林英仪时，饶老郑重地把这四帙志稿托付给他，请他带回潮州整理出版。钱教授再三叮嘱他：待志书整理出版后，一定要把手稿入藏"颐园"，即饶宗颐学术馆。林英仪老人接过手稿后，带着两大旅行袋匆匆返回家乡，直至把志稿送达饶宗颐学术馆，向市有关领导汇报完毕，心中的一块石头才算落地。

获悉饶老总纂的这几帙珍贵书稿将整理出版，一直关心家乡各项事业发展的陈伟南先生第一时间致电沈启绵，明确表达他的意见："志书印刷的资金，不用再找其他人了，由我来负责"，并当即汇来人民币30万元。潮州的文史专家闻风而动，自愿地加入志书的整理出版行列中来。曾楚楠先生推掉了许多重要的社会活动，韩师的黄挺、吴二持等延缓了自己的课题研究，林英仪、李来涛等不顾年事已高，常常伏案校勘到深夜，韩师研究潮汕文化的青年学者吴榕青在业余时间常常手不释卷，废寝忘食地埋头于志书之中……这是一个自觉自愿的团队，没有人从志书的整理修编中收取过一分钱的报酬。

2011年4月，春光明媚，文气斐然，《潮州志补编》整理校勘出版工作顺利完成，它创造了一位国学大师跨越六十载的修志传奇，也再一次展现了潮商大儒爱乡助友的亮丽风采。

在潮州古城区的下水门城脚，建有一座被誉为"翰墨书香"的"饶宗颐学术馆"，此馆是展示饶宗颐先生的治学之路、学术成就、艺术造诣的文化殿堂。馆门的饶宗颐学术馆由启功题字，主要展厅经纬堂由广东省原省长卢瑞华先生题匾，翰墨林由原广东省政协主席吴南生先生题匾，由此可知这一"颐园"在潮人乃至国人的文化建设中的地位是何等之高。而它的建成，又是陈伟南先生努力的结果，当时陈伟南先生直接向潮州市领导介绍饶宗颐教授的卓著成就，引起市领导重视，拨专款立项。陈伟南还倡议成立"饶宗颐学术事业基金会"并担任会长，联系中国香港和泰国潮团捐助。正是有了陈老的帮忙，亲力亲为，热心协调，潮州饶宗颐学术馆顺利建成，与此同时，香港的"饶宗颐学术馆"也在陈伟南先生的促成下落成。这两个馆的建成，对潮汕文化的发掘，对推动中华传统文化以及国学研究都有很大的意义。饶老还为此献出自己珍藏的数万册图书。随后成立的"饶宗颐学术馆之友"，也凝聚了很多文化人及企业家的心血，使之"成为读书人敬仰道德文章"的精神家园。

饶老还热衷公益事业，2008年四川省汶川县发生大地震，他当即捐款20万港币，并书就"大爱无疆"四字，为四川灾区筹得500万港币救灾款。2010年8月，得知舟曲发生特大泥石流灾害后，饶老又将亲朋馈赠的160万元人民币捐赠给灾区。2013年4月，惊悉四川雅安地震、深感心痛的饶老说："戚戚之情，哀哀我心。"又捐款50万港币以表微衷。

饶老晚年因为年龄的原因退休，但依然担任中国文化研究所荣誉讲座教授、顾问，香港中文大学名誉讲座教授，中山大学中国文学研究所名誉高级研究员，香港大学名誉文学博士，澳门东亚大学（现为澳门大学）客座教授，韩山师院顾问教授，香港潮安同乡会荣誉会长，潮汕历史文化研究中心顾问等十多个职务。到 2011 年，年过九旬的饶老还被选为西泠印社第七任社长。2013 年 1 月，香港浸会大学开设"饶宗颐国学院"，饶老获亚洲首位法兰西学院外籍院士荣衔。2014 年香港大学授予国学泰斗饶宗颐名誉博士学位，同年获首届"全球华人国学奖终身成就奖"。

2015 年 4 月，饶宗颐获颁"影响世界华人终身成就奖"。27 日下午，国务院总理李克强在中南海紫光阁会见饶宗颐先生。李克强指出，文化是一个民族的血脉和灵魂，继承和发扬中华文化，建设中华民族的共同精神家园，是海内外中华儿女的共同心愿。

10 月 26 日，《梓里情缘——民家珍藏选堂书画作品展》在潮州开幕，陈伟南先生专程赶来参加，并为展览题下"华学泰斗潮人荣光"八个大字。已 96 岁的他，在为展览揭幕后，拄着拐杖，坚持看完展厅的每一个角落，每一幅作品。

饶教授和陈先生崇文重教，诚实笃信，热心公益，造福乡邦，在社会产生了积极影响，值得广为传播。他们秉承各自优良家风并加以发扬光大，不但身体力行，敬业乐群，敦睦乡谊，造福桑梓，也教育子孙后代要弘扬美德，服务社会，其精神可嘉。

早在 2000 年 7 月 1 日，时任香港特别行政区行政长官董建华就曾为饶宗颐教授颁发了大紫荆勋章，也为陈伟南先生同时颁发了铜紫荆星章，这两枚奖章，辉映着他们共同为"潮学"，为促进中华传统文化发展的奉献精神。

如今，分别以饶宗颐、陈伟南二人名字命名的小行星，永恒地在星空中运行着、闪耀着。

31 潮人的普通话

　　林院长是广东澄海人，1957 年出生，当代著名语言学家、音韵学家、文学家、教育家、文化学者，中国语言文学二级教授，汉语言文学专业研究生导师，这些学术资历上的先天优势自然说明他以研究语言见长。

　　林院长的学术功底深厚，特别是语言研究成就突出，熟悉他的人说他是潮汕方言研究的"痴情汉"。早在中山大学读书时，因为受到导师李新魁的影响，就对自己家乡的潮汕方言产生了浓厚兴趣。他在地方方言与文化研究方面颇有建树，已有数十部专著及逾百篇论文问世，为此曾获中国社科院青年语言学家奖、第十一届"山花奖"民间文学作品奖等。师树一门，他所带的弟子也成就斐然，多名学生在德克萨斯大学、香港大学、北京大学、清华大学、复旦大学等名校任教。

　　这一研究语言的专长也影响了他自己人生发展的道路选择。

　　2010 年，薛军力院长因为年龄原因，不能续任领导职务，时在广东技术师范学院副校长职位上的林伦伦便从省城广州调到粤东潮州任韩山师范学院院长，主持学院行政工作。当有人问他接受这次工作调动放弃广州的原因，他说既是"奉命"而来，也是为了回归自己的学术生命所系之潮汕方言与文化研究，还因为受到这所办学历史悠久、杰出校友众多的百年学府的感召。

　　当了一校之长，公务事繁多，学习开会、社交活动，样样都得做到，林院长又是一个责任心极强的学者型领导，做事本十分认真，好亲力亲为，像开会的讲话稿，有些领导会把任务交给办公室来做，但他不仅要自己写，还要写出功夫，写出文化，绝不应付了事。而学校里的老师、学生，以及社会知交好友要请他这个大家为自己的作品写个序，他也不推却，总会认真地读其作品，再把自己的感受仔细写出来。时间长了，自然就会有要务缠身，过于负重的感觉。

　　有时候，林院长会在一些较为随意自由的场合不加掩饰地说出自己的想法和发些自己都不当真的牢骚："近年来行政事务的忙碌，使我失去了许多专业研究的时间，我再也无法像先前那样将整个的寒暑假用于乡野调查了，可以说近两年自己专业方面的成绩正在退步，感觉苦恼时，便着急表态说不情愿专家学者都来涉足行政事务，那样的结果很可能是我们失去了某专业一个很有建树的行家，却换来一个业绩不很突出甚至不伦不类的行政人员。在世人眼中林伦伦的名字是与潮汕方言的研究联结在一起的，林伦伦如果不做专业研究就失却了自身的特点与魅力。"

说归说，做归做，牢骚发了，他还是"外甥打灯笼——照舅（旧）"。放不下身为院长的责任，他实际上多年坚持的还是在打双手太极，一方面努力做好行政工作，另一方面尽力不丢弃专业，坚持带研究生，上课开讲座。只不过当两者不能平衡时，似乎感到他仍是教授第一，院长第二。

林院长从小生活在潮汕地区，作为语言学家，研究的又是地方民俗与方言，自然容易成为语言语种研究领域的行家。可是，对一个没有这样的文化背景后来又走进潮州的外地人来说，却会麻烦许多，对潮州方言的学习与理解，需要一个长期的过程。同样，一个平时说潮汕话的人要"半路出家"学说普通话，亦需要付出很多努力。

我曾听学生向我讲过他经历过的一个有关潮汕人学习普通话的故事：

一个临近春节的寒假，正逢客流高峰，火车站人山人海，他和几个老乡同学看行李，另一位老乡去排队买车票。那时人多，队伍排得长长的，前面的队伍还有形，后面的就比较乱了。那位同学很礼貌地对身旁的女孩说："小姐，你是不是最美的呀，如果是最美的，我就爱爱你。"刚说完，女孩恼羞成怒，狠狠抽了他几个耳光，女孩旁边的几个男人也一起挥拳向他打过来，他们几个同乡尽管愤怒又心痛，却既难说清楚，也不敢发作，只是不停地赔礼道歉。其实，我的那位老乡说的是："小姐，你是不是最末尾的，如果是最末尾的，我就挨着你。"而那位挨打的同学只知道说完话，女孩子就愤怒了，自己却是丈二和尚摸不着头脑，哪里知道是自己蹩脚的普通话惹来的祸。

我是在东北长大的，东北虽地域辽阔，但东北人说的都是普通话，因为我以前就生活在都说普通话的环境中，所以从来没有感觉到说普通话的优势，以及与不会说普通话的人在一起时，交流过程会遇到什么障碍。到了韩师后，最初也不觉得教学与学生交流有什么障碍，因为大学是中国人才流动量最大的地方，所以形成了多种方言集中一处的大杂烩现象，在韩师就有来自青海、云南、内蒙古、广东、海南、黑龙江，几乎遍及全国各地的人，为了有效地沟通交流，所以必须使用通用语言。同理，高校解决各种方言交流不畅的唯一办法就是统一规定使用普通话。于是强调大学校园说普通话成了《国家通用语言文字法》的要求。普通话是国家通用语言，韩师校园教学大楼的墙上就贴有"请讲普通话"的标语，它给我的一种暗示就是：国家规定以北方话为基础方言，我这一口有些舌前音与舌后音相混的普通话在这里具有一定的教学优势。

普通话在大学校园确立自身优势的过程，不仅在于规制作用，还与人们寻求生活交往的方便也有很大关系。我初来韩师到市场买菜时，摊主都会说普通话。当我把这一感受告诉比我早两年来到这里的王贵林主任时，这位东北老乡以过来人的经验告诉我："原来不是这样的，我们最先因听不懂他们说什么而不买他们的菜，他们比我们还急，急用先学，立竿见影，他们就以比我们学说潮汕话更快的速度学会了说普通话。"

普通话遭遇方言，交流不畅就很麻烦。我们家楼下的罗守让教授原来曾担任过中文系主任，可他一口浓重的湖南娄底口音实在是重，我与他说话往往需要边听边猜，还时常出错。他招呼老伴时总是直呼其名，喊了一年多，我才听明白是在叫"风毛"。

即使方言与普通话接近，如果调门变化了，也会因为听不准而产生误会。长期以来，每当在家吃晚饭的时候，我总听到有一个女孩子在拉着长音，高调门地喊着"老姨"，她定时且定量，只有那么五声就结束了，起先我以为这是女孩子的老姨住在我家的后楼，她家做好了饭，她是来喊老姨到家吃饭，心想，这家人多么有亲情味，于是有些感动。有一次她喊的时候，我正在楼下，发现此人是学院图书馆做临时工的海燕，原来她喊的不是"老姨"，而是"猫咪"，我完全没有听准。海燕来自西北，可能她喊野猫的时候，就用的是家乡话吧。海燕视生活在这儿的一群野猫为自己的孩子，关爱有加，日复一日地精心喂食，从不有误，以至于那群猫已形成条件反射，五声之内必到。

"人说天不怕，地不怕，就怕广东人说普通话。"把这句话用在潮汕人说普通话上也较为合适。这不仅是听不懂的问题，而且包括对词义的理解差异，有时弄不好，还会因误解闹出笑话。

在一个开会的场面，潮式普通话会这样说：

"蕉伤大会项在开鼠，项在请领导花言。各位女婿乡绅！瓦们潮州轰景买丽，高通荒便，山鸡很多。欢迎你来逃猪，瓦花展，你撞墙。完了，吓吓大家！"

这段话翻译过来就是开会讲话的开头语："招商大会现在开始，现在请领导发言。各位女士先生！我们潮州风景美丽，交通方便，商机很多。欢迎你来投资，我发展，你赚钱。完了，谢谢大家！"

潮州人说潮州话，潮州话是八音，这让我这个只知道汉语拼音的人成了鸭子听雷——说了你也听不懂。我到潮州不久，为了接待一个远方来的朋友，到家附近的一个小烟摊去买包烟，碰巧遇上的老板娘只能听却不会说普通话。我问她："有黄果树烟么？"老板娘痛快地回答说："无。"我听说没有，便打算转身走开，听到她在我背后喊我，回头看她手里举着一盒黄果树牌香烟，对我说："爱买？"我看她正拿着这盒烟，顺口接了一句："买！"老板娘似乎觉得我的回答挺奇怪，她犹豫了一下，便把烟又拿回去了，我不知道她为什么这样做，也犹豫了一下，心里有些不痛快，只好悻悻地走了。

后来弄明白了，在潮州话里，这个"wu"字，就是"有"的意思；而"mei"恰恰又是用作否定、拒绝的意思，她问我买不买烟，我说"买"，等于说"不买"，她自然就叫我给弄糊涂了，而我自己也处于糊涂之中。

还有一天早上，我顺西区石板路走到东区去上课。碰上我的一个学生，打声招呼后，我问他早饭吃了没有，他回答说没有，我说每天都不吃吗？他说是啊，我说那不饿吗？身体会吃不消的。他说不会的，我早上喝粥，不会饿的。我很惊讶，后来想想才明白，这学生是潮州人，潮州人说话，虽然把吃和喝都当作一回事，都叫"呷"，但是，他们把吃干饭与喝稀饭却是要分别理解的，不像我们说吃饭，就包括喝粥在内。

其实，潮州话可以说是一种很有文化内涵的语言，是中国最古远、最特殊的方言之一。古朴典雅，词汇丰富，语法特殊，很多字词的释义仍保留古风，语言生动又富有幽默感，有极强的表现力，与其他语言有很大区别。

举例说，潮人说"走"，其实就是跑的意思，说"东司"就是厕所的意思，这其中正反映出生活中常用的古语现象。潮人把女孩子叫"走仔"，其内涵是中国传统文化中男尊女卑意识的体现，因为家里的女孩子长大了总要嫁人，嫁人后不再属于本家人了。而当他们把女孩子叫姿娘仔，则是在强调自己的孩子是个有姿色的小娘子，以此推之，老年妇女就成了老姿娘。我曾问过出生在当地的同事，为何潮州话将女人叫作"姿娘"，对语言有过研究的他有另一种说法，他说姿娘是从古时的"煮粮"转化而来的，煮粮是家庭妇女的替代说法。古代的潮州男人主要在外做耕田之类的活，女人则主要在家中照顾老少，炊煮一日三餐。男人劳作一天，回家一进门就会嚷嚷："煮粮人，猛猛物碗来食。"女人就会应声回答。时间长了，煮粮就代替妇女，成为男人召唤女人的符号，后来又演变成了"姿娘"的叫法，倒也有韵味。

潮州话保留了比较多的古代语言，读音据说跟唐宋读音较为近似，一些普通话中读起来不押韵的诗词用潮汕方言来读会押韵且平仄合理，而且非常好听。我曾听过潮州著名的学者曾楚楠先生朗诵古典诗词，他老人家一生经历坎坷，却没有影响他对潮汕历史文化研究的爱好，特别是在古诗词研究方面多有建树。那次他摇头长诵古诗词老半天，我却完全听不懂他吟唱的是什么，但因为颇有些韵律之味，感觉十分悦耳。后来听潮州话方言研究专家林院长解释，原来潮汕人在读古诗词时，是平是仄，或者叫押韵不押韵，基本上能知道如何运用最为合适。这是因为潮州话保留的韵脚正好是唐宋或者唐代以前的读音，作的诗就可以使用方言押韵，大部分可以与古代的诗韵吻合。

可是如今，随着时光流逝，潮州话也正在日渐衰没，有些因为适用性的丧失而退化了，加上一些潮人的孩子从上幼儿园起就开始学普通话，甚至不会说潮州话。

1943年，韩师老师翁之光先生曾写过一本书名叫"潮州方言"，林院长说他带的研究生在时隔 70 年后，对翁之光先生所读录的 900 多个潮州话词语进行统计分析，找潮州城里 70 多岁、40 多岁、20 多岁三个不同年龄段的人说，结果，70 多岁的那组是百分之百保留，40 多岁的那组不到三分之二，20 多岁的那组就只剩三分之一了。老潮州话的词语变了，年轻人就说不出来了。潮州话也与其他地方方言一样，正在日渐没落。

对此，语言学家林伦伦也认为，作为一个地域文化的载体，人们生活劳动交流的工具，潮汕方言本来不会消失。但是由于国家推广普通话，在主流文化越来越强势的情况下，地方文化越来越萎缩，潮州方言的功能亦会越来越弱，它会变化，而且越来越向主流文化靠拢，或者发生语音变异。而这种变异情形不能以对错或好坏加以简单的评价，只能说是一种发展趋势。作为教育工作者所要做的工作，是利用高新技术手段，使潮人青少年对家乡话有兴趣，逐步地保护和发扬地方文化。

宋朝书院唐朝山，百年师范一脉传；
韩公有知应笑慰，橡木新枝花飞妍。

玉林题，文科写

我在潮州住的时间久了，也知道了普通话和潮汕话在语言与词汇运用方面许多不同的地方，以一些日常生活用语为例，潮汕人把萝卜叫菜头，菠菜叫波棱，荸荠叫钱葱，菠萝叫番梨，藕叫莲蓉，荔枝叫莲果，菜叫物配，房子叫厝，肥皂叫饼药，书桌叫床柜，存车叫寄车，早操叫早锻，吃盒饭叫吃饭盒等。不少潮汕人在讲普通话时就容易说成"潮汕普通话"。这就意味着潮州话毕竟是一种方言，它的使用范围是有限的，远在外地的潮汕人可以通过说起潮汕话，一下子听出乡音，但是非潮汕人就麻烦了，很难听懂这有"八音"的语言，所以就影响了沟通与交流。

潮州话是潮州人的母语，母语是一种文化载体，甚至还是一个人地位身份的象征，为了帮助人们学说和熟悉潮州话，韩师计算机系的学生们曾开发出潮州话键盘录入的软件，用上这种新的语言音韵技术，即使不会说普通话，或者不懂汉语拼音的潮州老人，只要懂得潮州话"老十五"的拼音，一按键盘上的字母，潮州语就出来了。因为这个软件成果，这个团队还获得了"挑战杯"广东省大学生课外学术科技作品竞赛的奖励。

改革开放30年来，由于人员流动性大，语言沟通的障碍在降低，尽管普通话说得南腔北调，但是因为有了这种信息交流方式，它所创造的商机被无限放大。现在的普通话在潮州已有一定的普及率，甚至一些摆地摊的老大妈也会用普通话同外地人讲价，也有不少外地人会用潮汕话与当地人还价，这样，在商品交易中彼此尊重对方的语言腔调，又尽量能学习和使用共通的语言交流。而在方言向普通话转变的过程中，高校所发挥的作用是不可低估的。

普通话是中国的官方语言。高校是语言文字事业的前沿阵地，是传承语言文字和弘扬中华优秀文化的生力军。大学是要讲普通话的，特别是师范院校更应如此，《中华人民共和国教育法》中明确规定："学校及其他教育机构进行教学，应当推广使用全国通用的普通话和规范字。"对高等师范院校来说，还要对学生进行普通话测试，学生毕业前要取得合格证书，否则不能上讲台教学。韩山师范学院就有语言文字工作委员会和普通话水平测试站，帮助学生完成学习普通话的任务。可是普通话对有的学生容易一些，有些学生就难一些，我教过的学生中就有一些连续几年过不了关，无法取得普通话合格证书的。

大学要说普通话，首先就要求老师不能带着一口乡音去教学，对此，我常常感到说普通话的优势。在韩师，我们来自东北的许多老师既上专业课，又兼普通话教学，有的还是普通话测试员，原因在于我们有从来就说普通话的优势。当然，普通话是以北方方言为基础的，所以北方人说话虽然接近于普通话，但不等于就是普通话，东北人所说的普通话中也有一些方言，也会出现所说的普通话外地人听不懂的情况。

像下面这段话，东北人完全听得懂，外地人就不见得听得懂了：

东北人注意啦，咱这疙儿降温了，眼瞅着不脑呼了，大家出门加小心啊，别扬了二正的到处撒磨，跐一跤，埋了八汰的。一不小心卡在马路牙子上，再把玻璃盖卡吐露皮了，就有你闹心的了。天气好了可以上街溜达溜达，别老趴在家里无机六瘦，最后把自己整得罗锅拔象的，不像个人样。工作上也别老突鲁反仗的。半拉咔叽的。虽说这年头挣钱不容易，但也别亏了自己儿，别老买那些便宜喽嗖的破玩意儿。家里头的活儿多干点儿，别总整得屋里屋外皮儿片儿的，墙上魂儿画儿的，工作一天回来看着多闹腾啊！性格外向的，稍微收敛点儿，别老跟欠儿登似的，二虎八叽，毛愣三光的，说话办事儿有点谱，败总武武扎扎的瞎忽悠，武了豪疯的，时间长了，也让人咯应。性格内向的呢，多和人沟通，说话别老吭吃瘪肚的，做事要七拉咔嚓，麻溜儿，利索儿的。

我担心浪迹天涯的东北人在经历过几代后，不再会说纯正的东北家乡话了，我想这是完全可能的，特别是后代没玩过我儿时玩过的一些游戏，如在家里的土炕上玩"欻嘎拉哈儿"（用猪腿骨头或羊股骨头做成的玩具），在结冻的冰面上"打滑哧溜儿"，没见过东北的一些水果如"山丁子""沙果"，他们将如何能明白这些话儿的意思呢？

走向共同的交际语言，说普通话，是大势所趋，和英语在世界范围内通行，必然会对其他语言形成冲击和挤压的道理是一样的。

32   校道牌坊重生

　　牌坊是中国独有的门洞式建筑,古时称作"衡门",是一种由两根柱子架一横梁构成的简单立体建筑。《诗经》中就有"衡门之下,可以栖迟"的语句,潮剧《苏六娘》中乳娘有句台词就说:"像厝(房屋),却没有房间,像墙,却开了那么多个门。"

　　牌坊是古时中国的精神华表,从历史深处走来、实用衍化至今,其特有的纪念意义被现代建筑广泛采用。

　　潮州城是古代府治、县治所在,古代潮州的城市建筑很有规划,现在的太平路就是当时的城市中轴线。太平路上有无数巷道,巷口设门,这就是坊。坊又称间,古代有表间制度,主要是用于表彰住在坊里的名贤。表间时在坊门上设牌,这就是牌坊。潮州的牌坊,无论是数量还是种类,都堪称全国之最,仅城区就有104座,因此潮州又有"牌坊城"之称,牌坊的知名度在粤东乃至东南亚地区都很高。只要是潮州人,不管是旅居海外的潮籍华侨,还是国内各地的潮属乡亲,一说到大街亭,人人都知道那是指太平路的石牌坊,潮州俗话说:"大街看亭字,桥顶食炒面,趴上东门楼,再入开元寺。"说的是石牌坊、湘子桥、广济楼、开元寺四景。那石牌坊上的字光华闪耀、翰墨飘香,四进士坊、状元坊、三世尚书坊等,背后都有故事,它事实上成了海外潮人的根。

　　牌坊街还是地方性地标,外地人来到潮州,只要看到鳞次栉比的牌坊街,就知道这里是潮州古城区了。如今,经历了近千年的历史变迁,这里依然是潮州古城区商业繁华的地段,具有代表性的有"胡荣泉""吴祥记""瀛洲酒楼""顺发大灯笼""德隆绸缎庄""公安祥布铺""金华百货"等,引来如织的游人参观和购买一些小手工艺品或是具有地方特色的小食品。

　　牌坊街紧邻韩江,韩江上的湘子桥上有"民不能忘"的石牌坊,过了湘子桥,还能在稍远一点的地方见到原中共总书记胡耀邦所书的"韩文公祠"牌坊。近处,桥头正对的韩山师院的大门内处,则能见到一座古迹斑斑的"韩师校道"牌坊,这座校道牌坊原来立在靠近韩江的一个货栈旁,后来散失了。再后来又被找了回来,就在2013年韩山师院建校110周年之际,人们把它重新立了起来。不过，它如今所立之处并不是原址。

韩师校园内的校道牌坊，是一段韩师历史的见证物。

历史上，1903 年存在的惠潮嘉师范学堂地处潮州东山（笔架山）脚下，紧邻湘子桥东桥头之地是"地基四十二丈六尺"的宁波寺。这座寺庙历史久远，规模又较大，几乎占据了整个东桥头边的空地。林大川在《韩江记》就曾记载："宁波寺，最宽大，在湘子桥头，中祀十八罗汉及二十四墩桥神。"宁波寺的大殿坐北向南，山门西向偏开，正对湘子桥。晚清时潮州府卖官产为朝廷筹海军款，桥东人陈天茂买下宁波寺，从中做些善事活动。

日本侵略中国时打到潮汕地区，曾占领了韩文公祠与韩师。1939 年 7 月的一个夜晚，国民革命军独立九旅曾反攻占领笔架山的日军。他们从虎头爬山突袭攻占笔架山头峰，日军在情况不明的情况下，没做反抗，就分成两路向卧石和潮州东门方向逃跑。可是，因为与独立九旅共同行动，发起反攻的国军一八六师攻打潮州城失利后选择撤退，独立九旅也顾虑到自己独木难支，便选择翌日天亮后撤走。日军随后又再一次占领桥东。他们为了修筑坚固工事，便一把火烧毁了桥东民众视为灵神景仰的宁波寺中的一部分，同时推倒了原来存在的"韩师校道"牌坊，在牌坊所在地开辟出一条直接出入韩师的通道。日本投降后，陈天茂之子已元气大伤，再也没有能力修复宁波寺，只能将毁之不全的宁波寺两廊改建成捷利青果行货栈。

1957 年，湘子桥改建成铁桥时，江桥东扩建为韩师广场，宁波寺遂同当时的捷利青果行货栈的命运一样，毁之不存。

经历了这样的重大历史变故，原来立于校道旁的古牌坊自然就成了韩师的校外之物，甚至因长期散失而逐渐被人淡忘。幸运的是，经历了近百年的风雨坎坷，它后来在桥东民居拆迁中被人发现，因为石牌坊上面有字，发现者知道了它的来历。学校得知消息后，便将其收回学校保存。

此时的校道牌坊已是劫后余生，并且失而复得，它的身上已经注入太多历尽波折的故事，从而成为能够证明韩师历史的稀罕之物。

"韩师校道"牌坊是一座石牌坊，建于民国十六年（1927 年），它看起来极为普通，形状有如潮汕普通民居石柱正门大小的过门石道，坊楣正面写有行书体"韩师校道"四字，表明石牌坊当时具有立功名的功用。石坊的上方刻有"亲爱精诚"四字，字由行体组成。在牌坊的背面，刻有广东省立二师二班 58 名毕业生的名字。因为时间久远，其中大部分已模糊难辨。好在学院档案馆留有《二师一览》，其中就有这届毕业生全部名单。上面还有 20 世纪 30 年代左翼作家联盟领导人、革命烈士洪灵菲夫人秦孟芬的名字。

校道牌坊有其校园文化的深刻内涵，是否选择把它重新立起来，让其变得有价值意义呢？韩师在举行建校 110 周年校庆活动之前，在迁移这座石牌坊问题上，大家的意见不统一。反对方的意见包括：这个石牌坊的形体不好，有人说看上去好像墓道似的，有人说牌坊上的"亲爱精诚"是黄埔军校首任校长蒋介石选出来的黄埔军校校训，放在韩师校园里不合适，有人说将其说成牌坊，总让人想起过去为烈女立的贞节牌坊。支持者一方认为，牌坊上的韩师校道的"校"字十分清晰，无论如何也看不出是个"墓"字，如果将牌坊形状看成墓道形状，或者把牌坊都看作贞节牌坊，只能说明对牌坊的作用没有搞明白。

牌坊在古代时最初是官方的称呼，老百姓称它为牌楼。牌坊作为一种建筑物，它不同于民居，民居是住人的；也不同于祠庙，祠庙是供神的；它是一种门洞式的、纪念性的、独特的建筑物，多建于宫苑、寺观、陵墓、祠堂、衙署和街道路口等地方。牌坊的建造意图有三类：一类为标志坊；二类为功德坊；三类是标志科举成就的。像过去在湘子桥上就有"民不能忘"牌坊，这个石牌坊就属于功德坊，是民众为清代道光、咸丰年间的潮州知府吴均建的，所以说牌坊的主要功能在于纪念某人或者某事，或是树立功名。其实，牌坊正是一块块活化石，记载了潮州历史上的辉煌，丰富着各个时代潮州人的精神生活。它们既是石雕艺术的荟萃，也是书法艺术的宝库。它们是游客认识潮州、理解潮州文化的敲门砖，具有相当高的历史研究价值和艺术价值，也是彰显韩师悠久历史的一个宝贵财富。

黄埔军校校训"亲爱精诚"又是从何而来的呢？它其实是民国十三年（1924年）黄埔军校在广州成立时，首任校长蒋介石亲自拟选了"亲爱精诚"作为校训，并呈交国父孙中山先生核定后使用。创建这四字校训的目的在于造就"顶天立地"和"继往开来"的革命军人，发扬黄埔精神。

当时的国父孙中山先生核定"亲爱精诚"为黄埔军校校训，其实也表达了孙中山先生衷心希望借黄埔军校校训来培训中国革命军事人才，以黄埔军校师生为纽带，团结国共两党共同革命的意愿。

蒋介石曾对校训四字做解释说，"亲爱"是要所有革命同志能"相亲相爱"，"精"是精益求精，"诚"是诚心诚意。这四字经过孙中山先生核定后，又增加了新的内涵，即作为黄埔军人，要做到"不要钱，不怕死，爱国家，爱百姓"。这四句话后来同"亲爱精诚"一起，被刻在黄埔军校学员佩戴的胸章上，为其所用。

后来，潮州在古城李厝祠成立黄埔军校潮州分校。它是大革命时期国民革命政府和国民革命军东征军指挥部为培养革命武装力量创办的黄埔陆军军官学校第一所分校，由此成为第一次国共合作时期国民政府在粤东的军事摇篮。当时蒋介石任命何应钦为潮州黄埔分校教育长兼代校长；周恩来兼政治部主任；王昆仑为秘书兼政治教官。同时聘请黄埔军校熊雄、恽代英、萧楚女等共产党员为政治教官；陈勉吾、张光、张镜澄、方万方、张岳嵩等为军事教官。自然"亲爱精诚"也就成了黄埔军校潮州分校的校训。在那个民主革命时代，参加黄埔军校从事革命，其实是为许多热血青年所向往的。韩师的学生觉得这四个字的寓意很好，所以也就将其引用到了韩师校道的石牌坊之中，经铭其志。

2013 年，韩师准备建校 110 周年大庆，有人提出应当把这个校道牌坊抬出来重新立在校道上。然而，要不要在校门口处重新立起"韩师校道"牌坊，据说当时众人的意见并不统一。

可是，经历百年磨难与艰辛，韩师那些承载着历史记忆的建筑物与固体材料已逐渐消失，历史也在这一文化传承物逐渐消失的过程中被后人断断续续地遗忘了，像惠潮嘉师范学堂时期的校门、20 世纪 30 年代建成的科学馆早已被拆除，特别是那座曾有国民党督办何应钦、国民党党部要员邵力子等民国时期大人物在其中讲演，甚至著名女作家戴厚英曾在 20 世纪 80 年代来这里作过学术报告的中山纪念堂也已被夷为平地，韩师西区目前留下来的最为古老的建筑，屈指算来，也只有 1926 年因曾汝平先生捐助 1 000 银圆所建的音乐亭（汝平亭）了。如今，这座当时所建的建筑物还在西区孤独地夹在两座宿舍楼的中间，此后建于 20 世纪 40 年代暹罗纪念厅也已不见踪影，就是 20 世纪 80 年代韩师西区的许多建筑，也已被新建筑所替代。事实上，历史很容易被遗忘，一切承载韩师历史的遗迹，也正在韩师发展的过程中慢慢地退出历史舞台，不复存在。

那么，它们还要在人们的记忆中慢慢地被"清零"吗？如果不是，应该以何种方式唤起后人对昔日风起云涌的民主革命时代的回忆，再现历史的真实？

也许只有这座原汁原味的校道牌坊才能成为最为难得的记忆承载物了。

经过学院领导多次征求意见和进行讨论，最后还是由陈庆联书记拿出了总体意见。庆联书记除了说明立牌坊的纪念意义外，还指出中国的牌坊源自棂星门，棂星是古人祭天时的重要祭拜对象，这一星座"主得士之庆"，预示着人才济济、丰收好运、国运昌隆等。后来在各地孔庙中逐渐出现棂星门，又演化为以棂星门为原型的更加富丽堂皇、更加威武肃穆的各种牌坊。既然牌坊有如此寓意，我们为什么不可以把它重新立起来呢？

于是，学院领导决定再立"韩师校道"牌坊，并在韩师校庆之日举行仪式。有关部门便派人将其照原样仔细修复，并先行迁至校道主干道中轴处择日剪彩。

2013 年，是一个属于韩师校庆的金秋十月，韩师建校 110 周年的校庆系列活动，内容十分丰富：陈伟南天文馆落成开馆、陶行知塑像揭幕、林进华校友楼奠基开工、与外国友好合作院校嘉宾共植"友谊树"、成立校友会与校董事会等，各项活动有序展开。

10 月 20 日是校庆日，这天艳阳高照，天阔气爽。明媚的阳光洒遍韩园，校园主道在两边绿树掩映下，形成了宽宽的树影带。在韩师管弦乐队欢快的进行曲中，简朴庄严的韩师校道牌坊迁移落成仪式在西区校道隆重举行。韩师校董会成员、杰出校友陈伟南、陈汉士，广州校友会会长黄柳国，广东凯普生物科技股份有限公司总裁管乔中，潮州市广播电视台党委书记李伟雄，原汕头市教育局副局长陈仲豪，深圳人民法院高级法官许瑞韩，学院原党委书记杨炳生，原院长薛军力等百余名校友和社会各界人士、学院领导出席了剪彩仪式。

剪彩仪式开始，廖伟群副校长作为会议主持先行讲话后，陈三鹏副校长作了重建校"韩师校道"牌坊的主题讲话。烈日下，身穿正装的陈副校长首先介绍韩师建校历程，继而讲述了"韩师校道"石牌坊的来历："1922 年 8 月 2 日，我国死亡人数最多的一次风暴潮灾害袭击了潮汕地区，据《潮州志》记载，当时的台风是震山撼岳，拔木发屋，加以海汐骤至，暴雨倾盆，平地水深丈余，沿海低下者且数丈，乡村多被卷入海涛中。二师在这次风灾中也难逃厄运，校舍倒塌，几无完室，风雨无庇，校具损坏，图书仪器荡然无存，学生星散，学校几近停办。到了当年 9 月，省教育委员会委任年仅 28 岁的方乃斌先生接任原来的二师校长职务。方校长到任，接手的是韩师历史上负债累累的烂摊子。他以极大的魄力组织全体师生开展校园重建工作，一面修葺教室、召集学生上课，一面在潮汕各地奔走募捐，并胸有成竹地撰写出《劝捐韩山广东省立第二师范学校建筑校舍启》，向社会宣传'非振兴教育，不足以立国'，'大厦非一木所能支，钜材必众擎乃易举'的真谛，向社会各界、海外华侨、潮籍乡亲广泛募捐。"

此时，陈副校长的讲话已近尾声："1927 年，时为广东省立第二师范学校二师二班 58 名同学临毕业时，为感谢母校，修整了当时的校道，同时捐建了这座'韩师校道'牌坊以作纪念。'韩师校道'牌坊虽算不上雄伟，但古朴端庄，寄托着当年 58 位韩师学子对母校的一片真情。今天，'韩师校道'已不仅仅是建筑学意义上的道，也不止于历史学意义上的道，而是可延伸为学子心中那'止于至善'的大学之道。当韩师人路过牌坊、踏过校道，都会从中感到震撼，受到启迪，内化为继往开来、再创世纪辉煌的无穷力量。"

随后，红色的绒布被分布在牌坊两边的嘉宾徐徐拉开。那刻着 58 人名字和"韩师校道"四个大字的古旧石牌坊展现在众人面前。

在一阵音乐声中，韩师学生文工团的成员们唱起了韩师校歌：

韩山之麓湘桥东，我校屹立气势雄。历史悠久有声绩，勤苦力学好传统。
振兴中华，教育责任重。大家努力，为四化先锋。
韩山之麓湘桥东，我校屹立气势雄。代代文明出人才，年年桃李笑春风。
振兴中华，教育责任重。大家努力，为四化先锋。

万物皆易逝。就像韩师，历史不过百余年，前人用双手建起的楼台也消失了，留下的只是一块几乎散失的石牌坊算作历史的见证，这可能就是人存在的局限性。然而，人在何处看到自己不可逾越的界限，就会在何处挣扎和呐喊自己的存在，这不正是人所追寻的生命存在的意义吗？

"韩师校道"牌坊历经风霜雨雪，承载着人文标准、道德追求和伦理规范。时至今日，这些终为我们揭开了一段又一段的韩师往事，呈现了一幕又一幕可歌可泣的场景，它从被人推倒、遗失到重新被拾回，流传至今，已属韩师珍贵的文化遗存，理当被保护和发挥其应有的文化传承功能。

韩师的杰出校友陈伟南、陈汉士、陈仲豪、黄柳国、管乔中、李伟雄、刘锡忠、许瑞韩、马耿辉、林笔芹等和嘉宾一起，共同为"韩师校道"牌坊揭幕。

古雅而美丽的校园，如今因为"韩师校道"牌坊的迁移落成，坦坦校道披上了浓浓的人文色彩，那带着铜锈的古钟，那泛着青苔的石路，那一棵棵火红的凤凰树……古朴的韩园又多了一道亮丽的风景。

33 美人城变恒大城

2014年初，我距离退休还有10个月的时间。一天我与家芳去计算机系马玉敏书记家里小聚，马书记的家住在韩师新建的"水岚园"教工住宅区，这个由三座高层楼宇组成的倚山又傍湖的小区在2013年就建成了。

那天，在这宽敞明亮、令人感觉十分舒适的新居里，同是东北老乡的我们你敬我让地喝了潮汕工夫茶后，我与家芳带着满嘴的回甘和一身的轻松驾车回家。路上，隔窗所见是冬日午后的阳光，带着温柔敦厚的暖意在周围飘散，天色正好，心有闲情，听人们说潮州的恒大城建得非常漂亮，就调转方向，转去我们还从未见过的恒大城工地。

不曾想，就因为这个突然出现的念头，或者是在购房处的楼群样板沙盘上看到了恒大城建设设计中公共服务配套齐全，以及其打造城市花园的设计理念，又或者是受到前来购房人群争相购买的踊跃氛围所感染，鬼使神差地，我和家芳经过交流，就决定在恒大城买一处新房。并且即刻回家取来订金，签了购房合同。

恒大城位于潮州城东山路东侧群山之中，身处新建的金山中学身后。这个地址是曾被潮州人寄予期望但建设中途就夭折的美人城的旧址。

美人城曾是潮州人向往的艺术之城，也曾为潮州留下许多美丽而虚幻的故事，它存在过，后来又消失得无影无踪，不曾留下一点儿痕迹。它用自己的出现与消失，向人们揭示出世道的变幻莫测、人间的万象沉浮。

20世纪90年代初，全国各地都在"大干快上"，扩大规模，招商引资。潮州市政府也是一样，按照"工业立市，旅游旺市"的发展目标，以及"西工业、东旅游"的规划设想，就在东山批出133万多平方米，意在建设一处不仅要吸引游客慕名而来，而且要让他们驻足几日的娱乐休闲景区。经过反复讨论，最后决定在这儿建一座名为"美人城"的主题公园。其中以66万多平方米造景点，66万多平方米造别墅。这座总投资2 000万美元（折合1.73亿元人民币）、占地66.6万平方米的"美人城"，计划建设以女性为题材的八大景区：华夏宫、温莎堡、狂欢园、情侣岛、歌舞林、缤纷园、童话村、明星苑，还有丽人学校、赛狗场、女性雕塑广场等。整个园区将运用建筑、园林、雕塑、绘画、声光电技术和文艺表演等形式，表现古今中外的杰出女性人物和各国、各民族风情，计划将其建设成一座高雅、内涵丰富的大型综合性旅游城。

当时的项目由金马集团与香港维兰置业有限公司组建的中外合资潮州美人城有限公司负责建设和经营管理。该公司注册资本1 830万美元，合资双方各出资50%，即915万美元。金马集团已投入3 100万元上市募股资金用于投足自己的出资比例。项目开放后，预计年创税后利润5 003万元，按投入资本15 800万元计算，投资收益率31.7%，投资回收期3.16年。

小桥流水，芳草密径，古堡雁塔，鸟语花香，亭台楼榭，湖光山色。中外名景在此显现，图纸上的美人城的确美轮美奂。但是要把纸上的美人城变成现实中的美人城，还需要资金投入。1995年底，"美人城"正式开工，计划1998年春节开放。但是，原定投资1.5亿元以内的项目在一股"谁也控制不了"的狂热氛围下，项目越搞越大，最后总投资预算攀升到2.5亿元。而实际的工程建设却由于当时东南亚金融风暴爆发，合作方的投资未能到位，原定8 000万元的资金只投进来1 000万元。同时，由于大形势的变化，向国内金融机构借款日益艰难。到1997年，由于后续资金跟不上，"美人城"项目被迫停工，留下了一个半截子建筑，最终成为只停留在设计图纸上的一朵荒虚的花朵。

有那么一段时期，美人城变成了人烟罕至的地方，里面一些历代的美女雕塑，特别是那些最具代表性的擎天高举宝物、在城墙头上站立的有如自由女神般的女雕塑，成为"空有红颜为谁娇"的寥落的孤城野女。陌生而又熟悉的温莎堡惨白地坐落在杂草里，像是一个早已灭亡的国度，所有的墙体都长满了早已干枯的青苔，十年风雨的侵袭以及世人的不屑一顾使她更加伤痕累累，所有屹立在那里的建筑似乎都在诉说着她的无奈与无助，干枯的青苔像是干了的泪痕，一切都显得那么落寞。城里的野草高过了断壁城墙，废旧的房子上也长满了杂乱的植物，荒凉而真实。就好像是古代战争后那些遭遗弃的官衙府邸，给人一种不加修饰的陈旧感与沉重感。这是一个很寂寞的地方，又像一个被历史遗忘的贵族。

也不知是什么时候，这里住进了很多外来的农民工和流浪汉，他们把这里当成了不用交房租的新家，有的人甚至利用这里的空地种植了一些蔬菜，于是这里成了流浪者的家园。

又是几年过去了，人们慢慢地想起了荒芜的美人城，那半人文与半自然的特殊建筑及其自然而生的水草交织一起，形成了一种凄美的感觉，这更成就了她那独特的废墟之美。渐渐地，这里的人又多起来了，很多摄影爱好者把她当作一个极具艺术感的烂尾建筑，这里成了他们最感兴趣的独特景观。而一些怀古的文化词人也对她感慨万千：

怅倚残桥，寻远岸，小阁漫凋黄叶。环佩魂归，凌波恨香，尽入寒山月。断蝉高柳，只今无语凄咽，独对尘壁残图，恍然真一梦，雾深花怯。

我来韩师时，昔日的美人城已经彻底荒废，但她像雾中花一样，我还能感受到那种残缺和苍凉的美，每当有朋友来，我总会找时间带他们到这里，看看美人城里与野草相伴的断垣残壁。

美人城，你的命运，最后归寂于何方⋯⋯

进入21世纪后，恒大集团来了，财大气粗的老板许家印看中了这个地方。

2012年6月，恒大地产集团斥资10亿元，购下美人城5宗地块，总面积53万多平方米，他们要用强大的民生地产理念，在昔日破落的美人城，缔造出潮州又一地标式建筑，以求复兴一座城市的荣耀与梦想。

恒大还打出了"项目周边也聚集了潮州最好的教育资源"这张牌：韩山师范学院创立于1903年，其前身是有着近千年历史，享誉海内外的韩山书院。一百多年来，韩山师院培养出一代又一代辛勤的教育工作者，将潮汕文化传播到世界各地。金山中学创立于1926年，到现在已经有80多年历史，新校区位于恒大城旁边，占地5万平方米，是历史悠久、环境优美、校风优良的名校，是广东省首批国家级示范性高中。除此以外还有潮州市行政学院、潮州市高级技工学校、绵德中学、桥东小学等一批省市知名学校。昌黎路小学下津分校也正在扩大规模，远期目标是办成能够以午餐午休为依托，容纳3 000名学生的标准化学校。

韩师靠近恒大城，考虑到上班方便，再加上它的配套设施完整，许多韩师的老师为之心动。自韩师创办本科以来，随着人口大增，教师队伍扩大，解决住房成为改善在校教师待遇，吸引优秀人才资源的重要因素。

韩师原来教职工住房在校内的，主要集中在西区的北坡与南坡两个区域。我来韩师那年，学院根据后勤社会化改革需要，已经采取引进社会资金、分期付款的合同形式在东区建成研究生公寓4幢，限于当时还没有建成研究生点的实际，新引进来的博士或教授，都先安排在研究生公寓暂时租住，我就属于这种情况，先住这里作为暂栖之地，二次落脚到韩文公祠附近的笔花园。后来，引进的人多了，这4幢研究生公寓也就先后变成了教工公寓。

在学校东区大门对面，隔着东山路，原来有一座由名为神奇果园围着的东丽湖。学校在当地政府支持下，通过向社会购买，将这一片约16万平方米的黄金地段，分阶段地建设成新的东丽学村。从2002年到2010年，学院投入3.5亿元，完成了东丽学村包括文科大楼在内的A区建设，东丽学村包括教学楼、学生宿舍、教工公寓、食堂在内的B区。其中，杰出校友陈伟南先生捐资建设了伟南实验教学楼，杰出校友林进华先生捐资建成进华教学实验楼。学校还与当地建筑公司在东丽湖边合作开发建成8幢教工公寓，根据市场行情，以低于市场价格出售给个人，以解决一批教职工的住房紧张问题。那时我作为学校的分房委员会成员，还参与了新房定价的决策。教职工最初认为房价高而有所抱怨，购房并不踊跃，后来发现新房不但可以满足居住需求，而且有投资交易的上升空间，就一拥而上，很快就把房子抢光了。

后来在B区建设新的3幢高层教工公寓（现在的水岚园）时，虽然经过全国的住房涨价潮，受比价效应影响，房价也涨了许多，但大家还是争先恐后购买，这次除了学院为引进高层次人才预留几十套外，其余一抢而空。个中原因，可能除了价格、建筑质量因素外，住房需求与供给关系紧张问题的客观存在，对购房者的心理影响还是很大的。学院自进入21世纪以来，为了学院发展和满足教学需要，在招生规模不断扩大的同时，教职工队伍也在不断扩大。尽管这期间，学校增建许多教工住房，但面对着近千名教职工队伍，住房依然是供不应求。

因此，恒大城的居住环境，吸引了众多韩师教师。恒大城，确实与韩师的校园生活紧密地联系起来了。

恒大城为了吸引当地人买房，常常搞活动。我每次参加活动，总会遇到一些在韩师工作的同事。他们中有许多人是从外地来这里安家的，有了在恒大城购房的行动，无疑表明这些人将在潮州、将在韩师安下自己的心魂，安家就是安心，安心就意味着将与韩师命运与共。

一个人在社会上生存，必须要有自己的一席之地，要有身心的归宿，这是保障幸福的前提。在这种生活信仰之下，房子成了中国人依靠的心灵港湾，有房子人就踏实，没房子人就心慌。而作为同是外乡人的我，之所以在退休后把家安在潮州的恒大城，不仅因为我喜欢潮州，退休福利离不开韩师，还因为恒大企业文化中的人文设计理念，以及它强大的经济实力和志在必得的雄心抱负。

历史上，潮州曾存在一时的"半截美人城"是不幸的，她本就先天不足，那个时代还有特殊的环境需求，再加上当时的建筑商贪大求奇，导致其后天的营养不足，最后无奈地夭折。然而，新世界往往就是以对旧世界的破坏为代价的过程，被时代所遗弃的美人城正用自己不断寻求发展的胸膛，托起一个新的具有生命活力的恒大城。

34 镜头下的思考

记得那是 2003 年 3 月的潮州，韩江边的木棉树刚刚脱去绿叶，就要开花的时候，我刚来学校不久，学院主管教学的陈副院长突然"驾到"，听我的课来了。

要说陈院（叫陈副院长太啰唆，按平时见面叫陈院长又名实不符，说老陈尚有不敬之嫌。实际还流行姓氏加行政职务简称的打招呼方式，恕我如此选择）虽然当时已年近五旬，常常着一身严肃装而显沉稳干练，却又是一派只是刚过中年的成熟风范。

陈院可以说是韩师的"老人儿"，算来已在韩园从事教学和行政管理工作长达三十多年，从普通教师一直做到副院长，工作从来都是认真而不辞辛苦，循规蹈矩而又时有新见的。作为主管教学的领导，他很喜欢听课。听课本属正常，可是现今的高校领导，大多不做这些事了。偏偏已成为校级领导的陈院，依然是不管自己工作多忙，总要抽出时间听课。特别是新来的老师，第一学期一定会受到与他在课堂上见面的礼遇。

关于陈院有听课习惯，我早有耳闻。在我来韩师第一天的老乡接风酒桌上，好几个同事都提醒我要注意被"考"。有"卧底"在，我自然会留心。此时，当陈院突然出现在课堂上，我看见他就坐在教室后边的空座上，心里就明白是怎么一回事了。

那节课，我有备而教，沉着应对，丝毫没有乱阵脚。我见他也听得十分认真，不时地在笔记本上记些什么，有时还向附近的学生询问。课后，我主动走向教室后边，向陈院征求意见。他的回答倒也爽快："很好，不负教授之名，如果年轻的老师都能像你这样上课，就好了。"

大约过半年后，学院召开教学工作会议，教务处提名要我给全校新来的教师上一节示范课。后来，我还同时兼任全校的教学督导。

得到校领导如此评价，我高兴并且心安。自那以后，我开始打消心理防线，近距离地接触陈院。随着时光的推移，特别是在后来我也任职政法系主任，而他是学院的教学主管，因为工作开会等接触多了，相互之间也就更加熟悉了。

陈院是土生土长的潮州人，大学时学的是文史专业，可说与我同门。他治学能力强，教学水平也很高，课上得很好。有熟知他的人曾对我说过，如果他继续从事教学，评教授也不会有什么问题。可是，正在他年轻有为之时，事业的发展拐了个弯儿，最终走了行政管理的道路。这使他有机会在行政管理领域顺利发展并取得成功，可是最终还是把评教授职称的事耽搁了，不知道这算不算是他职业生涯的一个遗憾。

可能是做行政领导多年的原因吧，陈院平时不苟言笑，跟人接触时似乎有一点儿距离感。我最初见他的感觉就是这样，觉得他为人有些"冷"。可是后来接触的时间长了，却发现他内心世界十分丰富，业余时常常到可以采风的地方去寻找灵感，那时他用的是摄影镜头。而如果心有感触，还会把激发出来的灵感诉于笔端与镜头之中。

陈院在从政从教之余，勤奋写作，常发表一些论文和随笔散文，其文笔沉实有力，字里行间说事据理谈情由心，描述与分析问题条理清晰。如他写韩师的历史《潮州那所大学》，把潮州人历史上就有大学梦的向往心境描述得精致有情，娓娓道来："潮州没有大学，不仅令潮籍有识之士汗颜，就连福建的陈嘉庚先生也为之着急，他在 1947 年的《论潮州大学》一文中写道：'潮州与闽西毗邻，并与嘉应、海陆丰接壤，地广人稠，人口千万，尚未有一所大学，诚属憾事。'显然，陈嘉庚心目中的大学应该是如厦门大学般以城市命名的综合性大学。令陈老先生意料不到的是，这样一所大学没有办在潮州，倒是 20 世纪 20 年代他曾经捐资 1 000 大洋修建校舍的广东省立第二师范学校一路发展，成为今天的广东韩山师范学院。这是目前办在潮州的唯一的一所大学。"

我在《韩山师院》报上读过他许多文章。他在谈高校教育文化时，说校风是社会风气在校园内的折射，而校风问题的关键是教风，教风的具体实践者则是教师。名校全凭名师支撑，似乎已成了古今中外教育发展的一般规律。他选择竺可桢先生的"教授是大学的灵魂"之语来证明，无论是在男耕女织的古代，还是在科技发达的今天，教师在学校中的地位都是不可置疑的，否则，学校便失去其存在的价值。

陈院是学院领导，在管理工作中自有体会，他在《世纪之初的话题：重构高师培养模式》中谈到韩师的培养模式问题，认为过去输送的毕业生存在着知识面过窄的问题，以至于有与社会需要相脱节的倾向，提出根据潮汕地区的社会经济发展状况和历史文化背景，培养模式要体现时代要求和师范教育的特性，优化教师的任教知识和能力结构，造就基础厚、知识宽、能力强、素质高的师资人才。

他善于挖掘题材，将蕴含其中的文化精神提炼成笔下春秋，对过去亲历场景的回忆清晰，人物形象的描写栩栩如生。他在韩师老校友陈复礼将自己保存65年的韩师毕业证交给母校的举动中，发现了其中的不寻常。他在《从一张韩师毕业证书所想到的》中写道："作为曾从事历史教学研究的人，我首先关注的是其历史价值，一般说来，年代的久远与存本的稀少是构成历史文物研究价值的两要素，像这类几十年前的毕业文凭在全国文史研究中尚谈不上鸿篇巨制，但对于潮汕地方史研究，则是一件不可多得的历史文物。从它身上，既能了解30年代潮汕教育发展之状况，也可窥见当年粤东印刷技术之一斑，这至少在潮汕教育史和经济发展史研究方面有着参考价值。"

陈院在文中认为老先生奔走于越、柬、泰等国，其毕业证历经兵荒马乱的战争年代仍不致丢损，绝不是偶然小事，"倒觉得它与持证者本身的学识和人品之间似乎存在着某些必然联系"，而且隐含其中的则是韩师文化培养出来的老毕业生不忘母校的游子情怀。

陈院热衷于摄影。笔架山下韩师的一草一木，复办师专以来学校遇到的大事小情，无不在他脑海中留下难以磨灭的印记。正是这种特殊的情感，使他倍加珍惜用相机留住韩师人集体记忆的一切机会。他用自己独特的视角捕捉身边韩师人的活动瞬间，用朴实而幽默的图像语言触摸百年学府厚重的历史积淀，揭示韩师人富有个性的文化生态。

记得2013年末的一天，我在校园网上听到消息：学院的图书馆三楼展厅人头攒动，"镜头下的思考——陈三鹏拍给韩师人看的照片"摄影展在陈三鹏个人摄影展室里举行。陈副院长亲临展览现场，为化学系、美术系、中文系、教育系，以及烧杯摄影学社等100多名师生解读照片，分享拍摄体会。一些看过摄影作品展的学生谈及他们的心得体会："很有感觉，特别是加入标题的理解，用镜头感悟生活，喜欢。""用图片阐释大学生活，很有意思。""陈三鹏副院长给我们抓拍了很多平常没注意到的生活现象，看了之后，我感觉很震撼，原来生活可以这么有乐趣，喜欢抓拍，喜欢镜头下的思考！很好，拍得很好。"

其实，我早就知道陈院的摄影水平很高。有一年，教育部和江苏省政府共同主办了全国第二届大学生艺术展演活动。他的摄影作品《潮汕正月》就曾获得高校校长绘画、书法和摄影作品的"校长风采奖"。此时，陈院的个人摄影作品展激发了我的兴趣，我决定去看一看。

南方的三角梅正在开花，那紫色的、略红色的花，在强烈的太阳光照射下，就像一团一团的火焰，在学院图书馆前怒放。带着好心情，我与家芳一同去图书馆看陈院的摄影展。此时，我们已来韩师十二年，而他，那时距离从学院副院长位置上退下来还有几个月吧。

进入图书馆三楼那圆形的作品展厅，首先映入眼帘的，便是陈院英俊潇洒的人物像，他的脖子上所挂着的单反相机在点明展品的主题：这里展示的，是一位大学校长用镜头写就的校园与人生。人物像旁边，是用艺术字写的作者《自序》："大学是个不可替代的文化高地，大学之最大教育力量是它对人的文化影响。"

正位展板旁围成一圈的大块展板上，挂着上百幅由艺术装饰框衬托着的放大的摄影作品。拍给韩师人看的照片，"灵动校园"生动展现了韩师的风景之美、人情之美、灵动之美。"印象韩江""难忘故乡""社会广角"三部分中，陈院用手中的相机记录下他对生活的点滴感受，让人感受到韩江的原生态气息，领略到潮汕文化的魅力。

有一张照片是一位来韩师工作的女外教的半身照，在这位有着深深眼窝的白人妇女前是一条狗，人与狗后面的背景是体育场上坐在主席台上一些人。哦！想起来了，这就是我早晨在韩江边走步晨练时经常能看到的那个胖胖的外国人，她一般不是以走的方式散步，而是骑着一辆破旧的自行车，自行车轮上的铁筐里就蹲着这条狗。这位胖妇人一般不主动与人说话，如果有人与她搭讪，她也是点点头就过去了。看到这张照片，我猜想这可能是学院开运动会时陈院抓拍的。他的摄影特点是从不要求选择对象做什么，纯粹地自然抓拍，只要有了灵感，就行动。以前我们在一起交流时，他就多次跟我谈过他的摄影体会。

另一张照片好像是摄影者身在高处往下俯瞰着学院塑胶运动场的一角，场边远近错落席地而坐的是一些正在读书的学生。构成照片近处的主体部分，则是韩师西校区门口挂在金凤树上的那口老铜钟。睹物闻声，我对它的印象太深刻了，韩师的作息报时都是由这口钟传出的铜音完成的。只要门卫阿伯走近树下，有节奏地拉起链绳，它就传出带有沧桑古韵的声响。古树与铜钟，运动场边学生读书的身影，这是一幅美轮美奂的大学生校园生活画面。而这样的场景，只有在有百年历史的韩师方能看见。

还有一张照片，一只色彩艳丽的不知名鸟儿怡然自得地立于校园办公楼旁苍翠树木的枝头，作品中，这只鸟儿扬着头，夸张地张开它那尖尖的喙，似乎在引吭高歌。照片下方打出的一行字是："唯美——大学的气质，人，还有动物。"的确，韩师校园很美，花四季开，树常年绿，从来不缺鸟儿相随。只要有发现美的眼睛，美就能和谐统一地走进有心人所创作的作品中。

陈院的作品题材多集中反映校园文化生活，特别是每到一年一度的毕业季，那时正是学子们就要离开校园欢呼雀跃地忙于拍照留念的时候，他会抓住这一机会，带着他的"长枪"到处捕捉美好的瞬间，韩师的教室、宿舍楼群、运动场馆等建筑物，韩愈、陶行知等大理石雕塑映衬下的大学生活跃的身影，甚至把那些被拍者与拍照者连同那校园美景一同收进镜头。

展厅中的摄影作品美与情相互交织，每幅照片的题字更是用意深刻，引人思考。如拍照当天毕业生邀请家长和亲友到校园一起合影留念，作者说明这是"与家长亲友们共享美好时光"，一身"五四"时期学生服打扮，在古色古香的西区留一张怀古型合影，作者解说为"清新、淡雅，有书香味的毕业照"。还有一幅，是作者抓拍学生用自拍杆玩自拍的瞬间，把洋溢在张张脸上的喜庆面容定格在特定的时刻。图片下，作者为其题词说："合适的场景、得体的服装、活泼的表情和时尚的自拍杆，构成一幅颇有时代特征的毕业照。"

我们细览每张照片，品味其中的文字说明和作者体会，许多抽象的学术思想其实可以通过学生并不陌生的画面得到解读，或者说韩园生活中一个普普通通的场景，往往折射着许多耐人寻味的理论光环。作者尝试着从大学文化的视角记录校园生活，以学术论文标题的形式为校园照片命题，以引发人们关注身边的一切，并跳出韩园的圈子，反思当前高等教育中一系列具有普遍意义的理论和现实问题，找回正在淡化和流失的大学精神。

"写真刻画三分，思索入骨六寸。"陈院用镜头关注校园生活、人文教育及社会变革，尝试从大学文化的视角，用朴实幽默的图像语言，配以意蕴隽永的文字说明，触摸百年学府厚重的历史底蕴，揭示韩师富有个性的文化生态，引发师生对美的感受和对大学人文精神的追寻与思考。经过多年的捕捉、积累、筛选的光影耕耘，其摄影创作成就斐然。作品《韩江印象》曾获广东省第三届大学生艺术展演活动高校校长书画摄影作品比赛一等奖，并在全国第三届大学生艺术展演活动中获高校校长书画摄影作品"校长风采奖"。

看了陈院长的作品展，我脑子里突然跳出来一个疑问：是什么原因使作为大学校级领导的陈院在繁忙的公务之余，能对摄影情有独钟？看到他正在热心地给观看的一群学生做义务讲解，我便悄悄地跟了上去，听陈院说："毕业照属于人像摄影的范畴，但其意义和影响又不同于一般的照片。就学生本身来说，它所记录的是接受了四年高等教育后，面对人生的重要转折点，毕业生们对大学生活的回忆和对未来的憧憬。就学校来说，拍摄毕业照已经成为校园文化的一道亮丽风景线，它在一定程度上折射出一所大学的价值水准和培养水平。毕业照从表面上看是个人的事情，但在媒体众多、传播快速的今天，它事实上已是表现大学生时代风貌的大事。"

我有所醒悟，作者展出自己作品的真正用意，可能就是展现心中有爱的大学文化。后来，我曾看过一篇陈院回忆韩师老校友、国际摄影大师陈复礼的文章，他说自己是陈复礼先生庞大粉丝中的一员，即使当年没来韩师工作前也是如此。早在20世纪70年代初念高中时，他就知道陈复礼的大名，是某次在学校办公室随手翻阅画报，被一幅叫"搏斗"的摄影作品所吸引。作品气势非凡，加上作者的名字陈复礼刚好与那个年代开展的批林批孔批"克己复礼"相同，便记住了。日后他有机会到陈复礼先生就读过的韩师任教任职，因校友工作关系，曾多次登门拜访这位摄影界泰斗，聆听其高论。他曾说见到陈老时，"尽管此时先生已到耄耋之年，谈摄影艺术的话题不是很多，但在每一次毫无拘束的家常式交谈中，都获益匪浅"。

我明白了，陈院勤于摄影创作，作品富有意境和感染力，是因为前面有泰斗级国际摄影大师榜样力量的影响。

大学校园文化生活氛围的感召，高校学子青春活力身影的绽放，也一定是陈三鹏副院长在镜头下思考的源泉，因为青春永远代表着活力，有活力的青春才是大学校园的生命。

人去楼空的季节，
她开得火红壮烈，
排遣着冬日的萧条，
呼唤着春天的邀约。

玉林题，文科写

35 韩山书院"重光"

韩师西区有条倾斜延伸古旧的石板路，岁月辗转过的痕迹使原本平滑的石板凸凹不平，石板与石板间的缝隙也参差不齐。然而这些却无法影响它所存留下的千百年来的古风神韵。

2015 年 10 月 28 日上午，在学校西区紧靠这条石路的校史碑廊附近，空气清爽，树影婆娑，一棵又一棵苍天古树几乎把天空遮蔽了，光芒零零星星地从树叶缝隙中射下来，地上就留下了随风起舞的依稀树影，落在站立于此处齐声诵读《大学》中经典名句的几十名学子身上，把他们身着的素雅唐装染成飘动的艳丽彩服，声韵长和，吸引了过往的师生驻足聆听。

小楼一统，风采斑斓。

阅尽了百年学府，千年书院，万载韩山。

玉林题，文科写

原来这是庆贺饶宗颐教授百岁华诞的活动之一，韩山书院正在这里举行"重光"揭牌和聘请杰出校友饶宗颐教授、陈伟南先生为韩山书院荣誉山长的仪式。

建于宋代的韩山书院是如今韩山师范学院的前身，它在 20 世纪初，因为新式学堂的建立而退出教育的历史舞台。进入 21 世纪，伴随着全国各地纷纷复拾书院国风的潮流，韩师校长林伦伦等人提出在韩师复办韩山书院的设想，这一创意得到韩师校友管乔中先生等校友的拥护和支持，于是学校积极努力，开展了申请组织等工作，于 2015 年 3 月获准正式注册，选择原来韩师校史馆作为重建书院的新址。经过近一年时间的重新装修，旧楼焕然一新，韩师又请饶宗颐先生题写了"韩山书院"匾额挂上门楣。

终于完成了再造书院的准备工作，韩师决定在 113 周年校庆月里举行韩山书院"重光"仪式。"重光"仪式上，已近百岁的新任韩山书院名誉山长陈伟南先生致辞，对韩山书院的"重光"表示祝贺。老先生满怀深情地回顾了在韩师读书时的愉快生活，希望韩山书院复办以后能发挥好它的功能，传承古人的智慧，弘扬优秀的中华文化，弘扬岭东人文精神，为韩师乃至岭东地区的素质教育贡献力量。新任韩山书院山长管乔中先生简要地介绍了韩山书院的悠久历史和复办过程。表示"重光"后的韩山书院将秉承饶宗颐先生"求真、求正、求是"的学术态度，学习陈伟南先生爱乡助学的崇高品格，齐心协力在新时代办一个有水平的书院。

书院本是我国历史上一种特有的传统教育形式，以私人创办为主，是古代士子读书讲学、家族聚书兴教的地方，作为国家文教衰微的补偿。书院兴起于唐，既教习儒家经典，又设立供祀孔子及其高徒的祠庙，集教学、藏书、供祀三个功能于一身，是介于官方与民间之间的非正式的高等教育机构。唐末至五代期间，由于战乱频繁，官学衰败，许多读书人避居山林，遂模仿佛教禅林讲经制度创立了书院，形成了中国封建社会特有的教育组织形式，对中国封建社会教育与文化的发展产生了重要的影响。书院大多是自筹经费，建造校舍。教学采取自学、共同讲习和教师指导相结合的形式进行，以自学为主。它的目的是教育、培养人的学问和德行，而不是通过应试教育获取功名。

韩山书院的历史可追溯到宋元祐五年（1090 年）的韩文公祠。早在唐宪宗元和十四年（819 年），韩愈被贬潮州任刺史期间，置办乡校，开启潮州兴学育才之风，驱鳄除弊，纾解民困，深得地方百姓拥戴。潮州人敬奉韩公，吃喝的时候必定要祭祀他，水灾旱荒、疾病瘟疫，凡是有求助神灵的事，必定到祠庙里去祈祷。可是祠庙在州官衙门大堂的后面，百姓进出不方便，州官想向朝廷申请建造新的祠庙，也没有成功。元祐五年，王涤来潮任知州，决定要"置膳田，养庶士"，下命令说："愿意重新修建韩公祠庙的人，就来听从命令。"老百姓高高兴兴地赶来参加这项工程。在州城南面七里选了一块好地方，一年后就建成了潮州府乃至整个岭东地区历史上最早的书院。

淳祐三年（1243 年），南宋知州郑良臣在潮州城外南七星的韩文公祠旧址修建韩山书院，自此潮州有了第一个真正意义上的书院。书院供祀韩愈师像，同时还建有藏书楼、斋舍等一系列设施。知州郑良臣兼任书院洞主，而书院管事由州学的教授者担任，称之山长。后来还采用学生自治体制，设立学生首领山长助手的堂长、掌管钱粮出入的司计、保管图书的司书等。可是在兴学近三十年后，受当时宋元之交的战火的破坏，书院的房舍已经"不堪负荷，摇摇欲坠"。当时潮州通判林式之得知这一情况后，在前方与元军战事吃紧、后方盗寇骚扰之际，官府应接不暇，仍为保书院"自出俸金四十两"进行修缮，维系了书院。又过了九年，北方元军突起，以迅猛之势将战火燃烧到潮汕地区，地方力量与其进行殊死战斗。"城门失火，殃及池鱼"，书院受到重创，其讲堂、庙宇及附近的亭台均遭严重破坏，几乎荡然无存。所幸六年之后，韩山书院又在元朝朝廷的帮助下重建起来，虽然规模相对较小，但在战后社会动乱之际，能够先行恢复书院规制，已属不易。

至顺二年（1331 年）夏天，韩山书院在元朝朝廷的支持下得以扩建，扩建后的书院祠堂、庙宇、讲堂、斋舍、厨房、仓库一应具备，"宏伟壮观，远比以前为胜"。但可惜的是，扩建的书院又遇不幸，在至正十二年（1352 年）一次大火中再次受到毁灭性破坏。至正二十六年（1366 年）冬天，元朝走到末路，书院苟延残喘之际，却有一位西夏人那木翰出任潮州路总管。他出于对教育的热衷之心，"着意恢复书院建制"，而且把书院迁至城里，这样，住进城里的这所书院一办就是几百年，直到清康熙三十年（1691 年）。清朝廷又决定让书院回归山林，将其再次搬回湘子桥东笔架山麓韩山师院今址，并改名为"昌黎书院"。雍正十年（1732 年），又改回为"韩山书院"。历经几百年的风风雨雨，韩山书院几毁几建却气数不绝，竟然"旧貌换新颜"，转而为惠潮嘉道属书院，一下子又变为惠州、潮州、嘉应州地区的最高学府之一。

世纪更迭，时光荏苒，八百载岁月里，书院起起落落，清光绪二十九年（1903 年），韩山书院更名为惠潮嘉师范学堂，成为广东省最早举办师范教育的新式学校，跻身于中国近代教育史上首批开办的师范学校行列之中。

新中国成立之前的数十年，学校历经灾荒离乱，虽筚路蓝缕、举步维艰，却办学不辍；历经数次更名，却一直未改师范教育性质，直至成为今天的韩山师范学院。学校聘用时贤硕彦以育英才，翁辉东、李芳柏、邱玉麟、詹安泰、王显诏、黄家泽、杨金书诸先生皆曾设席课士，以新思潮新学识滋润学子。走向校园负笈求学的陈伟南、陈复礼、陈其铨、陈唯实、陈汉士、翁绍裘、邢平、李建南等众多杰出学子们的脚印，成为粤东地区乱世中一道独特的风景线。

书院需要安静的读书环境，历史上为躲避战乱，多数书院都建在林荫浓郁的山林之中，于是书院主要的管理者也就以"山长"相称。韩山书院也有类似情形，几百年间以山林为伴。在韩山书院的长期办学中，许多当时的社会名流或进士或举人出身的著名人物成为书院的山长，据资料考查，仅仅清代在韩山书院担任过山长和主讲的，就有进士 15 名，举人 5 名。他们多是文有华气，志有胸怀。诚如东林书院的对联所言："风声雨声读书声，声声入耳；家事国事天下事，事事关心。"这些身居山野的书院，往往正是那些传播民族文化、筑中华大基业人才的藏龙卧虎之地。

在韩山书院长期办学过程中，影响较大的一位是清乾隆七年（1742）担任山长的佘圣言，佘圣言是广东陆丰人，雍正年间进士出身，曾做过朝廷的纂修，著有《眺远楼诗集》。

佘圣言原来是陆丰的农家子弟，据说其父成家后，一日梦见自己家出现了金龙蟠门的喜象，醒来适值妻子临盆，生下一男孩即圣言。圣言儿时沉默寡言，衣着肮脏，其貌不扬，两道鼻涕终日长挂。有人曾谑浪笑傲说他是"金龙蟠门者无，金龙蟠唇者有"。后来圣言入校读书，潜心奋志学习。其父经常询于圣言的老师其学习情况，老师回答："记账可矣！"到了赶考年龄，他的老师认为其没有考上的实力，可是父亲不放弃希望，结果他竟一举中了秀才，大家便说这只是"偶然"成功。圣言置若罔闻，更焚膏继晷。到了乡试时，父亲又问他的老师："圣言赴省考如何？"老师以反问的口气回答说："秀才已属侥幸，尚望上进耶？"父亲还是要圣言去考试，结果竟是唾手而得。于是众人又是一片哗然，说他："真真偶然！"圣言还是不理会，听之任之。会试时间到了，父亲又问他的老师结果会如何，老师回答说："偶然又偶然，焉有再偶然！"父亲还是不听，让圣言赴京应试。结果顺利考取清雍正二年（1724年）甲辰进士，排在三甲一百六十八名。考取功名后，圣言从京城归来前，买了一副眼镜，去掉框内的玻璃，回乡送给他的老师。老师接到他的礼物后，明白这是说自己"有眼无珠"之意，羞愤交并。于是就买了数十把扇子，各题一诗，赠给自己的亲朋好友，诗中写道："偶然偶然又偶然，偶然今日帝王边；世上既有偶然事，君等何不效偶然？"

圣言有了功名，从此官居京师。一日皇帝诏他代写"祭北郊"，圣言不负所托，文采飞扬，美满复旨。圣上高兴，欲为他加官职。此时圣言已不愿在京供职，就备陈来历固辞，只求皇上恩赐在自家府上建金龙蟠门。当时，金龙蟠门是只有皇宫才可建造的。但是念圣言之功，皇帝还是准其所奏。于是，圣言在陆丰的家府就建成了金龙蟠门，圆了父亲早年的梦，也雪了自己当年曾被人羞辱的耻。后人并有诗咏其事云："只因一梦惹闲言，激使儒生壮志存。一砚虽穿人不识，两科已中语犹冤。买臣不第妻求去，季子多金嫂变尊，不是世间青白眼，金龙怎会去蟠门？"

圣言回到家乡后，应潮州知府之聘，出任韩山书院山长。任职期间，佘圣言勤业重行，管理有方，为韩山书院学生制定了八条学约，要求学生遵守：敦实行、崇经学、正文体、严课程、习声律、谨礼节、重友谊、戒轻薄。佘圣言在韩山书院任山长职五年，任职期间，认真履行山长职责，对学生严于管束，要求他们"虚心以求实益"，由于他掌教有方，备受后人称赞。

潮梅两州山水相连，自古以来就有频繁的文化经济往来。潮州韩山书院是明清两代粤东地区的学术中心、岭南地区最重要的学府之一。而潮州人对梅州之所以能成为粤东客家人的"人文秀区"甚为了解，从而十分渴望梅州地区的文化精英到该院执教。韩山书院通过潮州府甚或民间团体和私人渠道，挖掘获得翰林进士职位的在职或退隐的客籍文化名人，以优厚的待遇，聘请他们到韩山书院去当书院山长或主讲。自入清以来任主讲的 15 位文化名人中，就有 11 位梅州客家人，且其中有 3 位出任书院山长，成为清朝时期该院的中坚力量。如黄香铁，他原名黄钊，蕉岭人，著名诗人、方志学家和教育家。嘉庆二十四年（1819 年）中举人，道光十八年（1838 年）任书院山长。他才华横溢，在京师与番禺张维屏，香山黄香石，吴川林辛山，阳春谭敬昭，顺德吴秋航、黄小舟结为文字之交，被誉为"广东七子"。著有《读白华草堂诗集》《诗纫》《赋钞》《铁合随笔》等书。

另一位值得一提的山长是何如璋，何如璋是广东大埔客家人，早年喜习桐城古文，后来感到学习古文不能满足时世变化的需要，转而潜心时务，常往返于天津、上海之间，与中外人士商谈，向各国传教士询问西方国情政务等。进入翰林院后，何如璋对外事越发留心，知识愈加丰富，成为通晓洋务的佼佼者，力倡容纳西方科学思想以改造中国传统文化和改变封建专制，渴求强国之道，为此得到洋务运动领袖李鸿章的赏识。李鸿章曾对人评价道："不图翰林馆中亦有通晓洋务者也。"光绪三年（1877 年），何如璋得到李鸿章推荐，晋升为翰林院侍讲，加二品顶戴，成为大清第一任驻日公使，被誉为"不辱使命的何如璋"。他驻日四年后回国，和公使馆参赞黄遵宪同被誉为杰出的外交官，得到了清政府赏识，归国后接连升迁。光绪九年（1883 年），他出任福建船政大臣，主管马尾造船厂，因马尾海战惨败，被清廷贬到张家口戍守三年。光绪十四年（1888 年），何如璋受粤督推举出任韩山书院讲席，三年之后，死于山长任上。

何如璋的思想较为开放，主张学习西学，自己还介绍传播近代科学文化，所用之人也多为知名人士。他生前著有《使东述略》《使东杂咏》《使日函牍》《管子析疑》《袖海诗钞》《塞上秋怀》等诗文集。

韩山书院历史上最为当代人所熟知的另一客家山长当属写下"四百万人同一哭，去年今日割台湾"的爱国诗人丘逢甲。丘逢甲祖籍广东镇平（今蕉岭），1864 年生于台湾苗栗县铜锣湾。是光绪十四年（1888 年）的举人，光绪十五年（1889 年）的进士。光绪二十三年（1897 年），丘逢甲受潮州知府李士彬的邀请，出任韩山书院山长，掌教书院。他潜心培养具有爱国思想的人才，曾写下《韩山书院新栽小松》："郁郁贞葱夜佛霞，十年预计比人长，要从韩木凋零后，留取清荫复讲堂。"诗中倾吐的是他要从培育人才入手，实现救国扶危，从头收拾旧山河的远大抱负。因为丘逢甲在书院推行新学，而遭到旧势力的抵制，同年底"愤而辞职"。光绪三十一年（1905 年）丘逢甲任两广学务处查学员，曾莅惠潮嘉师范学堂整顿学务，督修校舍。辛亥革命成功后，丘逢甲任广东省教育部部长，成为南京临时政府中参议院第一名台湾籍参议员。他参加孙中山所主持的民国肇基盛典，发出“江山一统都新定”“中华民族此重兴”的欢呼。就在他满怀信心光复故土的时候，却因积劳成疾病逝于蕉岭故居，年仅49岁。

清末，即将关门的韩山书院里培育出来一位走进新式学堂的人物，他就是韩师校友邹鲁。这位曾在韩山书院读过旧学，后来职位比韩山书院山长职位还高的中山大学校长，一生多有传奇。他光绪十一年（1885年）出生于大埔县茶阳镇，18岁开始入韩山书院读书，后考入广东法政学堂，拜丘逢甲为师。丘逢甲对邹鲁虽出身平民家庭，却有汪洋浩大的气度非常欣赏。邹鲁唱和丘逢甲的《秋兴》诗八首中第一句：“英雄心血人间事，芒砀当年岂有云！”这里借用了刘邦斩白蛇起义的典故。丘逢甲认为“此‘彼可取而代之也’之气，须善藏之”，劝谕他要善于收敛，在从事革命活动中懂得自我保护。邹鲁于光绪三十三年（1907年）加入同盟会，参加反清革命活动。光绪三十四年，全国反清情绪高涨，邹鲁曾策划广州新军起义，但因事泄而暂到香港躲避，后来又多次参与孙中山组织的革命运动。武昌起义成功后，邹鲁在广州任要职，作为广东三位代表之一，入京参加袁世凯发起的会议，随后又因讨袁失败而流亡日本。民国时期，他曾任职国民政府的财政厅长。1924年夏天，中山大学的前身——国立广东大学成立，邹鲁担任首任校长。1931年，他又重掌中山大学，为中山大学的发展做出了重要贡献。抗日战争期间，他又倡导团结抗日，促进国共合作。1949年，他从香港到台北，任国民党中央评议委员，五年后病逝。

在韩山书院末期，一个将韩山书院向新式学堂转变的过渡人物出现了，他就是康咏。康咏字步崖，号漫斋，长汀城关人，清同治元年（1862年）生于书香世家。他自幼好学，敏悟超人，所学无不通达。19岁考上秀才，21岁中举人，25岁赴京拜宝竹坡侍郎为师，学习诗文。而后三年，与宝竹坡长子伯莼遨游塞外，所到之处，无不赋诗题壁。第四年南返，被聘为广东潮阳东山书院山长。31岁再度赴京，参加会试考中进士，后授内阁中书。光绪二十年（1894年）中日甲午战争爆发，他与伯莼联名上书，请求投笔从戎，并商定若京都失陷，当以身殉国。不料，当局妥协投降，与日本签订《马关条约》。他便无意从政，毅然返乡从教。光绪二十八年（1902年），45岁的他自费东渡去日本考察教育，回国后致力于兴办新学。辛亥革命后，兴办实业，为避免粤商层层盘剥，他倡议汀人集资在潮州办盐业公司，被推为总经理。凡地方兴革，他无不候力相助，深受汀人推崇。

康咏诗词造诣颇深。宣统二年（1910年）辑《漫斋诗稿》，凡468首，分为六卷，现存。时清末，朝政腐败，帝国主义入侵，国无宁日，他壮志难酬，忧国忧民之情发之于诗。其诗意“凄清婉丽，哀而不伤”，独具一格。如他在光绪三十年（1904年）作《韩山学校纪念歌》：

韩山百丈高嵯峨，文公教泽今如何？千年文化久凌替，坐令英俊皆消磨。
东西万国开学战，我皇奋起挥开戈。广储巨材任梁栋，海国杞梓咸收罗。
诸生共识国民责，誓将发奋兴支那。男儿铁血本天赋，安能媚世徒婵婀。
文明竞进媲欧美，从此声誉腾山河。他们异族尽归化，与君更唱兴国歌。

光绪二十九年（1903 年），因为韩山书院改为潮惠嘉师范学堂。康咏被聘为首任监督，在任职期间，他工作认真，掌教有方，使得从书院转身而来的师范学堂状态良好，为其后来的发展奠定了坚实的基础。光绪三十一年（1905 年），康咏因母亲病重返回长汀服侍，离开了学堂。民国五年（1916 年），康咏病逝，终年 55 岁。

从宋代到清末，韩山书院经历迁建和达 20 多次的葺修，真是粤东地区兴学育才、人文荟萃之地，始终占据着州、路、府、道之学的重要位置，对粤东地区文化的传播、民风的善化、经济的繁荣和社会的进步起着重要的历史作用。

为延续古代书院文化，韩山书院的负责人也称为山长。山长没有什么行政级别，无法归类于行政序列，然而一个管理名称的改变，却意味着韩山书院在其管理符号上对回归传统的追求。

如今，"重光"后的第一位山长是韩师杰出的校友管乔中先生。

管乔中是 1963 届毕业生，国家恢复高考后，他考入韩山师专中文科，成为 1978 级学生，后又考入云南大学中文系现代文学专业读硕士研究生。现在是韩山师范学院的客座教授、硕士研究生导师。

2003 年，管乔中先生从香港回到潮州创办广东凯普生物科技股份有限公司，公司专注与疾病相关基因的研究开发，最先开发并推出的是世界上第一个获得国家认可的用于宫颈癌防治工程建设的 HPV21 分型检测试剂。此后又与国家卫生部医药卫生发展科技发展研究中心合作共建"中国 HPV 数据库"，填补了中国妇女 HPV 感染资料的空白。随着产品、技术和市场的初步成型，企业又以融资方式争取到 4 亿规模的社会资金。经过创办人管乔中先生十多年的苦心经营，逐步发展成为生产和效益初具规模的"明星"企业。

管乔中曾是香港国际政治经济资深研究员，他有思想，学术造诣颇为深厚，曾发表论文及评论文章 60 多篇，主编《中日研究丛书》等著作。2011 年，他创办"彦山学堂"网站，不定期地在网站上发布自己的学习心得及和同学们交流体会，他鲜活跳动的文字表现出学者的儒雅风范。后来，他把自己在《信报》及《信报》财经日刊上发表的 20 多篇文章编著成《香港第三只眼睛》，评论时政，抨击时弊。

韩山书院这块将 800 余年的招牌重新挂起来了，持牌仪式也成为人们重新认识书院的历史地位、文化价值的教学课堂。诸如"书院""重光""山长"等，这些听起来有些陌生的名词一再被提起，既属正常，也有意义，这其实是让一座已经名存实亡的旧书院"重生"：一是名称上的重生；二是教育模式的重生。

韩山书院常务副山长李伟雄是 1981 届韩山师院毕业生，现任潮州市广播电视台台长。他在仪式结束后的研讨会上说明，韩山书院先期开展"国学与岭东人文研究"系列学术活动，通过邀请海内外专家学者，以讲座、论坛、学术沙龙等形式，融合潮学与客家学，推动岭东人文这一独立、完整的文化地域概念研究。

除传统国学课程之外，书院还开展岭东人文研究实践。韩山书院将开设国学与岭东人文研修班，这是一个公益性质的教学组织。研修班将以韩师选修课的形式，通过笔试、面试的方式，每届面向韩师大二、大三学生招收 30 名学员。韩山书院不仅为学员免费提供学习所需的教材，而且向学员们全方位开放，提供读书自习的优雅空间及图书资料等。该研修班每届开课时间为一年，修满结业合格者，将由书院颁发证书。授课内容包括"论语""孟子""易经""诗经""楚辞""老子""庄子""史记""岭东人文研究"等课程。在管理上，研修班为保证学习成效，还设立导师制，每五名学员配置一名导师，负责学员日常学习和生活中的答疑，且设有严密的纪律及考核办法。

韩山书院还举行一系列国学与岭东人文研究的系列学术活动。通过邀请国内知名专家学者举办讲座、座谈会、学术对话等活动，在学界提倡"岭东"这一概念，还将资助海内外专家学者就国学、书院、岭东人文精神内涵及价值、岭东人文名家个案等进行课题研究。借以融合潮学与客学，将岭东作为一个完整的文化地域概念来研究，旨在传承与复兴中华优秀传统文化，弘扬岭东人文精神。

林院长对韩山师院寄予厚望，指出："重振传统文化教育，大学生的培养不仅是文化知识的教育，更重要的是育人，是一种综合素质教育，或者说是高尚人格的培养。"所以应采用书院式教育方法，教授国学与岭东文化，培养学生的综合素质、高尚情操和家乡情怀。未来，书院还将进一步把国学与岭东人文研修班提升为博雅班，加上一些新的哲学、人文社会科学和科技知识的教育，尤其是哲学思辨能力的培养。

韩山书院为岭东文化研究搭建了一个舞台，作为省内唯一一家以高校为依托而进行学术研究的书院，已邀请到北京大学中文系陈平原教授、龚鹏程教授，中山大学中文系教授、古文字研究所所长陈伟武担任韩山书院的顾问，并拟邀请一些对岭东文化有研究的专家学者作为特约研究员，对专项课题进行研究。

36 韩祠再现橡木

在潮州，韩江、韩山、韩木，都与唐代文学家、教育家韩愈有关。跨过广济桥，迎面便是蜿蜒起伏的笔架山，山上岩石层叠，苍松翠柏，浓荫蔽日，沿中峰石阶直上山腰，庄严静穆的韩文公祠便耸立在眼前，这里便是"韩祠橡木"的圣地。

2015年暖春时节，韩祠工作人员从韩愈的家乡河南移植30多株橡树，由于气候温湿，加上工作人员悉心照料，自大年初五就陆续开花且长势良好，

形成了花开茂盛的喜人景象。3月18日这天，橡树郁郁葱葱，一簇簇花蕾宛如珠串镶嵌在翠绿的树叶当中，不时有蜜蜂在上面停驻，引来当地人和游客拍照留念。"2015韩祠橡木花会"也如期举行，为期5天的活动周以花为媒，集缅怀先哲、文化交流、旅游观光、互动合作于一体。潮剧、铁枝木偶、古筝表演、潮语歌等具有潮州特色文化的节目轮番在橡木园上演。游客在旅游观光的同时还可零距离欣赏潮文化并进行互动。

我在2003年来韩师时，曾多次听人说过韩祠橡木，后来到韩文公祠主殿前，实际所见的是一棵手指般粗的植入时间不久的橡树，它还

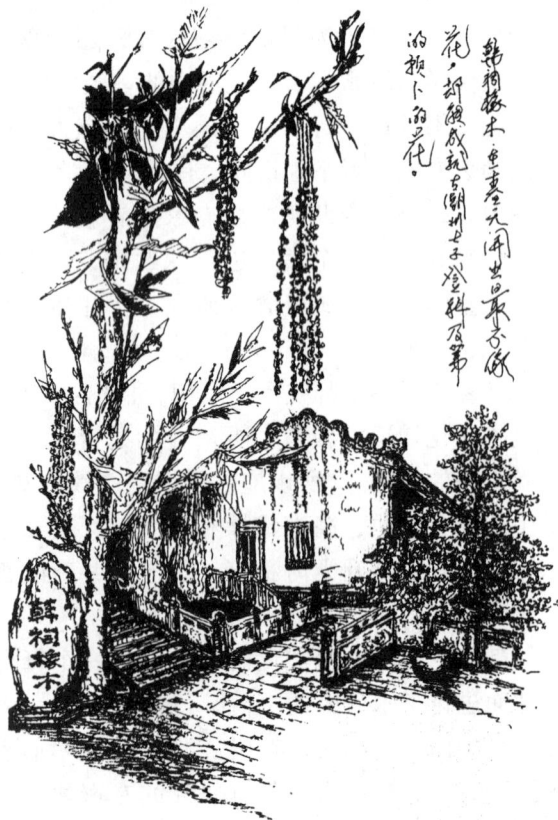

韩祠橡木，在春天开出最不像花，却能成就古潮州士子登科及第的预卜的花。

像处在襁褓之中的婴孩，弱小而无力，靠一根竹竿支持而活着，更谈不上开花了。相比之下，与它相对而生的另一棵树，则是长势粗壮的木棉，每年它到时节就开花。每当其时，我走到这面积不到 20 平方米，却已是满地落红的地方，心中就涌起敬意，它倒是美丽得壮烈。

木棉树属落叶乔木，叶子呈掌状分裂，花开五瓣。人都说木棉是一种生命力很强的树，因为它的身躯笔直伟岸，花开灼灼，孤愤脱俗，不需一片绿叶扶持，看见它，就会让人联想到热血沸腾的戎兵征将；又因为它的傲霜斗雪，以怒放宣告寒潮的败退，就像英雄淌下的血泪，所以又被称为英雄树。

木棉树是一种烈火般的存在。每到三四月，那红彤彤的木棉花在枝头怒放，像一团团火球在树顶燃烧，有火焰欲横天的气势。那颗颗红硕的花托饱满多汁，一阵风过，花儿"噗噗"落下，落红一地。

潮州在木棉花开时节，会沿着韩江两岸铺成浓浓的红色长带。在朝阳的照耀下，那排排树木组成的绯红花朵流金溢彩，又像一片天边卷起的轻云，给人一种温暖的感觉。清代屈大均曾有诗赞誉木棉："十丈珊瑚是木棉，花开红比朝霞鲜，南天树树皆烽火，不及攀枝花可怜。"

情由境生，每当看见韩江边的木棉树，我都会想起"朦胧派"女诗人舒婷的《致橡树》，想起韩文公祠主殿前的木棉与橡木，他们相互偎依，要的不是青藤缠树、花叶依风的绵柔爱恋，而是比肩而立、风雨同舟的坚毅信念。两棵坚毅的树就这样守望着，仿佛是两个鲜活的生命。

我如果爱你——绝不像攀援的凌霄花，借你的高枝炫耀自己；
我如果爱你——绝不学痴情的鸟儿，为绿荫重复单调的歌曲；
也不止像泉源，常年送来清凉的慰藉；
也不止像险峰，增加你的高度，衬托你的威仪。甚至日光。甚至春雨。
不，这些都还不够！
我必须是你近旁的一株木棉，作为树的形象和你站在一起。
根，紧握在地下；叶，相触在云里。
每一阵风过，我们都互相致意，但没有人，听懂我们的言语。
你有你的铜枝铁干，像刀像剑也像戟；
我有我红硕的花朵，像沉重的叹息，又像英勇的火炬。
我们分担寒潮、风雷、霹雳；
我们共享雾霭、流岚、虹霓。
仿佛永远分离，却又终身相依，这才是伟大的爱情，坚贞就在这里，爱，不仅爱你伟岸的身躯，也爱你坚持的位置，足下的土地。

这是一首优美、深沉的抒情诗。诗人别具一格地选择了"木棉"与"橡树"两个意象，将其细腻委婉而又深沉刚劲的感情蕴于新颖生动的向往之中。它所表达的爱，不仅是纯真的、炙热的，而且是高尚的、伟大的，像一支古老而清新的心灵歌曲，拨动着人们的心弦。

据说，因为舒婷的《致橡树》，因为韩文公祠就在韩师的旁侧，因为有韩祠橡木的传说，曾有数不清的韩师学子来到韩文公祠。他们游走在木棉树下，相拥在树下的石凳上，听鸟语，闻花香，陶醉在静美与悠然的初阳沐浴的晨曦之中。

橡木不在，那青年人火热的爱情尚在。

其实，韩祠是有橡木的，不但有橡木，名气还很大，所以早就有"韩祠橡木"一景之说。由于韩祠橡木是韩愈带来的缘故，人们就把它称为"韩木"。据说，当年韩愈从京城西安被贬潮州后，曾有一段时期情绪十分低落。有一次，他登上当时的东山（韩山），极目远眺，被韩江古城美丽的风景深深吸引，又联想到潮人纯朴的民风，于是他在此种下一棵从中原带来的橡木，后来成了潮州八景之一——"韩祠橡木"。

韩愈在韩祠所植的橡木，曾为身为潮州人的宋代礼部尚书、"潮州八贤"之首的王大宝用《韩木赞》加以描写："东山亭为韩文公游览之地，亭隅一木，鳞文虬干，叶长而有棱，相传公所植也！人无识其名者，因曰'韩木'……"橡树形如华盖，遮蔽屋檐，其外皮作鱼鳞状，叶细而长，叶脉凸起，作棱角状，春夏之交开花，红白相间，甚是美丽。

元代张智甫有诗赞橡木：

死生种木昉于唐，木到于今色倍苍。有大才名蜀相柏，无穷教思召公棠。
人怀遗爱谁甘斧？天鉴孤忠不忍霜。愿与灵株长不朽，韩山山上一炉香。

又有邑人郑兰枝诗云：

高植一株耸翠峦，侍郎手泽倚栏干。根深八月蟠祠古，叶毓双旌度岁寒。
棱影参差侵曲水，奇花多少映祠坛。游人若问科名事，为指芳林旧姓韩。

韩祠的橡木，当地人把它当成奇树，韩木花开寄托了潮州人对美好未来的诚挚向往。从宋代以来，民间就有这样的传说：橡木开花的多少，可以预示当年科举考试中潮州士子登第人数之多寡。王大宝的《韩木赞》说："绍圣四年，丁丑，开盛，倾城赏之。未几，捷报三人，比前数多也。继是榜不乏人，繁稀如之。"甚至在《潮州府志》上也有"乾隆九年祠堂橡木花，科名大盛"的记载。郑昌时的《韩江闻见录》上有诗言："科名以人重，重人及此木。后来科名人，尝以花开卜。"又有《韩江竹枝词》言："三年科举一离家，郎有文笔夺彩霞。好载书囊郎赴省，今年多放橡林花。"于是，韩祠橡木逐渐被人们挖掘出来，历代人们都祠吊先哲，木卜科名。

但是到了清代中期，韩木的生命走到了尽头，有史料记载，潮州橡木最后一次开花是在乾隆九年（1744年），至嘉庆年间橡木已完全枯死。之后，橡木开花的记载中断了整整270年。人们已不见韩祠橡木的影子，只能见着木棉，于是人们忘记了潮州八景中的"韩祠橡木"，更有人将潮州八景中的"韩词橡木"改为"韩庙红棉。"

说来奇怪，早在20世纪80年代，人们曾尝试在韩祠主殿右侧空地栽种一些树苗，使之与左侧的木棉相对称。然而，令人费解的是，不论木棉、榕树，还是其他树苗，栽在这里都无法存活。后来，国学大师饶宗颐教授从报纸上获悉河南新密市有一棵被称为"万年栎"的千年橡树，其形态与史料记载的韩木颇有相似之处，便亲往考察，并寄来几颗该品种的橡树种子供工作人员试种。结果树苗的根竟深深扎进了泥土中，神奇地存活了下来。几年后，这棵橡树的个头已有3米多高了，虽然长得慢又显瘦小，却保持着顽强的生命力。

橡木在人们的眼中并不高贵，但它顽强地生存于天地间的事实却客观地说明，它有其存在的理由。我在读大学的时候，曾看过日本电影《狐狸的故事》。在这部对狐狸追踪十年的纪录片里，背景中就有棵老橡树，独立于旷野高坡，在蓝天白云之下很有些沧桑的味道，但在沧桑的背后，象征着生命的存在与不屈的爱情。

其实，橡木真正的学名叫作栎木，属于壳斗科麻栎属，红橡叫红麻栎，白橡叫白麻栎。橡树品种繁多，不同的品种，外观会有所不同。一般说来，它较适宜北方生长。但因韩祠有橡木，是韩愈带来的缘故，潮人才对韩木情有独钟，当橡木在宋代枯死之后，总想在韩文公祠再造韩木景观。为此，韩文公祠工作人员曾到过浙江、江西、武汉等生长着橡树的地区考察，甚至对比了美国橡树，发现这种橡木与史料描述不符。最后决定，还得找韩愈家乡的树种。

2002年，韩祠工作人员前往河南新密市，对那里生长的"万年栎"进行实地察看。看到"万年栎"枝干粗壮、姿态万千，树皮布满深深的沟壑，的确有"虬干鳞文"的味道，而且叶子的形状，也与史料中的图片相符。再进一步研究，他们发现以"万年栎"为母体，在其周围生长着成片的橡树，全都属于同一个品种。两年后，工作人员再次到新密市考察并带回图片资料，请教韩山师院生物系的植物专家。经过多方论证，最终确定了移植新密橡树的方案。

2008年，韩祠开始规划辟建橡木园，同时到原栽种地进行"放根"，即挖去橡树的根部一部分泥土，令其长出新的根须。这个过程通常需要两到三年，橡木属北方树种，是否能移植到潮州还是未知数。

2012 年韩祠建了橡木园，30 棵橡树也在 5 月初正式在新建的橡木园中"落户"。为确保橡树的成活率，他们在移植的同时，还从原栽种地运回了几百袋泥土，连同树丛旁的杂草也原封不动地迁移过来。这些橡木的树龄最长的有 150 多年，最短的也有 30 多年，其外观与史料记载的"虬干鳞文，叶长而旁棱"十分相似。

获知韩祠要辟建"韩木园"种植橡木，一直关注家乡文化建设的国际汉学大师饶宗颐先生十分高兴，欣然挥毫泼墨，用两天时间录写了王大宝的《韩木赞》并将其赠予韩文公祠。如今摹刻后的《韩木赞》巨幅幕墙，30 棵橡树就分布在巨幅幕墙后方的坡地上，它们正在历史文化圣地的怀抱中，尽情地舒展着筋骨，翘首以待一段崭新的生命历程。在幕墙旁边竖着一块大石，上面刻着"韩祠橡木"四个大字，那也是饶老的手迹。

2014 年春天，又一个生机勃勃的季节。一个消息从韩文公祠传来，韩祠橡木开花了。当潮州电视台的民生直播室栏目将这一信息发布后，潮州轰动了。人们纷纷赶到韩文公祠，看看橡木开了什么花，开了多少，开花的橡木似乎给人们带来了好兆头。

橡木这种树喜寒而不喜热，在潮汕平原绝对算得上是稀有树木，而在我国长江以北的地方，以橡树为主的混交林是分布较广的林种。很多城市周边的山上，到处都是野生的橡树。例如，在我的家乡黑龙江，它以自己极强的生命力到处扎根生长。不过，当地人不管它叫橡木，而叫柞树。橡树的叶片宽大，叶面有光泽，青翠欲滴，到了秋季，满树一片金黄，有的叶子还会变红，观赏效果十分突出。橡树叶子青的时候可以养蚕，我们家乡的柞蚕丝还挺有名气呢。橡树的叶子可以作饲料喂猪，也是北方山里梅花鹿喜欢的食料。

橡树有果食，橡子是很多小动物和鸟类的食物。橡子不仅是动物们的食物，也是我们人类的食物。在灾荒年代，有许多人就把它磨成橡子面代替粮食吃，不知道挽救了多少人的生命。现今，还有些地方的人用橡子面做食物，如用来做豆腐，不仅味道鲜美而且营养丰富。

我来韩师时，始知韩祠有如此为潮人所敬重的橡木，其实便是北方柞木的近亲。然而在这里，它成为高贵难得的象征，甚至在潮人心中是有预知能力的神木，成为潮人的精神寄托。

韩祠的几十株橡木已经长大，也开了几年的花，但是它们似乎已忘记了它们在韩祠的祖先已有的预卜先知职能，潮州当地每年的高考中榜率并没有因为它的生长开花产生变化。但是橡木开花，就是希望所在。当地人说，现在橡木是开花了，但远没有到繁盛的程度，等到韩文公祠的橡木花开满园之时，好消息就来了。

37 学子扬鞭启程

微风吹开江边细榕，水中树影动。游云托起一轮明月，月儿出没水中。师生校友围坐在沙滩上，相互倾诉着那难忘的事情。

百年师范黄钟长鸣，书香飞花动。教学相长担当使命，润育桃李充盈。难忘教室寝室图书室里，四载春秋留下青春的身影。

校园荡漾友谊深情，胸中心音动。热血凝成一股暖流，成就你我生命。今晚就着月色热泪相拥，明天太阳将召唤我们起程。

长裙舞动江边篝火，火中人影动。青春拥抱一座古城，散落满天繁星。弦歌不辍像长流的江水，从动情的夜晚吟诵到黎明。

这是我为纪念 2005 届政史系的毕业班篝火晚会所写的歌词，歌名为"在韩师的毕业晚会上"。不过我不会谱曲，只能算作我对过去的一次动情回忆吧。岁月如梭，那一届学生已毕业多年，如今他们多已成家立业、结婚生子。

韩师学生的毕业季正是栀子花开时节，韩师那古朴典雅的西区，现代气派的东区和灵动飘逸的东丽学村，到处绽放着学子们青春的容颜和火热的激情。西区校门口的钟声仍然响亮，东区图书馆前面的广场上依旧书声琅琅，教师办公室里的灯光依旧亮到很晚。这一时节，又有三千多名学生即将毕业，他们将带着笔架山下韩师校园里结出的果实，选择各自不同的职业理想走向远方，岁月的车轮将带着他们不可挽回地驶出青春的校园。

大家一起生活了四年，那是一千四百多个日日夜夜，还是到了要说再见的时刻。只有在即将各奔东西的时候，才发现同窗之间的感情是如此珍贵。那曾经美好的时光，那永远沉醉的梦想，那结伴同行的岁月，都将化作美丽的记忆埋在心底。大学生的青春宛如散落一地的木棉花，四年过后，恍若梦醒之时伸出双臂想留住那些温暖的日子，却只留住了那离别时的忧伤。

毕业酒会上，有位学生读起他在《韩山学院校报》上发表的散文《在那花开花落的季节》：

如春大一。春天，我挣脱了土地的怀抱，在空气中张望，陌生肆意侵占，景色、思绪、感觉，一切都是如此新鲜诱人，那浮游的心陶醉在浅浅的幸福中。大一是一个追梦的季节，它孕育着如春的希望，没有诸多磨炼，却是一个转折。

落落夏花。夏天，一切变得燥热，心如浮动的气球，游离那梦幻般的世界，浮于现实的海洋，花红草绿，到处充满生机，却也苦闷压抑。大二不堪回首，每天为四级而活，终日埋头苦读，往返于图书馆、教室、宿舍之间，三点一线，成了名副其实的读书虫。浑浑噩噩中自问为何要如此辛苦，然而现实种种，告诉我没有选择的权利。

秋水清清。秋天，是一个收获的季节，经过春风吹拂，夏雨滋润，给人以沉甸甸的感觉。大三的生活紧张而忙碌，是一种积聚已久的能量释放，更是真真正正的充实，试讲、六级、普通话、学年论文接踵而至，我收集属于自己的片片知识落叶，小心翼翼珍藏。

舞似冬雪。冬天，历经了春花、夏梦、秋实的土地，饱满充溢。雪纷纷扬扬。大四，在冬季，就像宽厚的胸膛能融化雪一样，我的心胸也可以融化过去的幸福、苦恼。在即将各奔东西的时刻，我们相互祝福，出发吧，路在自己的脚下。

有学生朗诵起一首《当我们在一起》的散文诗，这首诗，是已毕业的韩师才子蔡润菲写的，曾在韩师学生刊物《韩师青年》上发表：

空气里有午后的暖意，我听着沙沙响的收音机。
突然间下起了雨，雨让我好想好想你。
想抱着你，没人能取代记忆中的你。
那段青春岁月，一路我们曾携手并肩，把汗和泪写在一起。
当我们同在一起，其快乐无比。
那一段美好的记忆，我们都不能够忘记。
因为我很爱很爱你，所以能微笑着离去。
虽然我不会再见你，幸福是我们曾经在一起。
如果云是天空的呼吸，风是我慌张的叹息，回忆是爱的延续。
只因为你和我已经不在一起。

我不是这个班的班主任，但是给这个班上过伦理学课，那时的学生喜欢主动与老师交流，常常天都很晚了，学生还会打电话，说是要上我家喝工夫茶或是去韩江边小聚。因为家芳是他们的班主任，与他们接触的也就更多，所以学生们打来电话来，实际上不会管是哪个王老师接电话，都是一样的说辞，而我们只要有时间，都会应约不拒。这次毕业晚会，完成学业的学子们奔赴新岗位之际，他们在约家芳参加晚会的同时，也给我送来了请柬。我满口答应，而且认真做了准备，我用实际行动表达对来韩师后我与家芳共同教过的学生的情感和我们对他们未来的祝福。

虽然过去好多时候，我讲话最讨厌照稿念，觉得那样没有激情，不生动。但这一次，我想给同学们留下完整的文字礼物，也就照稿讲了：

从大一到大四，从韩江之滨到东丽湖畔，我与你们一样，一路高歌低语，把生活在韩师的美丽的故事化作优雅的心情，留诚挚的感怀和刻骨铭心的记忆在心中。有人说，大一时，你不知道你不知道，是因为狂妄；大二时，你知道你不知道，是因为冷静；大三时，你不知道你知道，是因为迷茫；大四时，你知道你知道，是因为成熟。我却认为，大一的天地是自由而新鲜的，初次走进大学，你们就会感受到大学里到处是新鲜和自由的空气；大二的征程是混乱而迷茫的，到大二时，虽然可以说对学校对同学都熟悉了，却没有了大一时的那种新鲜感觉；大三的学习是紧张而忙碌的，为了寻找新的自我与面对未来的挑战，每个人不得不学会适应和改变自己，以改变自己的命运求得发展；大四的选择是现实而坚定的，经过了四年，会把自己所学与所想进行一个必要的归纳与总结，然后定下目标和方向，向人生的下一个目标进发。

我很高兴，在我一生中经历最充沛、经验最丰富的时期和你们一同度过，大一的新鲜、大二的迷茫、大三的忙碌、大四的坚定，那是你们的流金岁月，也是我的生命历程中需要记忆的宝藏。我会用心记住你们的青春容颜，这里是我生命中最美好的回忆和永恒的怀念。

想起四年前的六月，西区的古钟敲开了新一季的凤凰花，也敲响了我们相逢的钟声。这个夏天，你们，华丽转身，微笑启程。

愿毕业后的你们都能找到一份好的工作，找到一个好的归宿。

愿你们聚起来是一团火，飞出去是满天星。

希望在多年以后的某一天，我们再一次邂逅。

最后，我要把中文系赵松元老师写的一首诗送给你们：

四年磨砺不寻常，终得骊珠奔大洋。天有风云宜放眼，好将浩气铸华章。

是啊，命运曾把同学们编进同一部韩师故事中，今天，同学们的青春时光已在这里画上了一个句号；未来，每个人又会用自己的努力奋斗续写新的篇章。朝花夕拾，四年的回忆，无人能替代，唯有永远的记忆会终生留在我们的心底。童年的梦，少年的幻想，都已过去。昨日还在做着当好学生的梦，今日却不得不向她告别。何日再相会？或许是遥遥无期。

我想起韩山诗群中的杨江东，他是2004届毕业生，在校时，曾有众多的师哥师妹赞他是韩师校园诗人中的佼佼者。

他在毕业前夕曾撰写一阕《韩园自题联》：

顾四年来我为何者？韩公祠上题诗，美人城边啸月，开元寺外悟禅。忆，花台共酌、竹林玄辩、江岸长歌，历历高山与流水。叹，侠客心、学者梦，书画琴棋，雨里庄生情未了；

笑诸子也君当悟乎！慧如园内痴望，湘子桥畔伤怀，笔峰楼顶痛饮。念，楚阁紫烟、雨巷凝愁、康河余绪，纷纷红叶落黄昏。伤，秦娥泪、文君情，风花雪月，意中迷蝶梦难成。

亲爱的同学们，你还在伤感吗？还心怀梦想吗？无论何种选择，别离的时刻就要到了。同学们唱起了改编的班歌——《和你一样》。

谁在最需要的时候轻轻拍着我肩膀，谁在最快乐的时候愿意和我分享，
日子那么长，我在你身旁，哪怕会受伤，哪怕有风浪，
风雨之后才会有迷人芬芳，见证你成长让我感到充满力量。
谁能忘记过去一路走来陪你受的伤，谁能预料未来的征途茫茫漫长，
笑容在脸上，我和你一样，哪怕会受伤，哪怕有风浪，
风雨之后才会有彩色阳光，我为你鼓掌，和你一样，一样坚强。

时间的列车在飞奔！转眼便到了 2015 年。

那是 2005 届思想政治教育专业的学生毕业十年之后的一个普通的夏日，太阳就要落山的时候，高温积聚起来的热气还没有消退之时，我登上楼梯，走向自家房顶的平台。我家就在韩江边，因为靠着流向南方的韩江，那里并没有高大建筑物能挡住南来的海风，这就使得我家与潮州城其他相对封闭的地方完全不同，凉爽之风不请自来。

我坐在颜色已经枯黄的老藤椅上，擦拭心中贮藏着诸多往事的匣子，打开，闻闻昔日的花香，一生中最轻盈最美丽的春夏秋冬，原来就在这个绿荫如画、书香四溢的地方，在我退休前最后十年工作和生活的地方——我的韩园。

此时，手机铃声响起，是我的学生陈志丹要来看我，十年前，我是他毕业论文的指导老师。当时催了好多次要他早点完成论文初稿，他总是以考研究生没时间为由拖延，到交上来时，距毕业论文答辩的时间已不多了。我看了他的论文，没想到他的写作水平很高，几乎没有改动的必要，就想定为优秀论文。志丹听了我的评价后，却对我说："请老师不要打优秀，我的论文是照别人发表的论文写的。如果查出是抄袭，那可就麻烦了。"我知道，这论文

的内容，的确有许多与别人的论述相同的内容，但说抄袭也是勉强，因为其中有许多是出自他的思考所提炼出来的思想体会。他之所以这么说，可能更多的是担心参加优秀毕业论文答辩会影响他参加研究生的考试。优秀论文要参加系里的论文答辩，为此需要做许多准备。我没有挑明他的意图，就答应将其定为良好。

那年，志丹以优秀成绩考上中山大学哲学专业的硕士研究生，同他一起成功考入中山大学的是同班同学黄建都，不过他主攻的是马克思主义中国化研究方向。志丹硕士研究生毕业一段时间后，就开始攻读同校同门的博士学位，还没有毕业时便来母校做老师，于是就顺理成章地成了与我同在一个学校的同事。

当我烧好茶水、摆好茶具的时候，太阳已西落在古城高楼的下方，隔江远望，余晖从座座高楼的缝隙处照射过来，依然有些耀眼，身边的热温已有稍许的消退。

志丹来了，随同他来的，还有多年未见的学生黄建都。建都在中山大学获得硕士学位后，回到家乡惠州市的一个乡镇中学任教，经三年发奋，又考上北京大学的哲学博士，开始研究马克思主义哲学史。读博期间，在导师聂锦芳的 12 卷本马克思文体研究著作计划中，写作出版了其中的一卷——《"苦恼的疑问"及其解决〈莱茵报〉〈德法年间〉时期马克思文献及思想再研究》。

建都从背包里掏出这本厚厚的学术研究著作递给我，说这是一项十分艰巨的任务，此前足有两年时间，他几乎都是泡在北大图书馆里的。

我翻着他送给我的书，书中的后记描述了他在写作过程中所经历的苦苦思索与劳作中的枯燥、烦闷与孤独。看到他毕业已十年，依然是背着背包，一件旧运动服包裹着瘦弱的身体，我完全相信他所写的和他所说的，还想象得出他整日泡在北大畅春新园俯案写作的身影。建都在韩师时，算不上是一个聪明人，但他却执着甚至是固执地追求自己的目标，这正应了那句"功夫不负苦心人"，他终以自己刻苦的研读换来成就。建都在学问上所取得的成就说明，十年磨一剑，人生有时像蜗牛一样，慢慢地爬呀爬，只要不停止，就会走向成功。

我取出潮州特有的凤凰单枞招待这两位博士。还是凤凰山的茶好，只一会儿工夫，就飘溢出清香，小啜一口，回甘无穷。

志丹说他也有一个好消息，就是在《哲学研究》上发表了一篇论文。这可不是一件容易的事情，那是哲学研究的权威期刊。志丹是个工作精力充沛又有志向的青年，他教学能力强，课讲得好，曾在省青年教师讲课比赛中得过奖。手头还在做已经立项的省教育厅科研课题，后生有为，前途光明。

我告诉两位弟子，我自打退休后，也没闲着，已经与家芳一起应聘到浙江越秀外国语学院任教。目的是教点儿书，顺便感受一下江浙一带的生活。因为有这么一段时间不在韩师，倒十分留恋过去在韩师的日子。所以正在写一本有关韩师校园文化建设历史的书。书中所述，就是以我的视角，一个不曾在潮州长大的外地人来感受已存在一百多年的韩师文化，以体现一个韩师校友对她的深切关爱的情怀。我对他们说："我已离开韩师的教学岗位，人生常有一些擦身而过的故事，不注意，就过去了，注意到了，把它记下来，也就能留下来。而人的表达欲或表现欲也要有个渠道，对我来说，最好的渠道就是用文字来表达了。"

听我这么一说，志丹和建都表示赞同，建都说起自己的体会："我在北大读博，有好多人问我北大的事，我基本上说不清楚，后来读了张中行先生所写的《负暄三话》，才知道北大红楼里的教授们的许多故事，还知道好多生活在其中的老北大人的奇人轶事，正是他们使我熟悉了北大。老师愿意写韩师校史和韩师人的故事，那一定有意义。"

志丹说："我们在中大读博时，感到现在的大学里似乎已经没了大师的故事，没了令人惊叹的奇闻雅事，没了令人可歌可泣的知识分子精神。一些教师除了整天搞科研，著专业书，教学生不愿学的课程外，其他的似乎就无事可做了。这样一来，北大与别的学校也没有了太大的区别，你北大的老师不也是在上'毛邓三'的课吗？我们的老师也在上，同一本教材，同样的讲法，彼此都一样，就没了差别了。"

志丹向我讲起他看过的一本书："我看过韩师图书馆陈俊华老师主编的《韩师情　学子心》，这其实是韩师老校友的口述史，而且是陈老师领着一帮学生先后采访了50多位老校友，把采访记录中的20篇编录成书。其中述说的内容既真实亲切，又有可贵的史料价值。听说有几位校友因为年事已高，待书出版时，已过世了。"

我想起在政法系做主任时，图书馆馆长王德春教授曾找过我，说陈老师需要找几位有文字写作能力的历史专业学生，帮助他完成口述史的写作，我答应找历史班的班主任帮忙。后来，该书副主编李炯标老师送给我这本书，我认真看了，那本书里面有翟肇庄、林绍翰、林盛传、李以严、张平等老校友所亲历、亲见的韩师故事以及他们自身的奋斗经历，令我很感动。像老校友郑烈波，就在韩山师专时期任过马列室主任，后来又任政史系主任。2007年我任主任时，还特意带系领导班子，一同去郑老的家里拜访过。其中陈慈流老师在学校的关心下一代工作委员会工作，联系单位就是政法系，给学生作报告，对班级学生进行摸底排查，那工作的认真程度，可以通过他所做的密密麻麻的两大本记录反映出来的，这位近八十岁的身材瘦小的老人，曾深深地令我感动。

我告诉志丹和建都："是的，正是那本《韩师情　学子心》口述史启发了我，要在退休后有些余暇的时候，写出我与韩师的故事。尽管我在韩师的时间不长，有些事情在记忆过程中已成了零零星星的琐碎之事，既不齐备，又不清晰，不过其中不乏可传之人，可感之事，可念之情。"

天色已渐晚，远处湘子桥石座与筑在其上的座座角楼已亮起了灯光，排成几条白色的光带横在韩江之上，把光明带向江的对岸。

两位博士向我道别，看着他们走下楼去的背影，一个念头涌向脑海：生命的历史总是后浪推前浪，生生不息，同是作为韩师的校友，他们终将会比我们这一代人飞得更高，走得更远。

此时，我仍心存激动，因为韩师不息的澎湃历史，不灭的未来希望。

后　记

　　本书即将付梓之时，首先感谢我曾有缘共事、相识或相知的韩师校友，是诸位同仁在韩师的一个个"故事"串联起韩师的历史，也成为令我感动并提供工作、学习、生活给我叙事的素材。只是因自身才疏学浅和历史信息遗漏等原因，叙及诸位在韩师丰富的工作与生活故事时深感力不从心。倘因孤陋寡闻而挂一漏万，或因叙谈当事人时没有表尽其大义和彰尽其高德，甚或有语失不实之处，在此深表歉意并敬请诸位同仁多多包涵。

　　非常感谢黄景忠处长对本书的写作与出版所给予的鼓励和支持。当初，当我试图谈及自己出书想法时，景忠处长二字"好啊"使我信心倍增。不用明说，我们彼此都会理解其内在的承诺，事实上这也增强了我坚持写下去的信心。而后在其需要出版时，果然也是通过短信进行沟通，就把需要解决的问题全部搞定了。

　　非常感谢林伦伦院长为本书写序。在初稿完成后，我曾用电子邮箱向林院长发出写序的恳求。作为从韩师退休的"韩师人"，我对韩师有很深的感情，已在不经意间把曾有过的工作和生活经历，看作是与这所学校相融一体的既往存在。于是我用"说故事"的形式来叙说百年韩师的历史，意在使曾与韩师结缘的和现在正在韩师工作与学习的韩师人能记住韩师的历史，也想让读到此书的读者心中感受到一个历经三朝而不衰，以师范教育为根本的粤东韩师的骄傲情怀。发出请求时，我想院长的工作很忙，可能有些勉强他，没想到他立即回我："感谢您对韩师做出的贡献和对韩师的深深的感情！写序没有问题，同是'韩师人'，应该有同感可以表达。"

　　本书有20多幅以韩师校园为内容的插图，那是我自己不成熟的素描作品，在此要对我的同事与好友杨玉林教授深表谢意，每当我有新的作品出现在微信的朋友圈上的，玉林教授就会满怀热情的为画配诗。同感在心，诗情支持画意，其根自然是因为同缘一个韩师。

　　我还要感谢我的妻子王家芳。我能来韩师，离不开家人的支持。不仅如此，她还因为我的"离家出走"，最终不得不放弃在原单位的处级行政职务，夫唱妇随地跟我走进韩师，由公务员转成事业单位编制，做一名普通教师，直至退休。本书中也有她在韩师的影子，自然也包含了她在韩师的经历与感受。

　　最后，感谢暨南大学出版社社长徐义雄，责任编辑武艳飞、王莹及其他为本书的出版工作付出辛劳的责任校对、责任印制等同仁。是你们给我支持，指出修改意见，并且帮我修改写得不尽人意的书稿。没有你们的帮助，这本《我与韩师的故事》不知还要沉睡多久。

<blockquote>
我荣幸地选择了教师作为一生追求的事业
我真诚地感谢这块教育热土容我偎依与共
是可敬校友让我获得成就无悔人生的动力
是百年韩师让我享受作为后来校友的光荣
</blockquote>

作　者
2017 年 7 月